《蘇州全書》編纂出版委員會 編

·通鑑續編

蘇州全書

甲編

古吳軒出版社
蘇州大學出版社

圖書在版編目（CIP）數據
通鑑續編 / (元) 陳桱撰 . -- 蘇州 : 古吳軒出版社 : 蘇州大學出版社 , 2025. 6. -- (蘇州全書). -- ISBN 978-7-5546-2635-1
Ⅰ . K204.3
中國國家版本館 CIP 數據核字第 20257KJ125 號

責任編輯 王霽鈺
裝幀設計 周 晨 李 璇
責任校對 戴玉婷

書　　名 通鑑續編
撰　　者 〔元〕陳桱
出版發行 古吳軒出版社
地址：蘇州市八達街118號蘇州新聞大廈30F　電話：0512-65233679
蘇州大學出版社
地址：蘇州市十梓街1號　電話：0512-67480030
印　　刷 常州市金壇古籍印刷廠有限公司
開　　本 889 × 1194　1/16
印　　張 112
版　　次 2025 年 6 月第 1 版
印　　次 2025 年 6 月第 1 次印刷
書　　號 ISBN 978-7-5546-2635-1
定　　價 780.00 元（全三册）

《蘇州全書》編纂工程

總主編

劉小濤　吳慶文

學術顧問

（按姓氏筆畫爲序）

王　芳　王　宏　王　堯　王　鍔　王紅蕾　王華寶　王爲松　王衛平
王餘光　王鍾陵　朱棟霖　朱誠如　任　平　全　勤　江慶柏　江澄波
汝　信　阮儀三　杜澤遜　李　捷　吳　格　吳永發　何建明　言恭達
沈坤榮　沈燮元　武秀成　范小青　范金民　茅家琦　周　秦　周少川
周國林　周勛初　周新國　胡可先　胡曉明　姜　濤　姜小青　韋　力
姚伯岳　馬亞中　袁行霈　華人德　莫礪鋒　徐　俊　徐　海　徐　雁
徐惠泉　徐興無　唐力行　陸振嶽　陸儉明　陳子善　陳正宏　陳尚君
陳紅彥　陳廣宏　黃愛平　黃顯功　崔之清　張乃格　張志清　張伯偉
張海鵬　葉繼元　葛劍雄　單霽翔　程章燦　程毅中　喬治忠　鄔書林
賀雲翱　詹福瑞　趙生群　廖可斌　熊月之　樊和平　劉　石　劉躍進
閻曉宏　錢小萍　戴　逸　韓天衡　嚴佐之　顧　薌

前言

中華文明源遠流長，文獻典籍浩如烟海。這些世代累積傳承的文獻典籍，是中華民族生生不息的文脉和根基。蘇州作爲首批國家歷史文化名城，素有『人間天堂』之美譽。自古以來，這裏的人民憑藉勤勞和才智，創造了極爲豐厚的物質財富和精神文化財富，使蘇州不僅成爲令人嚮往的『魚米之鄉』，更是實至名歸的『文獻之邦』，爲中華文明的傳承和發展作出了重要貢獻。

蘇州被稱爲『文獻之邦』由來已久，早在南宋時期，就有『吳門文獻之邦』的記載。宋代朱熹云：『文，典籍也；獻，賢也。』蘇州文獻之邦的地位，是歷代先賢積學修養、劬勤著述的結果。明人歸有光《送王汝康會試序》云：『吳爲人材淵藪，文字之盛，甲於天下。』朱希周《長洲縣重修儒學記》亦云：『吳中素稱文獻之邦，蓋子游之遺風在焉，士之嚮學，固其所也。』《江蘇藝文志·蘇州卷》收録自先秦至民國蘇州作者一萬餘人，著述達三萬二千餘種，均占江蘇全省三分之一强。古往今來，蘇州曾引來無數文人墨客駐足流連，留下了大量與蘇州相關的文獻。時至今日，蘇州仍有約百萬册的古籍留存，入選『國家珍貴古籍名録』的善本已達三百一十九種，位居全國同類城市前列。其中的蘇州鄉邦文獻，歷宋元明清，涵經史子集，寫本刻本，交相輝映。此外，散見於海内外公私藏家的蘇州文獻更是不可勝數。它們載録了數千年傳統文化的精華，也見證了蘇州曾經作爲中國文化中心城市的輝煌。

蘇州文獻之盛得益於崇文重教的社會風尚。春秋時代，常熟人言偃就北上問學，成爲孔子唯一的南方弟子。歸來之後，言偃講學授道，文開吳會，道啓東南，被後人尊爲『南方夫子』。西漢時期，蘇州人朱買臣負薪讀書，穹窿山中至今留有其『讀書臺』遺迹。兩晉六朝，以『顧陸朱張』爲代表的吴郡四姓涌現出大批文士，在不少學科領域都貢獻卓著。及至隋唐，蘇州大儒輩出，《隋書·儒林傳》十四人入傳，其中籍貫吴郡者二人；《舊唐書·儒學傳》三十四人入正傳，其中籍貫吴郡（蘇州）者五人。文風之盛可見一斑。北宋時期，范仲淹在家鄉蘇州首創州學，並延名師胡瑗等人教授生徒，此後縣學、書院、社學、義學等不斷興建，蘇州文化教育日益發展。故明人徐有貞云：『論者謂吾蘇也，郡甲天下之郡，學甲天下之學，人才甲天下之人才，偉哉！』在科舉考試方面，蘇州以鼎甲萃集爲世人矚目，清初汪琬曾自豪地將狀元稱爲蘇州的土産之一，有清一代蘇州狀元多達二十六位，占全國的近四分之一，由此而被譽爲『狀元之鄉』。近現代以來，蘇州在全國較早開辦新學，發展現代教育，涌現出顧頡剛、葉聖陶、費孝通等一批大師巨匠。中華人民共和國成立後，社會主義文化教育事業蓬勃發展，蘇州英才輩出、人文昌盛，文獻著述之富更勝於前。

蘇州文獻之盛受益於藏書文化的發達。蘇州藏書之風舉世聞名，千百年來盛行不衰，具有傳承歷史長、收藏品質高、學術貢獻大的特點，無論是卷帙浩繁的圖書還是各具特色的藏書樓，以及延綿不絶的藏書傳統，都成爲中華文化重要的組成部分。據統計，蘇州歷代藏書家的總數，高居全國城市之首。南朝時期，蘇州就出現了藏書家陸澄，藏書多達萬餘卷。明清兩代，蘇州藏書鼎盛，絳雲樓、汲古閣、傳是樓、百宋一廛、藝芸書舍、鐵琴銅劍樓、過雲樓等藏書樓譽滿海内外，彙聚了大量的珍貴文獻，對古代典籍的收藏保護厥功至偉，亦於文獻校勘、整理裨益甚巨。《舊唐書》自宋至明四百多年間已難以考覓，直至明嘉靖十七年（一五三八），聞人詮在蘇州爲官，搜討舊籍，方從吴縣王延喆家得《舊唐書》『紀』和『志』部分，從長洲張汴家得《舊唐書》『列傳』部分，『遺籍俱出宋時模板，旬月之間，二美璧合』，于是在蘇州府學中槧刊，《舊唐書》自此得以彙而成帙，復行於世。清代嘉道年間，蘇州黄丕烈和顧廣圻均爲當時藏書名家，且善校書，『黄跋顧校』在中國文獻史上影響深遠。

蘇州文獻之盛也獲益於刻書業的繁榮。蘇州是我國刻書業的發祥地之一，早在宋代，蘇州的刻書業已經發展到了相當高的水平，至今流傳的杜甫、李白、韋應物等文學大家的詩文集均以宋代蘇州官刻本爲祖本。宋元之際，蘇州磧砂延聖院還主持刊刻了中國佛教史上著名的《磧砂藏》。明清時期，蘇州成爲全國的刻書中心，所刻典籍以精善享譽四海，明人胡應麟有言：『凡刻之地有三，吴也、越也、閩也。』他認爲『其精，吴爲最』，『其直重，吴爲最』。又云：『余所見當今刻本，蘇常爲上，金陵次之，杭又次之。』清人金埴論及刻書，仍以胡氏所言三地爲主，則謂『吴門爲上，西泠次之，白門爲下』。明代私家刻書最多的汲古閣、清代坊間刻書最多的掃葉山房均爲蘇州人創辦，晚清時期頗有影響的江蘇官書局也設於蘇州。據清人朱彝尊記述，汲古閣主人毛晉『力搜秘册，經史而外，百家九流，下至傳奇小説，廣爲鏤版，由是毛氏鋟本走天下』。由於書坊衆多，蘇州還産生了書坊業的行會組織崇德公所。明清時期，蘇州刻書數量龐大，品質最優，裝幀最爲精良，爲世所公認，國内其他地區不少刊本也都冠以『姑蘇原本』，其傳播遠及海外。

蘇州傳世文獻既積澱着深厚的歷史文化底藴，又具有穿越時空的永恒魅力。從范仲淹的『先天下之憂而憂，後天下之樂而樂』，到顧炎武的『天下興亡，匹夫有責』，這種胸懷天下的家國情懷，早已成爲中華民族精神的重要組成部分，傳世留芳，激勵後人。南朝顧野王的《玉篇》，隋唐陸德明的《經典釋文》、陸淳的《春秋集傳纂例》等均以實證明辨著稱，對後世影響深遠。明清時期，馮夢龍的《喻世明言》《警世通言》《醒世恒言》，在中國文學史上掀起市民文學的熱潮，具有開創之功。吴有性的《温疫論》、葉桂的《温熱論》，開温病學研究之先河。蘇州文獻中藴含的求真求實的嚴謹學風、勇開風氣之先的創新精神，已經成爲一種文化基因，融入了蘇州城市的血脉。不少蘇州文獻仍具有鮮明的現實意義。明代費信的《星槎勝覽》，是記載歷史上中國和海上絲綢之路相關國家交往的重要文獻。鄭若曾的《籌海圖編》和徐葆光的《中山傳信録》，爲釣魚島及其附屬島嶼屬於中國固有領土提供了有力證據。魏良輔的《南詞引正》、嚴澂的《松絃館琴譜》、計成的《園冶》，分别是崑曲、古琴及園林營造的標志性成果，這些藝術形式如今得以名列世界文化遺産，與上述名著的嘉惠滋養密不可分。

維桑與梓，必恭敬止；文獻流傳，後生之責。蘇州先賢向有重視鄉邦文獻整理保護的傳統。方志編修方面，范成大《吴郡志》爲方志創體，其後名志迭出，蘇州府縣志、鄉鎮志、山水志、寺觀志、人物志等數量龐大，構成相對完備的志書系統。地方總集方面，南宋鄭虎臣輯《吴都文粹》、明錢穀輯《吴都文粹續集》、清顧沅輯《吴郡文編》先後相繼，收羅宏富，皇皇可觀。常熟、太倉、崑山、吴江諸邑，周莊、支塘、木瀆、甪直、沙溪、平望、盛澤等鎮，均有地方總集之編。及至近現代，丁祖蔭彙輯《虞山叢刻》《虞陽説苑》，柳亞子等組織『吴江文獻保存會』，爲搜集鄉邦文獻不遺餘力。江蘇省立蘇州圖書館於一九三七年二月舉行的『吴中文獻展覽會』規模空前，展品達四千多件，並彙編出版吴中文獻叢書。然而，由於時代滄桑，圖書保藏不易，蘇州鄉邦文獻中『有目無書』者不在少數。同時，囿於多重因素，蘇州尚未開展過整體性、系統性的文獻整理編纂工作，許多文獻典籍仍處於塵封或散落狀態，没有得到應有的保護與利用，不免令人引以爲憾。

進入新時代，黨和國家大力推動中華優秀傳統文化的創造性轉化和創新性發展。習近平總書記强調，要讓收藏在博物館裏的文物、陳列在廣闊大地上的遺産、書寫在古籍裏的文字都活起來。二〇二二年四月，中共中央辦公廳、國務院辦公廳印發《關於推進新時代古籍工作的意見》，確定了新時代古籍工作的目標方向和主要任務，其中明確要求『加强傳世文獻系統性整理出版』。盛世修典，賡續文脉，蘇州文獻典籍整理編纂正逢其時。二〇二二年七月，中共蘇州市委、蘇州市人民政府作出編纂《蘇州全書》的重大決策，擬通過持續不斷努力，全面系統整理蘇州傳世典籍，着力開拓研究江南歷史文化，編纂出版大型文獻叢書，同步建設全文數據庫及共享平臺，將其打造爲彰顯蘇州優秀傳統文化精神的新陣地，傳承蘇州文明的新標識，展示蘇州形象的新窗口。

『睹喬木而思故家，考文獻而愛舊邦。』編纂出版《蘇州全書》，是蘇州前所未有的大規模文獻整理工程，是不負先賢、澤惠後世的文化盛事。希望藉此系統保存蘇州歷史記憶，讓散落在海内外的蘇州文獻得到挖掘利用，讓珍稀典籍化身千百，成爲認識和瞭解蘇州發展變遷的津梁，並使其中藴含的積極精神得到傳承弘揚。

觀照歷史，明鑒未來。我們沿着來自歷史的川流，承荷各方的期待，自應負起使命，砥礪前行，至誠奉獻，讓文化薪火代代相傳，並在守正創新中發揚光大，爲推進文化自信自强、豐富中國式現代化文化内涵貢獻蘇州力量。

《蘇州全書》編纂出版委員會

二〇二二年十二月

凡例

一、《蘇州全書》（以下簡稱『全書』）旨在全面系統收集整理和保護利用蘇州地方文獻典籍，傳播弘揚蘇州歷史文化，推動中華優秀傳統文化傳承發展。

二、全書收録文獻地域範圍依據蘇州市現有行政區劃，包含蘇州市各區及張家港市、常熟市、太倉市、崑山市。

三、全書着重收録歷代蘇州籍作者的代表性著述，同時適當收録流寓蘇州的人物著述，以及其他以蘇州爲研究對象的專門著述。

四、全書按收録文獻内容分甲、乙、丙三編。每編酌分細類，按類編排。

（一）甲編收録一九一一年及以前的著述。一九一二年至一九四九年間具有傳統裝幀形式的文獻，亦收入此編。按經、史、子、集四部分類編排。

（二）乙編收録一九一二年至二〇二一年間的著述。按哲學社會科學、自然科學、綜合三類編排。

（三）丙編收録就蘇州特定選題而研究編著的原創書籍。按專題研究、文獻輯編、書目整理三類編排。

五、全書出版形式分影印、排印兩種。甲編書籍全部采用繁體竪排；乙編影印類書籍，字體版式與原書一致；乙編排印類書籍和丙編書籍，均采用簡體横排。

六、全書影印文獻每種均撰寫提要或出版説明一篇，介紹作者生平、文獻内容、版本源流、文獻價值等情況。影印底本原有批校、題跋、印鑒等，均予保留。底本有漫漶不清或缺頁者，酌情予以配補。

七、全書所收文獻根據篇幅編排分册，篇幅適中者單獨成册，篇幅較大者分爲序號相連的若干册，篇幅較小者按類型相近原則數種合編一册。數種文獻合編一册以及一種文獻分成若干册的，頁碼均連排。各册按所在各編下屬細類及全書編目順序編排序號。

通鑑續編

〔元〕陳桱 撰

據中國國家圖書館藏元刻明修本影印。

提　要

《通鑑續編》二十四卷，元陳桱撰。

陳桱，生卒年不詳，字子經。元奉化人，後流寓長洲。祖著、父泌俱以史學名世。桱内承家學，外淑黄震之東發學派，長於史學。入明爲翰林編修，爲楊憲賞識，除翰林待制，升翰林直學士。著有《歷代筆記》《續編宋史辨》《治平類要》等。

《通鑑續編》爲編年體通史。約始作於元順帝至正十年（一三五〇），成於至正二十一年（一三六一），元末已刊刻出版。是書『上補金氏所曠，下接司馬氏之所缺』，凡二十四卷。書前有陳桱自序及周伯琦序。卷一叙盤古至高辛氏之上古史，以補金履祥《資治通鑑前編》之未備。卷二叙唐昭宗以迄五代時之契丹史，兼及西夏之事。以上二卷爲《通鑑》所未載。後二十二卷詳記兩宋史事，始宋太祖建國，終於南宋覆亡，以續《通鑑》之後。是書雖名爲《通鑑續編》，然體例一秉朱熹《通鑑綱目》，故《四庫全書總目》論曰：『大書分注，全仿《綱目》之例，當名之曰《續綱目》。仍襲《通鑑》之名，非其實也。』《通鑑續編》雖有記載粗疏、引據疏舛之失，甚或爲顯揚其先人，雜其事於諸史事，致真訛難辨；然其書爲最早以宋爲正朔之綱目體通史，開明人以正統論改編《宋史》之先河。考其所載，多有他書所未備，取材雖本《遼》《金》《宋》三史，亦間有修訂，頗具史料價值。

《通鑑續編》現存有元刻本、元刻明修本、清《四庫全書》本等。本次影印以中國國家圖書館藏元刻明修本爲底本，原書框高二十二厘米，廣十五厘米，書内鈐有『海鹽張元濟經收』『涵芬樓』諸印。

通鑑續編

史學尚矣紀事肇於書編年剏於春秋具載類分昉於遷記而歷代則之各有全史書簡而核春秋正而嚴諸史博而該宋司馬文正公睹諸史之汗漫而有國家者不能以盡究而勸戒也偏紬全帙研稽事實慎撮機要

鑑次年月自周威烈王二十三年訖于五代自成一書名之曰資治通鑑文公朱子取其成書芟繁豎正一以春秋爲法書年以正統書事以提綱又疏其詳而目之猶夫三傳之敘列也名之曰通鑑綱目於是天統以明人紀以修尊卑高下之分别

柔善惡之別昭乎萬世矣然而前乎威烈者未有編次後乎五代者未有論述前曠後缺疑信尾昧君子病之近世浙東大儒金仁山氏由威烈王而上溯其年代始陶唐氏悉本諸書名曰通鑑前編而陶唐之前莅焉四明陳君桱子經甫世其史學尊

予先志纂輯前聞凡方冊所載若盤古氏至高辛氏考紀其際為第一卷以冠金氏之所述又據契丹遼氏建國之始並于五代為第二卷宋有國三百二十年為第二十二卷其建号也系于甲子建太平興國四年混一中原始大書其年代為正統至國

亡止而遼金之事附見之一以
通鑑綱目爲法蓋地有偏全而
統無偏全勢有强弱而分無强
弱揔之爲卷二十有四名之曰
通鑑續編是編也不惟纘其前
人之業成一家之言實有以繼
夫朱子之志爲萬世之計矣有
志於史學者誠能以朱子通鑑

綱目爲主取金氏之前編暨陳氏之續編合而觀之則自開闢以來歷三皇五帝夏商周秦漢晉隋唐宋至于今上下數千年治亂興廢之迹洞徹無間如岷江之流達于東海崑崙之氣貫于五岳也扶陽抑陰之道陳善閉邪之義皆隱然見於書法其

於名教豈小補哉曩予為太史時
詔修宋遼金三史與待制王理
輩首議統紀不合私於避忌者
從而和之如出一口予遂移疾
力辭不就其書雖成布在人間
而公論有所不可掩者予經論
著治與予合豈可謂世無其人
哉予鈍是編既成兵難大作變

不能生事定而其稿幸存若神明護之者積歲苦貧不能脱稿今行中書省寳佐海陵馬君玉麟國瑞甫好古君子也令長洲時訪子經得其稿以禄米致筆札飲食之資聚諸生之能書者編録之始成全書焉松江貳守昭陽顧君逖思邀甫將鋟梓以

廣其傳請予序之噫此予同志也又將奚辭嘗聞元公周子之言曰聖希天賢希聖士希賢夫孔子之春秋希天也朱子之綱目希聖也陳氏之續編希賢也與人爲善二君有焉子經之大父諱著字子微宋秘監知台州精於史學晚歲隱居撰歷代紀

統以淛子弟父諱泌字汝泉嘗
爲長官有名又傳涯紀統千百
言至子經蓋三世矣予弱冠客
杭與淛梁交善今觀子經所成
如此使人歎羨不已子經又嘗
集前代事跡爲筆記百卷與此
互相發明其續學討論非一日
夫子所謂焉知來者之不如今

也不其諒哉是為序至正廿一
年歲在辛丑孟夏鄱陽周伯琦
伯溫書

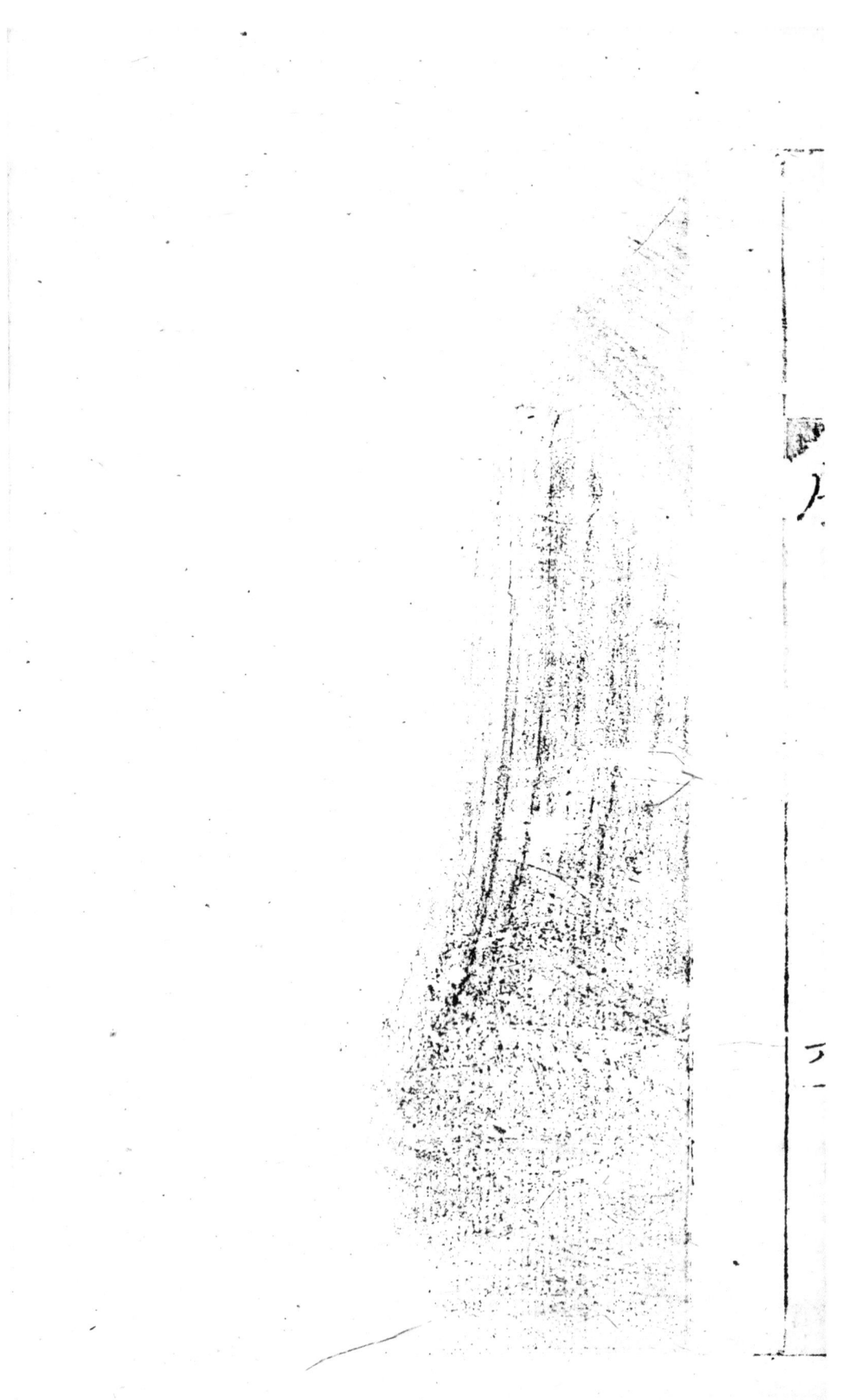

宋司馬文正公編次資治通鑑斷自周威烈王訖于五代其首微矣考亭朱夫子因通鑑舊文別以義例為綱目以正百王之大統由是千三百六十二年理亂廢興之跡世儒所嘗論議而不能無異者至是而後有以折其衷此作者之事學者所宜世守而勿失者也近世東陽金先生齋劉氏外紀之不本於經而是非或繆於聖

人乃攟摭通鑑以前由威烈王上至于唐堯者纂爲前編，出入經史百氏，而一以尚書爲主，其事著矣。若夫鑑古以下逮于高辛，述作之家類以爲世遠而難言，然百家所記豈無近理而可徵者乎？五代而降，宋三百季，度越漢唐，而其世運有盛衰，夷夏有消長，帝王將相禮樂刑政有得有失，此後之君子所宜執筆而爲之論著者也是非貫穿古今不足以涉羣籍之涯非總括機要不足以綜萬事之統非深造義理之微不足以識是非之正此吾友陳君子經續編之作所以為不苟也蓋子經之先大父秘監公以宋遺老隱居四明山中嘗推宗綱目著書以紀歷代之統其先君子教授表章家學訓釋惟謹子經束髮受是書即知先志所屬嘗申以為圖傳

諸同志且敷爲筆記二百卷藏于家矣今又上論盤古逮于高辛下逮三史會于宋或近理而有微或損益以致約前乎唐堯者既有以補其未備後乎五代者又有以嗣其方來比事於通鑑較義於綱目斟酌前編而不必苟同至於尊正統以定萬世之大分則考亭夫子之特筆祕監府君之遺意予經父子世守而勿敢失焉

者也其攷覈之精取舍之審固非區〻謏聞者所能盡識然舉其一而其餘者可以類見昔司馬遷論太史公所次舊聞後世稱爲良史子經此編豈非師古人而明先志乎傳之學者當與前編並存然則序而歸之以俟知者余固不得以苟讓爲也至正十八年三月甲子臨海陳基序

通鑑續編叙

甚矣史學之難也史之爲體不有以本乎經則不足以成一家之言史之爲言不有以補乎經則不足以爲一代之制故太史公之書其體本乎尚書司馬公之書其體本乎左氏朱子之綱目其體本乎春秋杜佑之通典其體本乎周禮惟易詩之體未有得之者而韓

詩外傳演詩邵子經世書演易亦可
謂僭出矣然史遷之書其法言名論
散在書志與左氏相頡頏而經世之
學可以羽翼六經者則又非諸子之
敢比也宋寶祐進士秘監知台州陳
公子微隱居四明山中以史學名著
歷代統紀傳於家至孫桱學子經始
推其志上叙盤古三皇五帝之繫以冠夫

司馬氏之書之首下述遼金興宋之詳以續司馬氏之書之後所以合史漢通鑑外紀前編諸書為一家使觀者自開闢以至宋末數千載之事一覽無遺述史者未有若是之詳且盡者其續可謂勞矣至正壬辰余歷廣陵始識子經於蓬溪主人蕭滌一室之度木揭北牖下書端楷字畫清勁皆手親

書子經佔畢其中率然嘗以繼晷汲汲乎若有求而弗得也翁翁乎若有失而弗知所求也後余避兵齋魯與子經相失十年當辛丑之十月復會吳中而其書適成因得詳觀焉其凡以為宋自建隆至太平興國四年無異於五代故但以甲子書四年已後方繫之統以比漢唐遼金繫年宗統之下以比吳

魏之於蜀數篇之中大義凛然其紀
年司馬氏之補遺也而不敢自謂之補
遺書法歐陽先生之綱目也而不敢自
擬於綱目故題之曰通鑑續編其體蓋
亦本於春秋者因憶曩時
朝廷篡脩三史一時士論雖知宋為正統
物議以宋勝國而疑之史官王理因著三
史正統論推明脩端之言欲以遼為北

史金元爲北史宋自太祖至靖康爲宋
史建炎以後爲南宋史其言專其論力
朝廷亦泰之後而卒爲三國立史正統卒
不能定至今大夫士雖以爲憾然終未有
能持守當一定之論以驅天下百世之惑
者愚嘗竊謂李唐墓而朱梁興郭
周墓而趙宋立趙宋滅而
本朝混一則

本朝所繼者趙宋之統也
本朝所繼者趙宋之統則遼金與宋輕
重可見矣或曰
本朝繼趙宋之統矣宋承五代之統乎
曰宋篡周周篡漢漢篡晉晉篡後唐後
唐滅梁梁篡唐當時遼金角立北方天
下幅裂五代不得以為繼也或曰然則宋承
遼金之統乎曰否遼棄梁篡而起於北

方不過偏有謂遼金雖滅遼克宋而建炎中興人心未厭遼金亦不得為統也或曰然則宋繼一何統乎曰宋繼唐統者也唐正統也唐以下遼金為北史五代為南史斯時為無正統至宋太平興國四年滅漢之後天下混一斯時為有統也猶晉之後南北亦為無統至隋唐而為有統耳故唐之有遼猶晉之有元魏

也唐之有五代猶晉之有宋齊梁陳也唐之統中絕而至宋猶晉之統中絕而至隋唐也然則宋之統所謂跨五代軼遼金而躋漢唐者也子經之書自唐而後五代遼金皆爲無統至大平興國四年而後一爲統蓋得其説矣是可以驅天下百世之惑矣但恨子經不與史事議當時不得持此論於

朝而使三史有憾乾陵也雖然子綎
之書得與三史並行於世亦可謂無
愧於心矣書凡四卷蓋古盈萬章爲
一卷契丹建國之始合五代爲一卷
宋爲二十二卷齊郡張紳爲之叙至正
廿二年歲次壬寅二月既望叢桂堂書

余讀歷代史輯事之大者爲筆記百卷或見
之曰子立志勤矣然周威烈王而下至于宋興
其取舍之審有逾于司馬公資治通鑑者乎以
朱子綱目筆削之慎耶泝而至于唐堯則又金
先生前編方爲世所重子書要乃複乎余曰吾
備吾檢閱而已豈規與諸書並傳哉雖然
盤古至高辛傳疑之言近理有徵者亦可
不知也契丹因俗慕華其國家志者不可不

存也宗三百年之治亂興亡新史繁而寡
要觀者畏約而未得也吾不易舊文直之意見
義彷彿通鑑而規模綱目法述理而刪繁辭
使志學之士開卷而上下數千年之事洞然以
縣見可乎曰此則是也乃取筆記歷古自高
辛爲通鑑世編一卷唐兵復至周亡資夏
初事爲通鑑外編一卷宋有國至歸于
大元爲通鑑新編廿二卷以總之爲廿四卷

名曰通鑑續編。惟其不敢取前編綱目之以入其中，故於此編之末，則舉歷代有國者先後以見意焉。其謂之續者，取連續之義耳，若曰續先儒之筆、褒貶之旨，則非知我者矣。至正十年歲在庚寅夏六月子

四明陳桱題

通鑑續編序

前無作者非聖賢不能造其端後無作者非君子不能述其事則夫法聖賢之業述君子之志固學者事也昔者聖人因魯史以作春秋以為百王之大經子朱子上法乎春秋下取乎左氏因温公之通鑑以為綱目可謂善述聖人之事矣然世變無窮聖賢不作綱目之書止於五代而宋之紀無所徵焉是故李

彙之長編可以續温公之後而其體非
筆削之史陳詢之舉要可以述朱子之
事而其文非善作之體有志於斯文者
不能無所感矣四明陳君子經曰三史
之成書取法乎綱目起宋迄
元類為續編凡若干卷繫用宋紀之凡
參取遼金之要若乃太平興國之混一
大今之紫陽語錄之微言建炎紹興之大
書法乎晉元中興之特筆上而建隆之

分注有以見統之難得於其始下之詳興之紀年有以見統之不忍絶於終書李重進以謀反而君臣之分明書劾里鉢之世襲而夷夏之禍堤至於尊先聖而書孔伋之官重道統而書周程之卒雖因文立義繁簡不同然紀事實書大旨略備後有作者未有能舍是以為書也烏虖溫公之為通鑑各有分局然猶歷十九年而後成朱子之為綱目因其

成書亦必更屬衆手而始就今子經以一人之心力而兼二公之難爲其用功亦勤矣温公嘗言吾通鑑成唯王勝之讀一過餘人未半卷即已倦睡漸於是編亦已數過尚未能窺子經之閫奧然則不知子經之用功者其可易而觀之者哉子經以漸嘗獲窺其槩也屬漸爲序因述其得於是編者以復之其未知者則顛從子經而卒業焉友生姜漸序

通鑑續編目録

宋太宗太平興國四年己卯至至道三年丁酉

凡一十九年

卷第五

宋真宗咸平元年戊戌至乾興元年壬戌

凡二十五年

卷第六

宋仁宗天聖元年癸亥至慶曆三年癸未

凡二十一年

卷第七

宋哲宗元祐元年丙寅至元符三年庚辰

九十五年

卷第十一

宋徽宗建中靖國元年辛巳至政和四年甲午

九十四年

卷第十二

宋徽宗政和五年乙未至宣和七年乙巳

九十一年

卷第十三

宋欽宗靖康元年丙午至高宗建炎元年丁未

凡二年

卷第十四

宋高宗建炎二年戊申至建炎四年庚戌

凡三年

卷第十五

宋高宗紹興元年辛亥至紹興七年丁巳

凡七年

卷第十六

宋高宗紹興八年戊午至紹興十三年癸亥

九六年

卷第十七

宋高宗紹興十四年甲子至紹興三十二年壬午

九十九年

卷第十八

宋孝宗隆興元年癸未至光宗紹熙五年甲寅

九三十二年

卷第十九

通鑑續編目錄終

書例

大書以便覽非竊有襃貶詳註以載事無繇乎舊文

國之興亡世之治亂帝王將相言政之得失后妃世子立廢之原本輔臣用舍賢士出處土地分并制度因革災祥之驗於事者既識之行於時者則書不然則否

盤古至高辛以世紀遼遠不可得詳也

契丹阿保機事僭也唐宋太祖事僭于周志其得國之故也

契丹建國而繫于梁唐晉漢周尊華夏也

宋建隆至太平興國三年係于甲子志其無異五代也

宋太平興國四年以後繫之統志其同於漢唐也

遼年繫于宋統之下尊無二上也其帝稱主外之也

夏稱帝則書與遼同夷也

遼年志夏改元乃書大小之別也

金承遼故例同也

宋渡江而猶繫之統同于東晉也

滅金夏有中國而反繫于宋明天命之未絕也

帝王國鎮必志其初備事也

通鑑續編卷第一

陳桱

盤古氏 太極生兩儀兩儀生四象四象變化而庶類繁矣相傳首出御世者曰盤古氏又曰渾敦氏盤古猶盤固也渾敦未昭晰之謂也皇王大紀曰盤古生於大荒莫知其始明天地之道達陰陽之變爲三才首君於是混茫開矣

天皇氏 一姓十三人繼盤古氏以治是曰天靈澹泊無爲而俗自化始制干支之名以定歲之所在十干曰閼逢旃蒙柔兆彊圉著雍屠維上章重光玄黓昭陽十二支曰困敦赤奮若攝提格單閼執徐大荒落敦牂協洽涒灘作噩閹茂大淵獻

地皇氏 一姓十一人繼天皇氏以治爰定三辰是分晝夜以三十日爲一月

人皇氏 一姓九人繼地皇氏以治是曰泰皇相厥山川分爲九區人居一方故又曰居方氏當是時也萬物

群生淳風汹穆主不虛王臣不虛貴政教君臣所自起飲食男女所自始亦號九皇氏

附十紀說按春秋元命包曰天地開闢至春秋魯哀公蔣十四年獲麟之歲凡二百二十六萬七千年分爲十紀其一曰九頭紀即人皇氏也古者謂一人爲一頭人皇兄弟九人故也二曰五龍紀又謂之五姓兄弟五人曰皇伯皇仲皇叔皇季皇少治在五方司五行布山澂繼人皇御世者也方是時也世巫巢穴日月貞明三曰攝提紀五十九姓繼五龍氏以治分天下而居焉四曰合雒紀三姓繼攝提氏以治始教民穴居者也五曰連通紀六姓繼合雒氏以治六曰叙命紀四姓繼連通氏以治七曰循蜚紀八曰因提紀九曰禪通紀十曰疏仡紀自人皇氏至叙命氏凡八十三君自循蜚而後皆有世次可紀禪通則終于炎帝疏仡則始于黄帝以迄于周言雖繁而事不經見闕者疑之夫人靈於萬物而氣禀不齊其才德出類者則爲衆所宗此君道之始也蠭蟻尚然況于人哉以盤古之先爲無君耶吾不得而知也以人皇之後爲有君耶吾不得而泯也愼

其世而著其號舍其怪而存其常可也故謹列循蜚紀以下附諸人皇氏之末備考覽焉

循蜚紀循蜚者以其時德厚信矼人循其化速若蜚也有號而無世凡二十二氏○鉅靈氏出於汾脽握大象持化權揮五丁之士驅陰陽反山川居無恒處而跡躔于蜀○句彊氏○譙明氏○涿光氏○○鉤陣氏○黄神氏○狚神氏○犂靈氏○大騩氏○○鬼騩氏○弇茲氏○泰逢氏○冉相氏○盖盈氏○大敦氏○靈陽氏○巫常氏○泰壹氏是爲皇人調大鴻之氣正神明之位盖范無形嘗無味要會久視操法攬而長存者○空桑氏○神民氏又曰神皇盖使衶民異業精氣通行者○猗帝氏○次民氏次民之世宂處終矣

因提紀因提者其世咸有制作俾後人可因以利時也有號有世凡十三氏○辰放氏古初之人卉服蔽體辰放氏作教民搴木茹皮以禦風霜綯髮閭首以去靈雨而人從之命之曰衣皮之民傳四世

〇蜀山氏蜀之爲國肇自人皇其始蠶叢栢濩魚鳧三君各數百歲同號蜀山蠶叢居瞿上魚鳧治導江逮蒲澤俾明時人氓椎結左言不知文字事莫克傳最後望帝杜宇云〇惒傀氏傳六世〇渾沌氏傳七世〇東戸氏子思子曰東戸氏之熈載也紹荒屯遺美好乘精拱默而九竅以承流當是之時禽獸成羣竹木遂長道上顏行而不拾遺耕者餘餼宿之隴首其歌樂而無謡其哭哀而無聲盖至德之世也傳十七世〇皇覃氏又曰離光氏春秋命歷序曰皇覃氏之世也在而不治官天地府萬物害乎無假是故死生同兆而不可相陵傳七世〇啓統氏傳三世〇吉夷氏傳四世〇几蘧氏亢倉子曰几蘧氏之在天下也不治而不亂匀耳目內通而外乎心知天下之人惟知母不知父鶉居彀飲而不求不學書則旅行夜則類處及其死也槀葬風化而已令之曰知生之民天下盖不足治也〇豨韋氏傳四世〇有巢氏太古之民穴居野處搏生咀華與物相友無有媢傷之心逮乎後世人民機智而物始爲敵爪牙角毒㮡不足

以勝禽獸有聖者作搆木爲巢教民居之以避其害號曰有巢氏之民傳二世○燧人氏自有巢氏教民巢居然猶未知熟食也有聖人作觀星辰而察五行知空有火麗木則明於是鑽木取火教民以烹飪而民利之故號燧人氏以爲燧者火之所生也乃别五木以改火順四時而遂天之意由是火之功用洽矣時未有文字燧人氏始作結繩之政立傳教之臺爲日中之市與交易之道人情以遂故又謂之遂皇有四佐焉曰明由必育成博隕丘傳四世○庸成氏羣王之山平阿無監四徼中繩庸成氏之所守先王之册府也

傳八世

禪通紀　禪通者通于封禪之君也○史皇氏倉帝名頡有睿德生而能書及長登陽虛之山臨于玄扈洛水之汭靈龜負書丹甲青文倉帝受之遂窮天地之變仰觀奎星圜曲之勢俯察龜文鳥羽山川掌指而剏文字文字成天爲雨粟鬼爲夜哭居陽武而葬利鄉○柏皇氏○中央氏○大庭氏○栗陸氏

〇昆連氏〇軒轅氏作于空桑之北紹物開智見轉蓬而制乘車橫木爲軒直木爲轅故號軒轅氏〇赫胥氏〇葛天氏〇尊盧氏〇祝融氏又曰祝誦氏是時天下洽和萬物咸若祝融聽弇州之鳴鳥以爲樂歌諧神明而和人聲以火施化亦號赤帝故後世火官因以爲號都于鄶葬衡山之陽〇昊英氏〇有巢氏〇朱襄氏〇陰康氏〇無懷氏〇太昊伏犧氏〇女皇氏〇炎帝神農氏〇按禪通紀凡十九氏其軒轅祝融或當在太昊前餘合繫太昊之後也

疏仡紀疏以知遠仡以審斷仁義道德之所用也其世則自黄帝以訖于周

〇三皇

太昊伏犧氏太昊之母居于華胥之渚履巨人跡意有所動虹且遶之因而始娠生帝于成紀以木德繼天而王故風姓有聖德象日月之明故曰太昊作都于陳〇教民佃漁畜牧以

充庖廚人生之始也與禽獸無異知有母而不知其父知有愛而不知其禮卧則呿呿起則吁吁飢則求食飽則棄餘茹毛飲血而衣皮革太昊始□網罟以佃以漁以贍民用故曰伏犧氏養犧牲以充庖廚故又曰庖犧氏

畫八卦造書契太昊德合上下天應以鳥獸文章地應以河圖洛書於是仰觀象于天俯觀法于地中觀萬物之情始畫八卦卦有三爻因而重之爲卦六十有四以通神明之德作書契以代結繩之政書制有六一曰象形二曰假借三曰指事四曰會意五曰轉注六曰諧聲使天下義理必歸文字天下文字必歸六書

作甲歷起於甲寅支干相配爲十二辰六甲而天道周矣歲以是紀而年不亂月以是紀而時不易晝夜以是紀而人知度東西南北以是紀而方不惑

制嫁娶上古男女無別太昊始制嫁娶以儷皮爲禮正姓氏通媒妁以重人倫之本而民始不瀆

以龍紀官太昊因龍馬負圖出于河之瑞始名官而以龍紀號曰龍師命朱襄爲飛龍氏造書契昊英爲潛龍氏造甲歷大庭爲居龍氏治屋廬渾沌爲降龍氏驅民害陰康爲土龍氏治田里栗

陸爲水龍氏繁滋草木疏導泉源又命五官春官爲青龍氏又曰蒼龍夏官爲赤龍氏秋官爲白龍氏冬官爲黑龍氏中官爲黄龍氏於是共工爲上相柏皇爲下相朱襄昊英常居左右栗陸居北赫胥居南昆連居西葛天居東陰康居下分理宇内而政化大洽**造琴瑟**太昊作荒樂歌扶徠詠罔罟以鎮天下之人命曰立基斲桐爲琴繩絲爲絃絃二十有七命之曰離徽以通神明之貺以合天人之和絙桑爲三十六絃之瑟以脩身理性反其天真而樂音自是興焉**在位百十五年崩○傳十五氏**女媧氏與太昊同母生而神靈佐太昊正昏姻以重萬民之判是爲神媒太昊沒共工氏作亂振滔洪水以禍天下女媧役其神力以與共工氏較卒滅共工氏而誅之以治天下都于中皇之山是爲女皇命臣隨作笙簧以通殊風娥陵制都良管以一天下之音用五十絃之瑟於澤丘以郊天脩神聰之極悲乃破爲二十五絃以抑其情而樂乃和治百三十載而沒○柏皇氏之在世也爲而不有應而不求居于皇人之山○中央氏亦曰中皇氏○大庭氏之膺籙也三辰豐輝五鳳異色都于曲

皇故魯有大庭氏之庫亦曰朱須氏。栗陸氏之為政教慢自用民始携叛其臣東里子諫而被殺天下益貳栗陸遂亡。驪連氏亦曰昆連氏。渾沌氏。赫胥氏之為治也尊民而重重方是之時人居不知所為行不知所之鼓腹而游含哺而嬉晝動夕息渴飲飢食莫知作善而作惡也。尊盧氏之立政也官天地府萬物革天下之故而世用寧治居強圉之陽。昊英氏之君位也人民少而草木鳥獸繁蓋衣薪之代也又曰子昊。有巢氏昔在上古人多禽獸之難聖人教之巢居人獲安焉及其久也木處而顛有聖人教之編槿而廬緝藋而扉塗茨以避其濕以其帶有巢之化故亦號有巢氏是曰古皇蓋屋廬之始也。朱襄氏之時恒風振蕩果木不實朱襄命士達作五絃之瑟以來陰氣定群生而天下治又曰子襄。葛天氏之世不言而信不化而行蕩蕩乎無能名之俗以熙熙其作樂也三人操牛尾投足以歌八闋一曰載民二曰玄鳥三曰遂草木四曰奮五穀五曰謹天常六曰達帝功七曰依地德八曰總萬物之極是謂廣樂。陰康氏之時水瀆不疏陰凝而易閼人氣鬱于內腠理滯著而多重膇陰康思所以利其關節乃制舞焉治于華原○無懷氏之撫世也以道存生以德安刑其民甘食而樂居懷土而重生形有動作心無好惡雞犬之音相聞民至老死不相往來命之曰無懷氏之民○世傳伏羲氏之後凡十五氏為天子而炎神農氏作今按易繫辭曰包羲氏沒神農氏作則相傳者不足信矣況太昊命官而十五氏多預焉則是皆佐伏羲為治之臣明矣豈當其時各君一方以理民如後世諸侯之國耶

共工氏

太昊之沒共工氏曰康回赤髮身朱髮任智自神淑亂天常竊保冀方自謂水德乃以水紀官師冥于湛樂謠佚其身欲壅防百川隳高堙卑以害天下皇天弗福庶民弗助女媧氏戮之共工氏遂亡

炎帝神農氏

少典氏之君娶于有蟜氏之女曰安登生二子焉長曰石年育于姜水故以姜為姓以火德代伏羲氏治天下故曰炎帝其起本於烈山又號烈山氏亦曰連山氏其初國伊繼國耆合而稱之故又號曰伊耆氏

都陳遷曲阜○初藝五穀嘗百草

古者民茹草木之實食禽獸之肉而未知

耕稼炎帝因天時相地宜斲木為耜揉木為耒始教民播五穀而農事興焉民有疾病未知藥石炎帝始味草木之滋察其寒溫平熱之性辨其君臣佐使之義嘗一日而遇七十毒神而化之遂作方書以療民疾而醫道立矣復察水泉甘苦令人知所避就由是民居安食力而無夭札之患天下宜之故號神農氏

始為日中之市

炎帝之世其俗樸重端愨不忿爭而財足無制令而民從威厲而不殺法省而不煩始列廛于國日中為市致天下之民聚天下之貨交易而退各得其所

以火紀官

因火德王故以火紀官為火師春官為大火夏官為鶉火秋官為西火冬官為北火中官為中火

在位百四十年崩于長沙之茶鄉

炎帝之世諸侯夙沙氏叛不用帝命其臣箕文諫而被殺炎帝退修厥德夙沙之民自攻其君而來歸其地於是南至交趾北至幽都東至暘谷西至三危莫不從其化也

傳八帝至榆罔而亡

神農氏納莽水氏之女曰聽訞生臨魁嗣為炎帝在位八十年臨魁生帝承在位六十年承生帝明在位四十九年明生帝宜又曰

帝宜在位四十五年宜生帝來亦曰帝克在位四十八年
來生帝襄又曰帝居在位四十三年居生節莖節莖生克
及戲節莖克戲皆不在帝位克生帝榆罔榆罔居于空桑
爲政束急務乘人而鬭其捷於是諸侯攜貳其臣蚩尤作
亂帝遷居于涿鹿有熊國君曰公孫軒轅實懋聖德諸侯
歸之帝之五十五年諸侯尊軒轅爲天子降封帝于路神
農氏遂亡。炎帝別子曰柱有聖德佐帝播種五穀後世
德之祀以爲稷有子曰慶甲或云嘗嗣炎帝云。戲生器
器生祝融爲黃帝司徒祝融生術囂術囂生勾龍爲顓頊
后土能平九州辨土地之宜以教兆民後世祀之以配社
勾龍生垂垂爲堯共工寔生伯夷封
于呂爲齊四嶽其後呂尚周封於齊

黃帝有熊氏初神農氏母弟世嗣少典氏爲諸侯帝榆罔之代少典國君之妃曰附寶者感電光繞斗
而有身生帝于軒轅之丘因名軒轅姓公孫軒轅生而神
靈弱而能言幼而徇齊長而敦敏成而聰明國于有熊故
號有熊氏長于姬水故又以姬爲姓及炎帝戰于阪泉神農氏衰諸侯相侵伐炎帝榆罔弗能征

於是軒轅習用干戈以征不享諸侯咸来賓從榆罔欲侵陵諸侯諸侯益叛之軒轅修德振兵治五氣蓺五種撫萬民度四方教熊羆貔貅貙虎以與榆罔戰于阪泉之野三戰然後得其志

誅蚩尤于涿鹿 蚩尤姜姓炎帝之裔也好兵喜亂作刀戟大弩以暴虐于天下兼并諸侯貪欲無度炎帝榆罔不能制之命居少顥以臨西方蚩尤益肆其惡出羊水登九淖以攻炎帝于空桑炎帝遜居涿鹿軒轅乃徵師諸侯與蚩尤戰于涿鹿之野蚩尤作大霧軍士皆迷軒轅爲指南車以示四方遂擒蚩尤殺于中冀因名其地曰絶轡之野

諸侯尊爲黄帝代神農氏以治天下 軒轅自涿鹿還諸侯咸尊爲天子以代神農氏因其有土德之瑞故號曰黄帝

以雲紀官 帝初受命適有雲瑞乃以雲名官爲雲師

立六相 帝舉風后力牧太山稽常先大鴻以治民劉恕外紀曰黄帝得六相而天地治神明至風后明乎天道故爲當時大常察乎地利故爲廩者奢龍辨乎東方故爲土師祝融辨乎南方故爲司徒大封辨乎西方故爲司馬后土辨乎北方故爲李

立占天

之官帝既受河圖得其五要乃設靈臺立五官以敘五事命鬼臾蓲占星闕苞授規正日月星辰之象於是乎有星官之書命羲和占日尚儀占月車區占風

命大撓作甲子帝命大撓探五行之情占斗剛所建始作甲子甲乙丙丁戊己庚辛壬癸謂之幹子丑寅卯辰巳午未申酉戌亥謂之枝枝幹相配以名日而定之以納音

命容成作蓋天及調歷帝命容成作蓋天以象周天之形綜六術以定氣運因閏於鬼臾蓲曰上下周紀其可數乎對曰天以六節地以五制周天氣者六期爲備終地紀者五歲爲周五六合者歲三十七百二十氣爲一紀六十歲千四百四十氣爲一周太過不及斯以見矣乃因五量治五氣起消息察發斂以作調歷歲紀甲寅日紀甲子而時節定是歲已酉朔旦日南至而獲神策得寶鼎冕侯問於鬼容蓲對曰是謂得天之紀終而復始乃迎日推策造十六神歷積邪分以置閏配甲子而設蔀於是時惠而辰從矣

命隸首作數帝命隸首定數以率其羨要其會而律度量衡由是而成焉

命伶倫造律帝命伶倫自大夏之西阮

喻之陰取竹於解谿之谷以生空竅厚鈞者斷兩節間長三寸九分而吹之以爲黄鐘之宮制十二筩以聽鳳皇之鳴而别十二律其雄鳴爲六雌鳴亦六以比黄鐘之宫生六律六吕候氣之應以立宫商角徵羽之聲治陰陽之氣節四時之變推律歷之數起消息正閏餘

命榮援作十二鐘帝命榮猨鑄十二鐘協月筩以和五音立天時正人位焉

命大容作咸池之樂帝命大容作承雲之樂是爲雲門大卷著之椌楬以道其和中春之月乙卯之辰日在奎始奏之命曰咸池

作冕旒正衣裳帝作冕垂旒充纊爲玄衣黄裳以象天地之正色旁觀翬翟草木之華乃染五采爲文章以表貴賤於是衮冕衣裳之制興

作器用帝命寗封爲陶正赤將爲木正以利器用揮作弓夷牟作矢以威天下岐伯作鼓吹鐃角靈鞞神鉦以揚德建武

作舟車帝命共鼓化狐刳木爲舟剡木爲楫以濟不通邑夷法斗之周旋魁方杓直以携龍角作大輅以行四方由是車制備服牛乘馬引重致遠而天下利矣

作合宮帝廣宮室之制遂作合宮祀上帝接萬靈布政教焉

訓導錢紳

作貨幣帝范金爲貨，制金刀，立五幣，設九棘之利，爲輕重之法，以制國用，而貨幣行矣。**作内經**帝以人之生也負陰而抱陽食味而被色寒暑盪之於外喜怒攻之於内夭昏凶札君民代有乃上窮下際察五氣立五運洞性命紀陰陽咨於岐伯而作内經復命俞跗岐伯雷公察明堂究息脉巫彭桐君處方餌而人得以盡年**命元妃西陵氏教民蠶**西陵氏之女嫘祖爲帝元妃始教民育蠶治絲繭以供衣服而天下無皴瘃之患後世祀爲先蠶**畫野分州經土設井**帝内行刀鋸外用甲兵制陣法設旗麾天下有不順者從而征之平者去之披山通道未嘗寧居東至于海西至于空桐南至于江北逐葷粥合符釜山而邑于涿鹿之阿遷徙無常處以師兵爲營衛於是畫野分州得百里之國萬區命匠營國邑置左右大監監于萬國萬國以和遂經土設井以塞争端立步制畝以防不足使八家爲井井開四道而分八宅井一爲隣隣三爲朋朋三爲里里五爲邑邑十爲都都十爲師師十爲州分之於井而計於州則地著而數詳**麒麟生于庭鳳皇**

巢于閣麒麟遊于囿
帝順天地之紀幽明之占死生之說
存亡之難時播百穀草木淳化鳥獸
蟲蛾旁羅日月星辰水波土石金玉勞勤心力耳目節用
水火財物由是民不習僞官不懷私市不預價城郭不閉
見利不爭風雨時若人無夭枉物無疵癘虎豹不妄噬鷙
鳥不妄搏裔夷之人罔不來享有草生于庭佞人入則指
之名曰屈軼鳳皇巢于
阿閣麒麟遊于苑囿焉
在位百年崩于荊山之陽
帝採首
山之銅
鑄三鼎於荊山之陽八月既望鼎成崩焉年百十有一歲
葬橋山其臣左徹感思取衣冠几杖而廟祀之帥諸侯羣
臣歲時
朝焉
帝子二十有五人
帝元妃西陵氏之女曰嫘祖生
昌意玄囂龍苗二妃方纍氏之
女曰節生休及清三妃彤魚氏之女生揮及夷鼓四妃曰
嫫母貌惡德充生蒼林禺陽其衆妾之子十六人總四妃
之子爲二十有五其得姓者十有四人別爲十二姓曰祁
己滕箴任荀僖姞儇依二姻二酉及有虞氏有天下封帝
後爲侯伯者十有九焉○或云休僖姓黃帝之崩諸侯尊
休爲帝號有鴻氏無思無爲不慮不圖而臻至治在位四

十七年而崩葬于雍有子曰白民曰嘻嘻生季格格生帝魁白民銷姓降居于夷其別子爲防風氏○又曰帝鴻氏有別子曰縉雲氏不才子曰混沌縉雲氏娶士敬氏之女曰炎融寔生讙兜堯放之崇山讙兜生三苗堯竄之三危三苗氏有弟曰饕餮○又曰蒼林生始均是爲北狄之祖

○五帝

少昊金天氏名摯姓己黄帝之子玄囂也母曰嫘祖感大星如虹下臨華渚之祥而生帝黄帝之世降居江水邑于窮桑故號窮桑氏國于青陽因號青陽氏以金德王天下遂號金天氏能修太昊之法故曰少昊○或云黄帝之子清是爲青陽氏娶于類氏之女曰皇娥生摯于河之湄都于曲阜○以鳥紀官少昊之立也鳳鳥適至因以鳥紀官鳳鳥氏歷正也玄鳥氏司分者也伯趙氏司至者也青鳥氏司啓者也丹鳥氏司閉者也祝鳩氏司徒也鴡鳩氏司馬也鳲鳩氏司空也爽鳩氏司寇也鶻鳩氏司事也五鳩鳩民者也五雉爲九

工正利器用正度量夷民者也九扈爲九農正扈民無淫者也**作大淵之樂**帝之御世也諸福之物畢至爰書鸞鳳立建鼓制浮磬以通山川之風作大淵之樂以諧人神和上下是曰九淵**在位八十四年。崩**壽百歲葬于雲陽故後世又曰雲陽氏。帝元妃生倍伐降處緡淵次妃生般爲弓正是制弓矢主祀弧星封于尹城有子曰昧爲玄冥師于高陽之世少昊別子四人曰重該脩熙其不才子曰窮奇

顓頊高陽氏姬姓祖曰黃帝父曰昌意昌意娶蜀山氏之女曰昌僕是爲女樞感瑤光貫月之祥生帝于若水年十歲佐少昊年二十即帝位以水德紀金天氏政初國高陽故號高陽氏。或云昌意娶昌僕生乾荒乾荒娶于母家曰女樞寘生顓頊**都于帝丘。命五官**顓帝之世不能紀遠始爲民師而命以民事以少昊之四子重該脩熙其能金木及水乃俾重爲木正曰句芒該爲金正曰蓐收脩熙爲水正曰玄冥又以炎帝之子句龍爲土正而帝之孫爲火正曰祝融是謂五官**命南正重司天北正黎司**

地以屬神民古者民神異業是以僞災不至而求用不匱少昊氏衰九黎亂德民神雜揉不可方物家爲巫史無有要質民匱于祀嘉生不降無物以享禍災荐臻莫盡其氣顓帝受之乃命南正重司天以屬神北正黎司地以屬民使復舊常無相侵瀆民用安生以斗杓建寅之月爲歷元帝作曆以孟春之月爲元是歲正月朔旦立春五星會于天歷營室冰凍始泮蟄蟲始發雞始三號天曰作時地曰作昌人曰作樂鳥獸萬物莫不應和故顓帝爲歷宗也作承雲之樂帝命飛龍氏會八風之音爲圭水之曲以召氣而生物浮金効珍於是鑄爲之鐘作五基六英之樂以調陰陽享上帝朝羣侯名曰承雲在位七十八年崩帝靜淵以有謀疏通而知事藝材以任地載時以象天依鬼神以制義治氣以教化潔誠以祭祀北至于幽陵南至于交趾西至于流沙東至于蟠木動靜之物大小之神日月所照莫不砥屬年九十一而崩葬濮陽帝娶鄒屠氏之女生歸明蒼舒隤敳檮戭大臨尨降庭堅仲容叔達又娶勝濆氏之女生蒼童庶子曰窮蟬其不才子曰

檮杌自蒼舒至叔達所謂齊聖廣淵明允篤誠天下之人謂之八愷者也○駱明姒姓生伯鯀鯀生禹是爲夏后氏○卷章妻曰女嬇生黎及回黎與回代爲祝融于高辛之世吴回生陸終陸終生子六人曰樊曰惠連曰籛鏗曰會人曰曹姓曰季連羋封于昆吾籛鏗封于彭是爲彭祖其孫元哲封于韋是爲豕韋昆吾豕韋當夏之世代爲侯伯季連羋姓其後爲楚○窮蟬生敬康敬康生句望句望生橋牛橋牛生瞽叟瞽叟生舜是爲有虞氏或曰敬康之先國于虞非顓帝之裔也○顓帝之裔孫曰女脩生大業大業之妻曰女華生大費是爲伯益佐禹治水有功舜賜姓嬴氏爲薦于天者其長子曰大廉其後爲秦爲趙

帝嚳高辛氏名夋姓姬祖曰少昊父曰蟜極生而神靈年十五佐顓帝受封于辛年三十以木德代高陽氏爲天子以其肇基于辛故號高辛氏都于亳○作九招之樂帝命咸黑典樂爲聲歌命曰九招在位七十年崩帝普施利物不於其身聰以知遠明以察微順天之義知民之急仁而威

惠而信脩身而天下服取地之財而節用之撫教萬民而利誨之歷日月而迎送之明鬼神而敬事之其色郁郁其德嶷嶷其動也時其服也士帝嚳執中而徧天下日月所照風雨所至莫不服從年百五歲而崩葬頓丘帝元妃有部氏女曰姜嫄生棄爲舜后稷其後爲周次妃有娀氏女曰簡狄生契爲舜司徒其後爲商三妃陳鋒氏女曰慶都生堯是爲陶唐氏四妃娵訾氏女曰常儀生摯庶子曰伯奮仲堪叔獻季仲伯虎仲熊叔豹季貍忠肅共懿宣慈惠和天下之人謂之八元其不才子曰實沈閼伯子摯即天子位九年而廢帝嚳崩摯嗣立荒淫無度不脩善政居九年諸侯廢之而尊堯爲天子

帝堯陶唐氏見金氏通鑑前編及摠歷代筆記

帝舜有虞氏見前編及筆記

○三代

○夏受禪○商滅夏○周滅商

已上見前編及綱目并筆[illegible]

秦滅周

○兩漢

○西漢滅秦○東漢

○三國

○後漢○魏篡東漢滅後漢○吳

○兩晉

○西晉篡魏○東晉

○南北朝

○宋篡東晉 ○齊篡宋 ○梁篡齊 ○陳篡梁 已上南朝

○元魏 ○東魏 ○西魏 ○北周篡西魏滅北齊 ○北齊篡東魏 已上北朝

隋篡北周滅陳

唐篡隋

○五代

○梁篡唐 ○唐滅梁 ○晉篡唐 ○漢代晉 ○周篡漢

已上見綱目并筆記

通鑑續編卷第一

辛酉

通鑑續編卷第二

唐昭宗皇帝天復元年契丹痕德堇可汗以耶律阿保機爲夷離堇

初炎帝之裔曰葛烏兎世雄朔漠號東胡匈奴冒頓單于襲破之餘衆保鮮卑山魏青龍中幽州刺史王雄殺其酋比能衆散徙潢水至酋莫那遷于遼西九傳而爲慕容晃所破分其衆爲三曰宇文曰庫莫奚曰契丹元魏初民稍滋蔓而契丹酋奇首居潢河土河之間有子八人各自爲部高句驪柔然謀擊之大酋莫弗賀勿于懼率部落三千乘請附于魏因居白狼水東唐初大酋號大賀氏有勝兵八萬貞觀中太宗伐高麗首領窟哥來朝詔分其地爲十州以其部長爲刺史拜窟哥爲松漠都督賜姓李氏統領其衆窟哥死其孫盡忠叛武后遣師二十萬連年乃克餘衆附于突厥開元中盡忠從弟失活請降詔復以爲都督失活傳沙固沙固爲衛官可突干所殺弟鬱于嗣鬱于死弟咄于嗣可突干復逐之部人共立咄于之弟邵固可突干殺邵固而立屈列以附于突厥幽

州刺史張守珪討殺可突干詔封其別部長過折爲北平王以統大賀氏諸部可突于之黨雅里殺過折而立迪輦組里爲阻午可汗改號遥輦氏雅里自爲迭刺部輔阻午以爲政始立制度設官分地刻木爲契穴地爲牢馬雅里者本奇首之後居潢河濱號審吉氏及易氏迭刺因譯其始興之地世里爲耶律而姓之天寳四年詔賜阻午姓名曰李懷秀仍爲松漠都督懷秀尋叛詔更封別部長楷落爲恭仁王以代懷秀楷落自稱契丹王會安禄山反朝貢阻絶其世次莫得而詳或言其國凡八部常推其一部大人建旗鼓以乇號令然其所稱耶瀾可汗屈戍巴刺可汗習爾之嗣不知何部大人也是年習爾死其族人欽德立是爲痕德堇可汗痕德堇之世諸部多叛而迭刺部自雅里以後世爲遥輦氏夷离堇掌其國政雅里子曰毗牒毗牒生頦領頦領生耨里思耨里思大度寡欲令嚴衆附部益盛強耨里思生薩刺德薩刺德生匀德實教民稼穡善畜牧部以殷冨匀德實生撒刺的始教民鼓鑄其弟述瀾又善用兵于厥室韋奚霫畏服之初築城邑啓窑以居樹藝桑麻以織組爲阿保機撒刺的長子也小字啜里只生而英異

初爲撻馬狘沙里猶中國扈從官也數立功國人服之號爲阿主沙里至是授大迭烈府夷离菫得專用兵遂大破室韋于厥及奚諸國夷离菫掌部族軍民之政猶中國使相也

壬戌 二年秋七月契丹阿保機寇河東代北陷九郡九月城龍化州 阿保機率衆四十萬寇河東代北陷九郡虜生口九萬五千九月城其始祖奇首故地潢河之南古漢安平縣爲龍化州以處所俘中國之民始建開教寺 契丹作西樓于世沒里 契丹之先草居野次靡有定所阿保機始於遼右八部世沒里之地建西樓以爲潛藩之所

癸亥 三年秋九月契丹阿保機寇河東陷懷遠軍 阿保機攻女真降之獲其戶三百九月寇河東陷懷遠十月東掠薊北而去先是撻剌的俘奚七千戶徙饒樂之清河至是創爲奚迭剌部分十三縣 冬十月契丹以阿保機爲于越總知國事遂作東樓

于龍化州于越契丹至貴之職非有大功德者不授阿保機乃廣龍化州之東城建東樓以紀功

甲子

天祐元年秋九月契丹阿保機侵室韋盧龍節度使劉仁恭遣師救之敗績阿保機攻黑車子室韋劉仁恭使養子趙霸救之遇于武州霸兵大敗被執阿保機乘勝大破室韋

乙丑

昭宣帝天祐二年秋八月晉王李克用遣使如契丹九月契丹阿保機會晉王于雲中李克用遣康令德通好于阿保機九月阿保機以騎兵七萬會克用于雲中約爲兄弟宴甚驩克用因與會師進擊劉仁恭拔數州盡徙其民復期共擊朱全忠阿保機許之巳而或勸克用乘間拘阿保機于會克用不許曰雖敵未滅而失信夷狄自亡之道也阿保機既去聞之乃背盟更附朱全忠克用由是怨之

三年春二月朱全忠遣使如契丹。冬十一月契丹阿保機侵奚霫女真諸部降之。十二月契丹痕德堇可汗欽德死

丁卯梁太祖朱晃開平元年。契丹太祖耶律億元年是歲唐亡梁代春正月契丹耶律阿保機稱帝更名億痕德堇可汗既死其衆請阿保機爲可汗阿保機未從耶律曷魯曰機不可失也阿保機乃命設壇于如迂王集會堝燔柴告天即皇帝位北宰相蕭轄剌南宰相耶律歐里思率其下上尊號曰天皇帝后述律氏曰地皇后阿保機更名曰億以曷魯總軍國事二月契丹侵黑車子室韋降之。夏四月梁王朱全忠稱皇帝于汴州更名晃廢唐帝爲濟陰王

戊辰梁開平二年凡六國五鎮冬十月契丹作明王樓樓在世沒里與西樓相近

己巳梁開平三年凡六國五鎮春二月梁使郎公遠如契丹。三月契丹舍利素會滄洲劉守文之師伐幽州敗劉守光于北淖口幽州節度使劉仁恭爲其子守光所囚義昌節度使劉守文守光兄也發兵討之互有勝負守文乞師于契丹契丹主使舍利素以兵會焉次于北淖口守光軍于橫海軍之近滄一鼓破之守光潰去因名北淖口爲會盟口

契丹以韓知古爲左僕射知古薊州玉田人有識量年六歲爲契丹述律后兄欲穩所虜以媵后焉久之未得省怏怏挺身逃去爲人庸保以自給會其子匡嗣以善醫得幸于契丹主因間言之契丹主召與語賢其才命參謀信任日篤至是拜左僕射總知漢人司事兼主諸國禮儀時儀法疏闊知古參酌國俗與漢儀雜就之使國人易知而可行遂建碑龍化州大廣寺以紀契丹主之功德

契丹以蕭敵魯

爲北府宰相蕭敵魯契丹主后之弟也自是后族世爲此職

庚午梁開平四年凡六國五鎮夏四月梁夏州亂殺節度使李彝昌以其族父仁福代之初拓跋赤辭以部落歸唐太宗賜姓李氏置靜邊等州以處之其析居夏州者號平夏部黄巢之亂夏州偏將拓跋思敬以功復賜國姓拜定難軍節度使有夏銀綏宥靜五州世能其職至是其將高宗益殺彝昌推仁福

辛未梁乾化元年凡六國五鎮春正月契丹侵奚霫盡取其地契丹主攻西部所向輒克遂分兵攻東奚亦平之於是盡取奚霫之地東際海南暨白檀西踰松漠北抵潢水凡五部咸入版籍還次灤河勒石高夏五月契丹主之弟剌葛等謀亂盟而釋之契丹主有弟五人曰剌葛曰迭剌曰寅底石曰安端曰蘇剌葛性愚險好亂與諸弟謀反安端妻粘睦姑以事聞契丹主不

忍加誅召諸弟登山刑牲告天地爲誓而赦之

壬申　梁乾化二年凡六國五鎮　冬十月契丹主之弟剌葛等復謀亂釋不治　剌葛復與諸弟謀作亂會契丹主攻朮不姑還次北阿魯山諸弟以兵阻其歸路契丹主乃南趨赤水河諸弟各遣人謝罪命釋之

癸酉　梁乾化三年凡六國五鎮　春三月契丹主之弟剌葛等反誅其黨而釋之　三月契丹主次蘆水遣剌哥圖爲奚王與安端擁千餘騎詐言來覲契丹主知其謀至則拘之而分其部隸諸軍剌葛引衆至乙室堇淀具天子旗鼓將自立會弭姑乃懷里陽言契丹主自至衆遂驚潰掠居民北走契丹主以兵追之剌葛寅底石引衆徑逼行帳焚輜重廬帳縱兵大殺述律后急遣蜀古魯救之僅得天子旗鼓而已其黨神速姑復劫西樓焚明王樓契丹主至土河命秣馬休兵諸將請急追之契丹主曰俟其遠遁

人各懷土懷土既切其心必離我軍乘之破之必矣四月
追刺葛及于培只河盡獲其輜重生口遂進擊之刺葛逆
戰而敗焚其車乘廬帳而去遇契丹主所伏兵復大敗乃
遣其所奪神帳於路而奔五月至榆河與涅里袞阿鉢被
獲寅底石自剄不殊契丹主還時大軍久在道輜重不相
屬士卒煑馬駒採野菜以爲食孳畜道斃者什七八物價
十倍器物資貨委棄於楚里河狼籍數百里因更刺葛名
暴里涅里袞投崖而死有司鞫獄逆黨凡三百人契丹主
曰人命至重死者不可復生賜宴一日恣其平生之好
使爲之酒酣或歌或舞或戲射角觝各極其意明日乃以
輕重論刑契丹主猶不忍寘諸弟於法杖刺葛迭剌哥而
釋之重謂寅底石安端性庸弱爲剌葛所脅然皆赦不治
因謂左右曰謀逆若此須朕窮尚可容貸此曹恣行不道
殘害忠良剽掠財産民間昔有萬馬今皆徒步開國以來
未嘗有也不許
其黨何以示戒冬十一月契丹初議朝政定禮儀

甲戌梁乾化四年
凡六國五鎮

乙亥梁貞明元年凡六國五鎮冬十月吳越遣使如契丹。高麗遣使

如契丹

丙子梁貞明二年契丹神冊元年春二月契丹大赦建元契丹主在龍化州迭剌部

夷離菫耶律曷魯等率群臣上尊號曰大聖大明天皇帝述律后曰應天大明地皇后大赦建元神冊○述律后名

平小字月理朶其先回鶻人世居契丹右八部父曰容我梅里后簡重果斷有雄略契丹主行兵御衆多預謀策有

母有姑皆適契丹曰吾惟拜天不拜人也時晉王李存勗方經營河北欲結契丹爲援拜以叔父事契丹主叔母

事后云○契丹初因突厥稱后曰可敦謂之脦俚寋尊稱曰耨斡麼言以配后土而母之云○契丹之后族多乙室

氏拔里氏契丹主慕漢高祖命耶律兼稱劉氏后弟敵魯既爲北府宰相遂自比蕭相國由是與乙室拔里兼稱蕭

氏三月契丹主立其子倍爲太子倍小字突欲夏四月晉圍幽州

節度使盧國用降于契丹。秋七月契丹主侵突厥吐渾党項小蕃沙陀諸部悉降之俘其酋長及戶萬五千六百鎧甲兵仗器服九十餘萬寶貨駝馬牛羊無算八月契丹陷晉朔州獲節度使李嗣本冬十月契丹陷晉蔚武嬀儒州遂盡有代北之地契丹既陷朔州乘勝而東攻陷蔚武嬀儒四州斬首萬級下自代北至河曲踰陰山盡有其地改武州為歸化州嬀州為可汗州置西南招討司選有功者領之

十二月契丹取晉山北八軍初幽州北七百里有渝關下有渝水通海自關東北循海有道道狹處纔數尺旁皆亂山高峻不可越舊置八防禦軍募土兵守之田租皆供軍食歲致繒纊以為衣常早獲清野以待契丹契丹至輒閉壁不戰俟其去選驍勇據隘邀之契丹常失利走土兵皆自為田園力戰有功則賜勳加賞由是契丹不敢輕入寇及周德威為盧龍恃勇不脩邊備八軍悉為契丹所有渝關之險反為敵利契丹每芻

救於營平之閒德威又忌幽州舊將有名者往往殺之吳王楊行密嘗遺契丹主以猛火油曰此油然火得水愈熾可以攻城契丹主大喜即選騎欲攻幽州述律后哂之曰豈有試油而攻一國乎但以三千騎伏其旁掠其四野使城中無食不過數年城自困矣何必如此躁動輕舉萬一不勝為中國笑吾部落亦解體矣乃止

丁丑梁貞明三年凡六國四鎮春二月晉新州防禦使李存矩為其下所殺裨將盧文進奔契丹存矩晉王之弟也晉王使募山北部落及劉守光士卒存矩自部送之盧文進為裨將行者皆憚遠役至祁溝關小校宮彥璋與士卒謀遂殺存矩文進率其麾下以奔契丹焉三月契丹圍晉幽州夏四月晉李嗣源會師救之秋八月契丹敗走盧文進導契丹攻新州刺史安金全棄城遁契丹命劉殷守之三月進攻幽州節度使周德威合幽并鎮定魏五州兵拒之契丹主自率眾三十萬赴焉德戰于新州東斬首三萬德威奔還幽州契丹乘勝圍之德

威告急于晉王晉王方與梁相持河上欲分兵則兵少欲勿救恐失之謀于諸將獨李嗣源李存審閻寶勸王救之王喜曰昔太宗得一李靖猶擒頡利今吾有猛將三人復何憂哉存審寶以敵無輜重勢不能久不若俟其還而擊之嗣源曰德威社稷之臣今朝夕不保恐變生於中何暇待虜之衰臣請身爲前鋒以赴之王曰公言是也即日治兵四月命嗣源先進寶以鎮定兵繼後幽州受圍日久德威力守契丹主見城中有氣如煙火狀曰未可下也會大暑霖潦乃先歸留于越曷魯守之城中危困日甚嗣源等步騎七萬會于易州存審曰虜衆吾寡虜多騎吾多步若平原相遇虜以萬騎蹂吾陳吾無遺類矣嗣源曰虜無輜重吾行必載糧食自隨若平原相遇虜抄吾糧吾不戰自潰矣不若自山中潛行趣幽州若中道遇虜則據險拒之遂踰嶺而東嗣源與養子從珂將三千騎爲前鋒距幽州六十里與契丹遇力戰得進至山口契丹以萬騎遮其前將士失色嗣源以百餘騎先進免冑揚鞭胡語謂曰汝無故犯我疆埸晉王命我將百萬衆直抵西樓滅汝種族因躍馬奮撾三入其陳斬酋長一人後軍齊進契丹兵却晉

兵始得出存審命步兵伐木爲鹿角人持一技止則成寨契丹騎環寨而過寨中發萬弩射之人馬死傷塞路將至幽州契丹列陳待之存審以步兵陳於其後戒勿動先令羸兵曳柴燃草而進煙塵蔽天鼓譟合戰乃趣後陣起乘之契丹大敗俘斬萬計嗣源等遂入幽州　契丹刺葛出奔晉幽州

戊寅　梁貞明四年　凡七國四鎮　春二月達旦遣使奉貢于契丹　契丹城臨潢以爲都　契丹旣作西樓復於漢西安平之地取天梯別魯等三山之勢于葦甸射金齪箭以識之謂之龍眉宮至是命禮部尚書康默記城之爲皇都其迤沃壤負山抱海宜耕植便畜牧　夏五月契丹主作孔子廟親謁之　契丹主問左右曰受命之君當事天敬神有大功德者朕欲祀之何先皆以佛對契丹主曰佛非中國教太子倍曰孔子大聖萬世所尊契丹主大悅卽命建孔子廟及佛寺道觀旣成契丹主親謁孔子廟命其后及太子分謁寺觀　秋七月契丹于越耶律曷魯卒

己卯梁貞明五年凡七國四鎮春二月契丹城遼陽以漢民渤海户實之改爲東平郡

庚辰梁貞明六年凡七國四鎮春正月契丹始製大字九月字成命頒行之秋九月契丹侵天德節度使宋瑤降之

辛巳梁龍德元年凡七國四鎮春正月契丹主以其弟蘇爲南府宰相自是宗室世爲此職夏五月契丹定班爵法律。契丹主命繪前代直臣像爲招諫圖。冬十月晉王郁以契丹寇定州十二月晉王救之契丹敗走晉義武節度使王處直以養子都爲嗣其孽子郁怨都得繼其宗會晉王討成德叛將張文禮處直以鎮定脣齒恐鎮亡而定孤乃潛遣郁與契丹犯塞以緩鎮州之圍都遂幽處直求爲嗣處直許之郁即率所部朝于契丹契丹主時次居庸關分兵略檀順安遠三河良鄉望都潞滿城遂城等十餘城俘其民徙于境内因呼郁爲子遷其衆于潢水之南而令其太子倍與郁率兵趣定州略地義武軍府怨處直召契丹主都亦恚郁奪其處乃同幽處直而盡殺其子孫心腹以狀白于晉王晉王即以都代處直處直憂憤而卒十二月契丹攻幽州李紹宏嬰城自守契丹遂圍涿州即日破其郛刺史李嗣弼以城降契丹進攻定州王郁告急于晉晉王帥兵五千救之至新城半出桑林契丹驚走晉王分軍逐之契丹舉衆退保望都晉王趨之遇契丹將秃餒五千騎爲其所圍力戰數合不能出李嗣昭以騎三百來赴秃餒少却晉王乃得出因縱兵奮擊契丹大敗逐北至易州會大雪彌旬平地數尺契丹人馬死者相屬晉王躡其後見契丹野宿之所布稾於地回環方正皆如編翦雖去無一枝亂者嘆曰虜用法嚴乃能如是中國所不及也晉王至幽州使騎二百躡契丹而北戒曰虜出境即還騎恃勇進擊悉爲所擒初王郁說契丹主曰鎮州美女如雲金帛如山天皇王速往則皆已物也不然爲晉王所有矣述律后曰吾有西樓羊馬之富其樂不可勝窮也何必勞師遠出以乘危徼利乎吾聞晉王用兵天下莫敵脫有危

敗悔之何及契丹主不聽及敗契丹主繫郁以歸

壬午梁龍德二年契丹天贊元年夏四月契丹陷晉薊州。晉師圍鎮州張文禮求救于契丹契丹迭烈救之晉李嗣昭敗死。

冬十一月契丹堯骨侵薊北堯骨契丹主第二子也至是授天下兵馬大元帥攻薊北

癸未唐莊宗李存勗同光元年是歲唐滅梁凡六國四鎮春正月契丹堯骨陷晉平州二月契丹以盧國用爲盧龍節度使堯骨克平州獲刺史趙思溫二月契丹主如平州以州爲盧龍軍授盧國用節度使守之國用即盧文進也自是晉幽薊之境歲被殺掠吏民殘弊不能自生矣

夏四月晉王李存勗稱皇帝于魏州國號唐。契丹堯骨侵晉鎮州陷曲陽。冬十月唐主滅梁

甲申　唐同光二年　九五國四鎮

夏六月契丹主侵吐渾党項阻卜等部

契丹主大舉伐吐渾党項阻卜等部太子倍居守堯骨從行七月曷剌等擊素昆那山東部族破之八月契丹主至烏孤山以鵝祭天遂次古單于國登阿里典壓得斯山以麃鹿祭天九月次古回鶻城勒石紀功因拜日于蹛林遣騎攻阻卜遂鑿金河水取烏山石輦致潢河木葉山以示山川朝海宗嶽之意命礲闢遏可汗故碑以契丹突厥漢字紀其功是月破胡母思山諸蕃部次業得思山以赤牛青馬祭天地十月次于霸離思山遣兵踰流沙拔浮圖城盡取西鄙諸部十一月射虎于烏剌邪里山抵霸里山六里且行且獵日有鮮食軍士皆給

冬十一月契丹以韓延徽為左僕射

延徽幽州安次人初為盧龍軍節度支使為劉守光聘于契丹契丹主怒其不屈留之述律后諫曰彼秉節不撓賢者也柰何困辱之契丹主乃召與語大悅因命參軍事攻吐渾諸部延徽之籌畫居多且請樹城郭分市里以處漢人之乞降者又為之配偶教墾藝以生養之降民安業逃亡者

少居文之慨然懷其鄉里賦詩見意遂亡歸唐已而與唐將王緘有隙懼及難乃省親幽州匿故人王德明家德明閒遊適延徽曰將復走契丹德明不以為然延徽笑曰彼失我如失左右手其見我必喜既至契丹主問故延徽曰忘親非孝棄君非忠臣雖挺身逃臣心在陛下臣所以復來契丹主大喜賜名匣列匣列契丹語復來也即命守政事令中外事悉令參決遂進左僕射

契丹蕭阿古只寇唐幽州契丹連歲擾唐北鄙唐以李嗣源鎮成德禦之

乙酉唐同光二年凡五國四鎮

冬十二月契丹主侵渤海渤海本粟末靺鞨也唐武后時高麗別種大祚榮走保遼東睿宗封為渤海郡王因自稱渤海國併有扶餘肅慎等十餘國有文字禮樂官府制度五京十五府六十二州地方五千餘里衆數十萬鄰于高麗而與契丹世讎契丹主既攻西鄙諸部九月還西樓謂左右曰世讎未雪豈宜安處乃大舉攻渤海大諲譔述律后太子倍大元帥堯骨皆從閏十二月祠木葉山遂

以青牛白馬祭天地于烏山，進次商嶺。丁巳，夜圍扶餘城。

丙戌 唐明宗嗣源天成元年 契丹天顯元年 凡五國三鎮 春正月，契丹主滅渤海。二月，改爲東丹國，以其子倍爲人皇王居之。正月，契丹拔扶餘城，欲括城內戶。太子倍諫曰：今始得地而料民，民必不安。若乘破竹之勢，徑造忽汗城，克之必矣。契丹主從之，遂進兵圍忽汗城。大諲譔戰敗乞降，契丹主受之。先遣近侍入城索兵仗，渤海邏卒害之。諲譔復叛，契丹攻其城，入焉。諲譔請罪馬前，契丹主命以兵衛諲譔及族屬出城。二月壬辰，以青牛白馬祭天地，大赦，改元天顯。丙午，改渤海爲東丹國，忽汗爲天福城，冊太子倍爲人皇王以主之。復以弟迭剌爲左大相，渤海老相爲右大相，渤海司徒大素賢及耶律羽之爲左右次相。□還寘大諲譔於臨潢之西，賜名曰烏魯古。人皇王建元甘露，稱制，置百官于其國，一切以漢法爲治，歲貢布十五萬端、馬千匹而已。夏四月，唐使姚坤如契丹。唐莊宗爲郭從謙所弑明宗即位遣供奉官姚坤告哀于契丹契丹主慟哭曰我朝定兒也朝定猶華言朋友也謂坤曰今天子聞洛陽有急何不救坤曰地遠不能及曰何故自立坤言其由曰漢兒喜飾詐毋多談又曰聞吾兒專好聲色遊畋不恤軍民宜其及此我自聞之舉家不飲酒散遣伶人解縱鷹犬若亦效吾兒所爲行自亡矣又曰我於今天子無怨足以脩好若與我大河之北吾不復南侵矣坤曰此非使臣之所得專也契丹主怒囚之旬餘復召謂曰河北恐難得得鎮、定、幽州亦可也給紙筆趣令爲狀坤不可欲殺之韓延徽切諫乃復囚坤

秋七月契丹主億卒于扶餘其后述律氏治國事契丹主自渤海還七月甲戌次扶餘城而疾辛巳殂年五十五述律后稱制決事人皇王倍大元帥堯骨聞訃皆還九月至西樓謚曰昇天皇帝廟號太祖權殯于子城西北○述律后既稱制召諸酋長妻謂曰我今寡居汝不可不效我又集其夫泣問曰汝思先帝乎對曰受先帝恩豈得不思曰果思之宜往見之遂殺之左右有桀黠者后輒謂曰爲我達語於先帝至墓所則殺之前後所殺以百

數最後趙思温當往不肯行后曰汝事先帝嘗親近何爲不行對曰親近莫知后后往臣請繼之后曰吾非不欲從先帝於地下也顧嗣子幼弱國家無主不得往耳乃斷一腕令置墓中思温亦得免冬十月契丹盧龍節度使盧國用自海道還唐

丁亥唐天成二年契丹太宗德光天顯二年冬十一月契丹主德光立尊其母述律氏爲太后八月葬太祖于祖陵既葬太祖議嗣位者述律后欲舍人皇王倍而立堯骨乃命倍與堯骨俱乘馬立帳前謂群臣曰二子吾皆愛之莫知所立汝曹擇可者執其轡衆知后意争執堯骨轡后曰衆之所欲吾安敢違遂立爲天皇王是爲嗣聖皇帝請改元不許十二月尊后爲應天皇太后國事皆决焉立妃蕭氏爲皇后堯骨尋改名曰德光人皇王倍以不得立常怏怏太后知之遣歸東丹契丹城世沒里爲祖州以太祖葬其處及䨻里思以下四世所生之地因名曰祖州而興版築焉

戊子唐天成三年凡五國三鎮春正月契丹以王郁爲興國軍節度使

○三月唐義武節度使王都反乞師于契丹夏五月唐招討使王晏球討都及契丹奚禿里鐵剌戰于定州大敗之王都反唐以王晏球爲招討使會師討之都以重賂求援于契丹契丹主遣奚禿里鐵剌以萬騎赴之晏球與戰于定州都及鐵剌大敗僵尸蔽野都鐵剌僅以身免盧龍節度使趙德鈞邀其潰卒殆無孑遺既而契丹復遣惕隱涅里衮都統查剌帥衆援鐵剌晏球逆戰復大破之殺鐵剌獲涅里衮查剌等數十人餘衆散投村落村人以白梃擊之其得脫者不過百人自是契丹沮氣不敢輕用師以犯唐境六月契丹行瑟瑟禮契丹自遥輦氏胡剌可汗制祭山儀蘇可汗制瑟瑟儀阻午可汗制柴冊儀再生儀情朴用儀後世遵之瑟瑟儀禱雨之祭也

冬十二月契丹以遼陽爲南京命耶律羽之遷東丹民以實之

己丑唐天成四年凡五國三鎮秋九月契丹主祀木葉山木葉山在永州西界潢河北界土河始祖奇首可汗廟居其上故凡有事則必先以白馬青牛告之契丹主行再生禮契丹之俗凡十二歲其主本命前一年初度之辰行再生儀以祀其先示不敢忘本也

庚寅唐長興元年凡五國三鎮春三月契丹主以其弟李胡爲太弟李胡述律后之幼子也冬十一月契丹人皇王倍自東丹奔唐唐以爲懷化軍節度使賜姓名曰李贊華人皇王既失職居于東丹建書樓于西宮作樂田園詩唐主聞之遣使浮海持書密召之倍因畋于海上唐使又至倍謂左右曰我以天下讓主上今反見疑而使晋寧來撫慰我我其危哉不如適他國以成泰伯之名遂立木海上刻詩曰小山壓大山大山全無力羞見故鄉人從此投外國乃載書帥其部曲四十人汎海奔唐唐賜姓名曰李贊華以祖宗妃夏氏妻之使爲懷化節度使鎮滑

州馬

辛卯唐長興二年凡五國三鎮夏四月契丹立中書省于遼陽

壬辰唐長興三年凡五國三鎮

癸巳唐長興四年凡五國三鎮春二月唐定難節度使李仁福卒子彝超嗣

甲午唐主從珂清泰元年凡五國三鎮秋九月契丹主寇唐雲武州

乙未唐清泰二年凡六國三鎮春二月唐定難節度使李彝超卒弟彝殷嗣

丙申晉高祖石敬瑭天福元年是歲晉代唐凡六國三鎮夏五月唐河東節度使石

敬瑭反招討使張敬達討之敬瑭乞師于契丹秋八月契丹主赴太原九月敬達及契丹主戰于汾曲敗績走晉安契丹圍之唐主自將救晉安次于懷州石敬瑭素與唐主不相能在鎮陰爲自全之計累表乞解兵柄以嘗唐主之意唐主移敬瑭鎮鄆州以張敬達爲西北都部署趣敬瑭赴鎮敬瑭疑懼掌書記桑維翰曰明宗遺愛在人主上以庶孽代之群臣不附公明宗之愛壻今主上以反逆見待此非首謝可免但力爲自全之計契丹主素與明宗約爲兄弟公誠能推心屈節事之朝呼夕至何患不成敬瑭乃上表言唐主養子不應承祀請傳位許王從益唐主遂削奪敬瑭官爵以張敬達爲太原四面兵馬都部署楊光遠副之敬瑭令桑維翰草表稱臣於契丹主且請以父禮事之約事捷之日割盧龍一道及鴈門關以北諸州爲謝劉知遠諫曰稱臣可矣以父事之太過厚以金帛賂之自足致其兵不必許以土田恐異日大爲中國之患悔之無及敬瑭不從遣趙瑩

從桑維翰繼之契丹主得表大喜遣蕭轄里報書期以仲秋傾國赴援張敬達之師至晉陽築長圍以攻之八月契丹主將騎五萬自陽武谷而南九月至晉陽陳于虎北口先遣人謂敬瑭曰吾欲今日即破敵可乎敬瑭遣人馳報曰南軍甚厚請俟明日使者未至契丹已與唐騎將高行周符彥卿合戰敬瑭乃遣劉知遠出兵助之張敬達楊光遠以步兵陳於城西北山下契丹遣輕卒三千騎不披甲直犯其陳唐兵逐之至汾曲契丹伏兵起衝唐兵斷而爲二縱兵乘之敬達等大敗死者近萬人敬達等收餘衆走保晉安契丹亦引兵歸虎北口是夕敬瑭率其僚屬出見契丹主問曰皇帝遠來士馬疲倦遽與唐戰而大勝何也契丹主曰始吾謂唐必斷鴈門諸路伏兵險要則吾不可得進矣使人偵伺皆無之吾是以長驅深入知大事必濟也兵既相接我氣方銳若不乘此急擊之曠日持久則勝負未可知矣此吾所以亟戰而勝不可以勞逸常理論也敬瑭歎伏引兵會圍晉安寨置營于晉安之南長百餘里厚五十里多設鈴索吠犬人跬步不能過敬達等士卒猶五萬人馬萬匹四顧無所之遣使者告敗唐主大懼遣符

彥饒將兵屯河陽詔天雄范延光屯遼州盧龍趙德鈞由上黨趨團柏谷與其子趙延壽合勢進擊耀州潘環亦出兵會戰而下詔親征遂發洛陽唐主心憚北行至河陽宰相盧文紀希旨言國家根本在河南胡兵倏來忽往不能久留晉安大寨甚固況已發三道兵救之河陽天下津要車駕宜留此鎮撫南北且使近臣往督戰苟不能解圍進亦未晚唐主從之乃遣樞密使趙延壽將兵二萬如潞州唐主次于懷州以晉安爲憂日夕酣飲悲歌群臣或勸其北行則曰卿勿言石郎使我心膽墮地然猶三萬也

冬十一月唐行營都統趙德鈞降于契丹契丹不受

盧龍節度使趙德鈞陰蓄異志欲因亂取中原乃請將騎由土門西入以解晉安之圍唐主許之以德鈞爲諸道行營都統德鈞合趙鎮澤潞之兵而進與其子延壽遇于西陽遂併兵北屯團柏谷口欲倚契丹以成己志乃密以金帛賂契丹主云若立己爲帝請即以見兵南平洛陽與契丹約爲兄弟仍許石氏常鎮河東契丹主自以深入敵境晉安未下德鈞兵尚強又以范延光在其東且恐山北諸州邀其歸

路欲許總釣之請然已許立石敬瑭敬瑭聞之大懼亟使桑維翰說契丹主曰趙北平父子素蓄異志非以死徇國之人何足可畏而信其誕妄之辭貪其毫末之利棄垂成之功乎且使敬瑭得天下將竭中國之財以奉大國豈此小利之比乎契丹主曰吾非有渝前約也但兵家權謀不得不爾維翰曰皇帝以信義救人之急四海之人俱屬耳目奈何一旦二三其命使大義不終臣竊爲皇帝不取也跪于帳前自旦至暮涕泣爭之契丹主乃指帳前石謂德鈞使者曰我已許石郎此石爛可改也

契丹主立石敬瑭爲晉皇帝

十月甲子契丹主封石敬瑭爲晉王幸其府丁卯契丹主召敬瑭至帳中命之坐從容謂曰吾三千里來赴難一戰而勝殆天意也觀汝器貌識量眞中原之主吾欲立汝爲天子敬瑭辭讓不許契丹主令有司設壇晉陽備禮策命十一月丁酉策敬瑭爲大晉皇帝親解衣冠授之

閏月唐楊光遠殺招討使張敬達以衆降于契丹

晉安被圍八十餘日唐髙行周符彥卿等數敗內外隔絶芻糧俱盡至濯馬糞覓木以飼馬馬

飢至自相啖其鬃尾死則以充食楊光遠等勸敬達出降馬敬達曰吾受明宗及今上厚恩爲元帥而軍敗其罪已大况降敵乎今援兵旦暮且至當俟之若必力盡勢窮諸君斬我出降未爲晚也閏月甲子諸將旦集光遠斬敬達首帥諸將降于契丹契丹主嘉其忠謂左右曰凡爲人臣當如此也命以禮葬而祭之焉

契丹主以晉主敬瑭南下唐師潰于團柏唐主還河陽趙德鈞降于契丹

契丹主與晉主南下命晉主兄子重貴守太原以契丹將高模翰爲前鋒至團柏唐趙德鈞趙延壽先遁諸將繼之士卒大潰死者萬計唐主聞晉主已立楊光遠等復降用李崧策引衆南還至河陽命諸將分守南北城契丹主至潞州趙德鈞延壽及判官張礪迎謁于高河契丹鎖德鈞延壽送歸國德鈞見述律太后后問曰汝近者何爲往太原德鈞曰奉唐主之命后指天曰汝從吾兒求爲天子何妄語耶又自指其心曰此不可欺也又曰吾兒將行吾戒之曰趙大王若引兵北向渝關亟須引歸太原不可救也汝欲爲天子何不先擊退吾兒徐圖亦未晚汝

爲人臣既負其主不能擊敵又欲乘亂邀利所爲如此何面目復求生乎德鈞俛首不能對踰年而死

契丹主次于潞州晉主敬瑭以契丹師南下契丹主次于潞州其臣勸還國契丹主乃遣晉主趨洛舉酒屬之曰我若南向河南之人必大驚駭汝宜自引漢兵南下我令迥離畢將五千騎送汝至河梁臨別謂晉主曰我且留此俟汝音問有急則下山救汝若洛陽既定吾即北反矣因泣曰世世子孫勿相忘又曰劉知遠趙瑩桑維翰皆創業功臣無大故勿棄也

唐主還洛陽符彥饒張彥琪言于唐主從珂曰今胡兵大下河水復淺人心已離此不可守唐主命河陽節度使萇從簡守河陽南城遂斷浮梁歸洛晉主至河陽從簡具舟楫迎降之

唐主殺李贊華唐主至洛知事窮遂召李贊華同死贊華不從唐主遣李彥紳就其第殺之

唐主自焚死晉主敬瑭入洛陽追廢唐主爲庶人唐主議復向河陽將校皆已飛狀迎晉主矣晉主慮唐主西奔遣契丹千騎扼澠池唐主與曹太后劉皇后雍王重

美及宋審處等擕傳國寶登玄武樓自焚皇后欲燒宮室重美諫曰新天子至必不露居它日重勞民力死而遺怨將安用之乃止淑妃與許王從益匿於毬場獲免是日晚晉主入洛陽唐兵皆解甲待罪晉主命劉知遠部署京城知遠命漢軍還營館契丹軍于天宮寺城上肅然無敢犯令十二月晉主追廢唐主爲庶人

十二月契丹主自潞州北歸契丹主命收其士卒戰沒者瘞之汾水上以爲京觀桑維翰爲文紀之十二月辛卯聞晉主入洛遣郎君解里德撫問遂帥衆北歸明年正月至臨潢

丁酉晉天福二年凡六國三鎮夏六月晉使聶延祚請上尊號于契丹契丹主不許。○高麗侵新羅百濟降之於是東夷諸國皆附高麗有二京六府九節度百二十部六

戊戌晉天福三年契丹會同元年秋七月契丹冊晉主爲英武明義皇

帝五月晉復遣使請上尊號于契丹契丹主許之七月契丹主使其中臺省右相耶律述蘭迭烈哥使晉冊晉主爲英武明義皇帝冬十一月晉主使馮道上尊號于契丹契丹大赦改元九月晉主遣守司空馮道左散騎常侍韋勳上契丹述律太后尊號曰廣德至仁昭烈崇簡應天皇太后左僕射劉煦右諫議大夫盧重上契丹主尊號曰睿文神武法天啓運明德章信至道廣敬昭孝嗣聖皇帝十一月契丹主御宣政殿受之因大赦始改元會同晉主事契丹甚謹奉表稱臣謂契丹主爲父皇帝每契丹使至即於別殿拜受詔敕歲輸金帛三十萬之外吉凶慶弔歲時贈遺相繼于道乃至太后元帥太子諸王大臣皆有賂遺小不如意輒加責讓多不遜語朝野咸以爲恥而晉主事之曾無倦意其後契丹主屢止晉主上表稱臣但令爲書稱兒皇帝如家人之禮云晉使趙瑩歸幽薊瀛莫涿檀順嬀儒新武雲應朔寰蔚十六州于契丹契丹主改新州爲奉聖州武州爲歸化州契丹

以臨潢爲上京幽州爲南京遼陽爲東京契丹主既得晉賂十六州之地乃更以皇都爲上京臨潢府升幽州爲南京析津府更南京遼陽府爲東京契丹之制居有宫衛謂之斡魯朶出有行營謂之捺鉢分鎮邊圍謂之部族有事則以攻戰爲務閒暇則以畋漁爲生其地盡有大漠浸包長城之境[illegible]秋冬違寒春夏避暑隨水草就弋獵春捺鉢曰鴨子河在長春州夏捺鉢無常所而吐兒山爲多在慶州秋捺鉢曰伏虎林在永州冬捺鉢曰廣平定在永州蓋其俗重鵝每獲鵝必祭天故捺鉢多擇河濼之地焉

契丹始定官名多易其俗以漢官

契丹以趙延壽爲南京留守總山南事

己亥晉天福四年凡六國三鎮秋八月晉初歸幣于契丹帛三十萬匹歲以爲常

庚子晉天福五年凡六國三鎮春三月契丹主如幽州契丹主如南京至燕備法駕入自拱宸門御元和殿行入閤禮晉遣楊端問起居六月還臨潢

辛丑
晉天福六年
凡六國三鎮
春二月晉使楊彥詢如契丹契丹執之
晉成德節度使安重榮恥臣契丹見其使者必箕踞慢罵
或潛遣人殺之契丹以爲讓晉主遣楊彥詢往遜謝且言
重榮跋扈狀契
丹留之不遣
晉成德節度使安重榮執契丹行人拽剌
重榮執契丹使拽剌遂掠幽州南境復遣使誘吐谷渾
夷離堇蘇等叛契丹而附晉上表於晉主言吐谷渾兩
突厥契苾沙陀各帥部衆歸附党項等亦納契丹告牒稱
爲虜所凌暴願自備十萬衆與晉共擊契丹陛下屢救臣
承奉契丹勿自起釁端其如天道人心難以違拒願早決
計表數千言大抵斥晉主父事契丹竭中國以媚無厭之
虜又爲書遺朝貴及移藩鎮云已勒兵必與契丹決戰晉
主患之乃以劉知遠爲北京留守而自如鄴都以詔喻安
重榮曰吾因契丹得天下尔因吾致富貴吾不敢忘德尔
乃忘之邪今吾以天下臣之尔欲以一鎮抗之不亦難乎
宜審思之無取後
悔重榮得詔愈驕
冬十月晉安重榮反伏誅十二月契丹

歸楊彥詢于晉重榮聞晉主在鄴遂與山南東道節度使安從進發兵反晉主以杜重威爲招討使討之重榮敗斬其首函之以獻于契丹契丹乃歸楊彥詢于晉

壬寅晉主重貴天福七年凡六國三鎮

夏六月晉主敬瑭殂兄子重貴立安重榮之將反也誘吐谷渾酋長白承福等叛契丹及刘知遠爲北京留守以重賂招承福降之遷其衆于嵐石之間而收其精騎重榮既敗契丹遣使讓晉以招納叛降晉主憂悒成疾而殂馮道與馬步都虞候景延廣議舍晉主子重睿而奉敬瑭兄敬儒之子重貴即位遣使告哀于契丹

秋七月晉使梁言如契丹契丹遣使弔祭于晉晉主遣金吾衛大將軍梁言判四方館事朱崇節往謝六臣議奉表稱臣景延廣請致書稱孫李崧曰陛下如此他日必躬擐甲冑與契丹戰於時悔無益矣延廣固爭馮道依違其間晉主卒從延廣議

八月晉執契丹行人喬榮既而歸之晉梁言至契丹契丹主怒其不稱臣遣客

省使喬榮讓之景延廣因說晉主囚榮于獄大臣皆言契丹不可負乃釋榮慰賜而歸之榮辭延廣延廣大言曰歸語而主先帝爲北朝所立故稱臣奉表今上乃中國所立所以降志於北朝者正以不敢忘先帝盟約故耳爲鄰稱孫足矣無稱臣之理翁怒則來戰孫有十萬橫磨劍足以相待他日爲孫所敗取笑天下毋悔也榮欲爲異時據驗乃曰公所言頗多懼有遺忘願記之紙墨延廣命吏書其語以授之榮還具以白契丹主契丹主大怒政事令趙延壽謀欲代晉帝中國因力勸南伐契丹主然之自是晉使如契丹者皆縶之侍中桑維翰屢請遜辭以謝契丹每爲延廣所沮晉主以延廣有定策功寵冠群臣又總宿衛兵故大臣莫能與之爭劉知遠鎮河東知延廣必致寇而不敢言但益募兵以備契丹

癸卯晉天福八年凡七國三鎮**春二月晉主如大梁**晉主聞契丹將南伐乃還東京然猶問遺不絕**冬十二月契丹趙延壽帥師伐晉**晉平盧節度楊光遠有憾于晉主遣

人密告于契丹曰晉饑若伐之一舉可定也趙延壽復勸之契丹主如南京命趙延壽趙延昭安端解里等帥衆五萬由滄恒易定分道伐晉謂延壽曰若得晉當立汝為帝延壽深信之為之盡力契丹主自將繼進

甲辰凡六國三鎮晉開運元年春二月契丹主伐晉晉主禦之三月契丹師還夏四月晉主還大梁以景延廣為西京留守正月

趙延壽延昭次任丘安端入鴈門圍忻代延壽既入貝州契丹主授延壽魏博等州節度使封魏王帥所部屯南樂晉以高行周為都部署將兵禦之且遣使請修舊好契丹主復書曰已成之勢不可改也若必欲如故宜割河北諸州及遣桑維翰景延廣來議之於是晉主自將以景延廣為御營使遂發大梁時用兵方畧號令皆出延廣延廣乘勢使氣陵侮諸將雖天子亦不能制契丹主次于元城晉主次于澶州二月契丹攻博州降之楊光遠密道契丹之師自馬家口濟河晉降將周儒引契丹將麻荅營于河京攻鄆州北津以應楊光遠晉遣李守貞皇甫遇梁漢璋薛

懷讓將兵萬人緣河水陸俱進至馬家口麻答戰敗死者萬餘遂西退三月趙延壽延昭率騎數萬攻高行周于戚城契丹主縱之分左右翼以進行周與戰自午至晡互有勝負契丹主復以勁騎突晉中軍晉主出陣待之契丹主望見晉師之盛謂左右曰楊光遠言晉軍半已餓死今何多也以精騎左右畧陣晉師不動萬弩齊發飛矢蔽天契丹稍却兩軍死者不可勝計至暮契丹主以人馬飢疲所向無功乃引還契丹帳中小校亡入晉師言契丹已傳木契收軍北去延廣疑有詐閉壁不敢追契丹所過焚掠民物殆盡四月晉主還大梁延廣既爲上下所惡晉主亦憚之桑維翰疏其罪出爲西京留守延廣鬱鬱不得志日夜縱酒而已秋七月晉使張暉奉表乞和于契丹契丹執之自是晉使遂絕晉以桑維翰爲中書令兼樞密使或謂晉主曰陛下欲禦北狄安天下非桑維翰不可乃罷馮道而用維翰事無大小悉以委之維翰既相一制指揮節度使十五人會兵以備契丹無敢違者時人服其膽畧冬十二月契丹主伐

晉十一月契丹主徵諸部兵會于溫榆河北十二月伐晉趙延壽引兵先進契丹主以大軍繼之圍恒州下九縣遂建牙於元氏晉遣張從恩馬全節安審琦趙在禮屯鄴都以備之憚契丹之盛不敢往晉主詔從恩稍却於是衆皆恟懼無復部伍委棄器甲所過焚掠比至相州不能復整尋詔在禮還屯澶州全節還鄴都景延廣守胡梁渡張彥澤屯黎陽

晉以折從遠爲府州團練使初晉割地賂契丹府州與焉會契丹欲盡徙河西之民以實遼東州人大恐刺史折從遠雲中大族也因保險拒之及晉與契丹絶從遠引兵深入其境拔勝州及十餘寨故命之

乙巳晉開運二年凡五國三鎮春三月晉及契丹戰于白團衛村契丹主敗走晉主還大梁正月契丹分兵攻邢洺磁州殺掠殆盡入鄴都境張從恩馬全節安審琦悉兵陳於相州安陽水之南皇甫遇與慕容彥超將千騎前覘契丹至鄴都遇契丹數萬遇等且戰且却至榆林店

契丹大至二將謀曰吾屬今走死無遺矣乃止布陣自午至未力戰百餘合相殺傷甚衆遇馬斃步戰其僕杜知敏以所乘馬授之戰稍却顧知敏已爲契丹所擒遇曰知敏義不可棄也與彥超躍馬入陣取知敏而還俄而契丹繼至二將曰吾屬勢不可走以死報國耳日且暮安陽諸將怪遲兵不還審琦引騎兵出將救之從恩曰虜衆猥至盡吾軍恐未足以當之公往何益審琦曰成敗天也萬一不濟當共受之借使虜不南來坐失皇甫太師吾屬何顏以見天子遂逾水而進契丹解去遇等乃得還契丹亦引軍退其衆自相驚曰晉軍悉至矣時契丹主在邯鄲聞之即時北還不再宿至鼓城從恩等議曰契丹傾國而來吾兵少糧盡死無日矣不若引軍就黎陽倉南倚大河以拒之可以萬全議未決從恩引兵先發諸軍繼之擾亂失亡不可勝計留步兵五百守安陽橋夜四鼓知相州事符彥倫曰此夕紛紜人無固志五百弊卒安能守橋即召入乘城爲備至曙望之契丹數萬騎已陳於安陽水北彥倫命城上揚旗鼓譟約束契丹不測踰水環州而南聞張彥澤兵至乃引北還馬全節不敢追既而全節等言虜衆不多宜

乘其散歸種落大舉徑襲幽州晉主以爲然徵兵諸道下詔親征遂發大梁行至澶州全節等諸軍以次北上劉知遠聞之曰中國疲弊自守恐不足乃横挑彊胡勝之猶有後患況不勝乎三月杜威等諸軍會于定州攻契丹泰州降之取滿城獲契丹二千人取遂城趙延壽部曲有降者言契丹主還至虎北口聞晉取泰州復擁衆南向約八萬餘騎計來日入夕當至杜威等懼退師至陽城契丹大至晉師與戰逐北十餘里契丹踰白溝而去晉軍結陣而南胡騎四合如山諸軍力戰拒之人馬飢乏至白團衛村埋鹿角爲行寨契丹圍之數重奇兵出寨後絕糧道是夕東北風大起營中掘井輒崩人馬俱渴至曙風甚契丹主坐奚車中命鐵鷂軍四面下馬拔鹿角而入奮短兵以擊晉軍又順風縱火揚塵以助其勢軍士皆憤怨大呼曰都招討使何不用兵令士卒徒死諸將請出戰杜威曰俟風稍緩徐觀可否李守貞曰彼衆我寡風沙之內莫測多少惟力鬬者勝此風乃助我也若俟風止吾屬無類矣即呼曰諸軍齊擊賊又謂威曰令公善守禦守貞以中軍決死矣馬軍排陣使張彥澤召諸將問計皆曰虜得風勢宜俟風

回與戰彥澤亦以爲然右廂副使藥元福謂彥澤曰今軍中飢渴已甚若俟風回吾屬已爲虜矣敵謂我不能逆風以戰宜出其不意急擊之此兵之詭道也都排陣使符彥卿曰與其束手就擒曷若以身徇國乃與元福彥澤及皇甫遇引精騎出西門擊之諸將繼至契丹却數百步風勢益甚昏晦如夜彥卿等擁萬餘騎橫擊契丹呼聲動天地契丹大敗而走勢如崩山守貞亦令步兵盡拔鹿角出鬭步騎俱進逐北二十餘里鐵鷂軍既下馬蒼黃不能復上委棄馬仗蔽地契丹主乘奚車走十餘里追兵急獲一橐駝乘之而去諸將請急追之杜威揚言曰逢賊幸不死更索衣囊耶守貞曰人馬渴甚得水足重難以追乃退保定州四月契丹主至幽州散兵稍集以失利杖其諸將戰不力者各數百晉諸軍引歸晉主還大梁**秋七月晉使孟守中奉表乞和于契丹**桑維翰屢勸晉主復和親契丹以紓國患晉主從之乃遣孟守中奉表稱臣詣契丹謝過時契丹連歲伐晉人畜多死國中怨之述律太后謂契丹主曰使漢人爲胡主可乎曰不可后曰然則汝何故欲爲漢主契丹主曰

石氏負恩不可容后曰汝今雖得漢地不能居也萬一蹉跌悔何所及又謂其群下曰漢兒何得一向眠自古但聞漢和蕃不聞蕃和漢漢兒果能回意我亦何惜與和及晉使至契丹主曰使景延廣自來仍割鎮定兩道隸我則可不然不能也晉君臣以契丹語忿無和意乃止及契丹後入大梁謂李崧等曰向使晉使再來則南北不復戰矣

冬十二月晉桑維翰罷○高麗王王建卒子武立高麗自唐末中原多故始自立高氏爲王唐長興中王建承高氏之位權知國事唐封建爲高麗國王朝貢不替至是建卒子武嗣爲國王

丙午晉開運三年凡五國三鎮秋八月契丹主伐晉圍恒州契丹徵諸部兵會于東林淀遂將而南十一月進圍恒州冬十月晉使都招討使杜威會師擊契丹十二月威叛衆降于契丹先是有自幽州來者言趙延壽有歸晉意恒密使李

崧宰相馮玉信之命天雄節度使杜威致書延壽啖以厚
利延壽復書乞發大軍應接辭旨懇密李崧等欣然復遣
人詣延壽與爲期約於是契丹使其瀛州刺史劉延祚遣
樂壽監軍王巒書請舉城内附云城中契丹不滿千人乞
朝廷發輕騎來襲已爲内應契丹主已歸牙帳地遠阻水
不能救也巒與杜威因屢奏瀛莫乘此可取馮玉李崧信
以爲然欲發大兵迎趙延壽及劉延祚遂請于晉主以杜
威爲都招討使李守貞副之中書令趙瑩謂李崧馮玉曰
杜令國之貴戚位兼將相而所欲未厭心常慊慊豈可復
假以兵權必若有事于北方不若止任守貞爲愈也不從
十月晉主厂救傍曰專發大軍往平黠虜先取瀛莫安定
關南次復幽燕蕩盡平塞北有能擒獲虜主者除上鎮節度
使賞錢萬緡絹萬匹銀萬兩特積兩半載軍行及饋運者
甚艱苦杜威李守貞會兵于廣晉禁軍皆從宿衛空虛十
一月至瀛州城門洞啓寂若無人威等不敢進契丹主在
恒州聞之遣精兵斷河橋杜威等退保武強契丹遣南院
大王迪輦將軍高謨翰分兵由瀛州間道以進杜威遣貝
州節度使梁漢璋帥衆二千拒之與模翰戰敗死杜威乃

以張彥澤爲前鋒引兵據中渡橋趙延壽高彥温以步騎前後乘之指揮使王清言于杜威曰請以步卒爲前鋒奪橋開道公帥諸軍繼之得入鎮州則無憂矣威乃遣清與宋彥筠同進清戰甚銳契丹小却諸將請以大軍繼之杜威不從彥筠戰敗遂走王清獨帥麾下力戰屢請救兵威不許清謂其衆曰上將握兵坐觀吾輩困急而不救此必有異志吾輩當以死報國耳衆感其言莫有退者至暮戰不息契丹以新兵繼之清及士衆盡死諸軍皆奪氣杜威等遂與契丹夾滹沱而軍築壘爲持久之計威性懦怯偏裨皆節鎮但日相承迎置酒作樂罕議軍事契丹以大兵當晉軍之前潛遣蕭翰將百騎出晉軍之後斷晉糧道及歸路樵采者遇之盡爲所掠有逸歸者皆稱虜衆之盛軍中忷懼翰等入晉民皆黥面曰奉敕不殺縱之南走運夫道遇之皆委車驚潰杜威請益兵詔悉發守宮禁者得數百人赴之威又遣使告急還爲契丹所獲自是朝廷與軍前聲問兩不相通開封尹桑維翰以國家危在旦夕求見言事晉主方在苑中調鷹辭不見又詣執政言之執政不以爲然退謂所親曰晉氏不血食矣晉主欲自將北征宣

徽使李彥韜諫止之乃詔高行周符彥卿共戍澶州景延廣戍河陽契丹遂以兵環晉營軍中食盡杜威與李守貞宋彥筠謀降契丹乃先遣詣契丹主牙帳邀求重賞契丹主紿之曰趙延壽威望素淺恐不能帝中國汝果降者當以汝爲之威喜遂定降計伏甲召諸將出降表使署名諸將駭愕聽命命軍士出陳於外軍士皆踴躍以爲且戰威親諭之曰今食盡塗窮當爲汝曹共求生計因命釋甲軍士皆慟哭聲振原野威守貞仍於衆中揚言主上失德信任姦邪猜忌於已聞者莫不切齒十二月丙寅契丹主遣趙延壽衣赭袍至晉營慰撫士卒亦以赭袍衣杜威其實皆戲之耳契丹主擁騎數萬臨大阜立馬受杜威等降閲其衆凡二十萬授杜威守太傅鄴都留守李守貞天平節度使餘各領舊職分降卒之半付杜威半隸趙延壽復以晉降將孫方簡爲義武節度使麻荅爲安國節度使契丹翰林學士承旨張礪言于契丹主曰今契丹始得中國宜以中國人治之不宜用國人及左右近習苟政令乖失則人心不服雖得之猶將失之不聽

契丹主南下使晉降將張彥澤入大梁

晉主重貴降彥澤幽晉主殺桑維翰契丹主引兵南下杜威等將降兵以從契丹主遣晉都排陣使張彥澤及其御史大夫耶律解里監軍傳柱兒將騎二千持詔先赴大梁諭晉主降彥澤倍道疾驅夜渡白馬津晉主召李崧馮玉李彥韜入禁中計事欲召劉知遠入援明日彥澤自封丘門斬關而入城中大擾晉主於宮中起火自攜劍驅後宮赴火爲親軍將薛超所持俄而彥澤傳契丹主與李太后書慰撫之且召桑維翰景延廣晉主乃命滅火與后妃聚泣召范質草降表自稱孫男臣重貴禍至神惑運盡天亡今與太后及妻馮氏舉族面縛待罪遣男延煦延寶奉國寶出迎太后亦上表稱新婦李氏妾傅柱兒入宣契丹主命晉主脫黃袍服素衫拜受左右皆掩泣使召張彥澤欲與計事彥澤微笑不應或勸桑維翰逃去維翰曰吾大臣逃將安之坐而俟命彥澤以晉主命召維翰維翰至天街遇李崧駐馬語未畢有軍吏於馬前揖維翰赴侍衛司維翰知不免顧謂崧曰侍中當國今日國亡反令維翰死之何也崧有愧色維翰至彥澤以兵守之彥澤縱兵大掠二日都城爲之一空彥

澤自謂有功於契丹旗幟皆題赤心爲主見者笑之彦澤遷晉主於開封府頃刻不得留見者流涕晉主悉以内庫金珠自隨彦澤曰此物不可匿也晉主悉歸之亦分以遺彦澤彦澤遣指揮使李筠以兵守晉主内外不通上契丹主表章皆先示彦澤然後敢發使取内庫帛主者不與曰此非帝物也求酒於李崧崧亦辭不進又欲見李彦韜彦韜亦不往馮玉佞彦澤求自送傳國寶冀契丹復任用延煦之母有美色彦澤使人取之彦澤殺桑維翰以帶加頸白契丹主云其自經契丹主命厚撫其家壬午契丹主次赤岡賜晉主詔曰孫勿憂必使汝有噉飯之所又以所獻傳國寶非真詰之晉主奏頃王從珂自焚舊國寶不知所在此寶先帝所爲羣臣備知乃止有司欲使晉主銜璧牽羊大臣輿櫬迎于郊外契丹主曰吾遣奇兵取大梁非受降也不許又詔晉文武群僚一切如故朝廷制度並用漢禮改館晉主於封禪寺·

契丹執晉景延廣以歸延廣自殺

契丹主遣將軍康祥以兵趣河陽捕景延廣執之契丹主以牙籌數其八罪且詰之曰致兩主失歡皆汝所爲十萬橫磨劍安在延廣不

服契丹主召喬榮使相辨證因以紙所記語示之延廣伏地請死契丹主命鎖之先送歸國夜宿陳橋延廣扼吭死

丁未 漢高祖劉知遠天福十二年。遼大同元年九月世宗阮天禄元年。是歲晉亡漢代契丹改國號遼凡五國三鎮

春正月丁亥朔契丹主德光入大梁行朝賀禮 正月丁亥朔晉百官遷辭晉主於城北乃易素服紗帽迎契丹主於封丘門外伏路請罪契丹主不忍臨視撫慰遣之遂備法駕入大梁民皆驚走契丹主遣使諭之曰我亦人也汝曹勿懼會當使汝曹蘇息我無心南來漢兵引我至此耳至明德門下馬拜而後入遂御崇元殿受賀日暮復出屯於赤岡云

契丹誅張彥澤 晉閤門使高勳訢張彥澤以私憾殺其家人契丹主亦怒彥澤擅徙晉主于開封府署殺桑維翰剽掠大梁遂與傳住兒俱斬于北市仍命高勳監刑彥澤前所殺士大夫子孫皆經杖號哭詬罵以杖扑之勳命剖其心以祭死者市人爭破腦取髓臠其肉而食之

契丹降封晉主重貴爲負義侯遷之黃龍府 契丹

主使人至封禪寺存問晉主及太后甚至時雨雪連旬外無供億上下凍餒太后使其衛者謂寺僧曰吾嘗於此飯僧數萬今日獨無一人相念耶僧辭以虜意難測不敢獻食晉主陰祈守者乃稍得食辛卯降封晉主重貴爲崇祿大夫檢校太尉負義侯遣太子太保趙瑩太子少保馮玉及李彥韜將騎三百送晉主及李太后安太妃馮皇后高祖子重睿晉主子延煦延寶等于黃龍府安置在途供饋不繼或時絕食舊臣無敢進謁者獨磁州刺史李穀迎謁于路傾貲以獻晉主至中渡橋見杜威故寨歎曰天乎我家何負爲此賊所破慟哭而去既出塞契丹無復供給至祖州令拜契丹太祖之墓晉主不勝屈辱泣曰薛超誤我馮后求毒藥欲與晉主俱自殺不果黃龍府渤海扶餘城也初契丹太祖滅渤海還次其地得疾見黃龍繚繞可長一里光耀奪目入于行帳是日太祖殂故云

契丹以張礪爲平章事晉李崧爲樞密使馮道守太傅劉煦守太保

契丹引兵入汴京諸門皆以契丹兵守衛磔犬懸羊皮爲厭勝謂晉羣臣曰自今不脩甲兵不市戰

馬輕賦省役天下太平矣改服中國衣冠一日官皆如舊制以張礪爲平章事礪與趙延壽共薦晉樞密使李崧會馮道自鄧州來朝契丹主素重二人乃以崧爲太子太師充樞密使道守太傅於樞密院祗候又以晉故相劉昫守太保和凝爲翰林學士

晉諸藩鎮皆降于契丹

契丹主遣使以詔賜晉之藩鎮諸鎮爭上表稱臣惟彰義節度使史匡威據涇州以拒契丹而雄武節度使何重建以秦階成降蜀

契丹縱兵大掠

遣使括借士民錢帛

契丹廣受四方貢獻縱酒作樂趙延壽請給上國兵食契丹主曰吾國無此法乃縱胡騎四出剽掠謂之打草穀丁壯斃於鋒刃老弱委於溝壑自東西兩畿及鄭滑曹濮數百里間財畜殆盡契丹主謂判三司劉昫曰契丹兵應有優賜速宜營辦時府庫空竭劉昫請括借都城士民錢帛又分遣使者數十人詣諸州括借皆迫以嚴誅人不聊生其實無所頒給皆蓄之內庫欲輦歸其國由是內外怨憤始患苦契丹皆思逐之矣

晉河東節度使北平王劉知遠遣使奉表于契丹

晉主與契丹結怨知遠育步騎五萬坐視不救及聞晉亡
乃分兵守四境遣客將王峻奉表稱臣于契丹主契丹主
賜詔褒美親加兒字於知遠姓名之上仍賜以木拐胡法
以優禮大臣如漢賜几杖之比既而知知遠觀望使謂之
曰汝不事南朝又不事北朝意欲何所俟耶孔目官郭威
言于知遠曰虜恨深矣王峻言契丹貪殘失人心必不能
久有中國或勸知遠舉兵進取知遠曰用兵當隨時制宜
今契丹新據京邑未有他變豈可輕動且觀其所利止於
財貨財貨既足必將北去况冰雪已消勢
難久留可待其去然後取之可以萬全耳唐遣使如契丹
乞修復諸陵契丹主不許南唐主璟遣使賀契丹滅晉且請詣長安脩復諸陵契丹不許
二月契丹主德光御崇元殿行入閤禮建國號曰遼大赦
改元以恒州爲中京命趙延壽爲大丞相中京留守契月
主召晉百官問曰中國之俗異於吾國吾欲擇一人君之
如何皆曰夷夏之心皆願推戴皇帝二月丁巳朔契丹主

服通天冠絳紗袍登正殿設樂縣儀衛于庭百官朝賀建國號大遼大赦改元大同禮畢服赭袍坐崇元殿百官行入閤禮以恒州爲中京大同府趙延壽以契丹主負約心常怏怏因李崧言于契丹主乞爲皇太子契丹主曰吾於燕王雖割肌肉亦不愛但皇太子當以天子兒爲之豈魏王所可爲也乃命爲大丞相樞密使中京留守而以張礪和凝平章事

遼封唐郇公李從益爲許王從益與其母王淑妃自洛會朝于汴契丹主拜淑妃曰吾嫂也因封從益爲許王復居洛

晉劉知遠稱皇帝于晉陽○遼以耿崇美爲昭義節度使高唐英爲昭德節度使崔廷勳爲河陽節度使分據晉要地

三月遼以蕭翰爲宣武軍節度使初晉置天威軍教習歲餘竟不可用悉罷之而無頼子弟不復肯復農桑山林之盜自是而繁及契丹入汴縱胡騎打草穀又多以其子弟及親信爲節度刺史不通政事華人之狡獪者多往依其麾下教之妄作民

不甚命於是所在相聚爲盜多者數萬人少者不減千百滏陽賊帥梁暉偵知高唐英未至夜遣壯士踰相州城啓關納衆殺契丹數百據相州自稱昭德留後陝州將趙暉晉州將藥可儔潞州將高防皆殺其節度使及契丹使者奉表降于劉知遠澶州賊帥王瓊帥其徒圍節度使耶律郎五於牙城遼主聞之懼謂左右曰我不知中國之人難制如此乃即遣泰寧安審琦武寧符彥卿等歸鎮謂晉百官曰天時向暑吾難久留欲暫至上國省太后乃以汴州爲宣武軍授述律太后兄子小漢爲節度使

夏四月遼主北歸

遼主以晉主劉知遠既立州鎮多附因留此還乃悉遣晉諸司僚吏嬪御宦寺方技百工圖籍歷象石經銅人明堂刻漏太常樂譜諸宮縣鹵簿法物及鎧仗悉送上京寧武都虞候武行德部送之遼主謂宣徽使高勳曰吾在上國以射獵爲樂至此令人悒悒今得歸死無恨矣四月丙辰朔發自汴州爲道李崧和凝李澣徐台符張礪等皆從遂攻梁暉於相州克之悉殺城中男子驅其婦女而北留高唐英守之遺民僅七百人而髑髏十餘萬武行德行至河陰與將士謀曰虜勢不能久留

中國不若共逐其黨堅守河陽以俟天命之所歸者而臣之衆以爲然即相與殺契丹監軍使會崔廷勳以兵送耿崇美之潞州行德遂乘虛入據河陽遣弟行友奉蠟表詣太原晉主知遠以行德爲河陽節度使契丹主之初入汴也請降者七十六州得戶百九萬百一十八未幾多叛還濟黎陽渡顧謂左右曰我此行有三失宜天下之叛我也縱兵打草穀一失也括民私財二失也不遷遣諸節度還鎮三失也遼主德光卒于欒城兄子兀欲立于軍更名阮戊辰遼主至高邑得疾丁丑殂于欒城年四十六國人剖其腹實鹽數斗載之而北晉人謂之帝羓時述律太后及太弟李胡壽安王述律皆留臨潢唯東丹王倍之長子永康王兀欲在軍中南院大王耶律吼北院大王耶律洼議欲奉之兀欲聞其謀密召五院夷离堇耶律安端問計安端請從之會有自臨潢來者安端因詐言太弟李胡死傳報軍中衆皆信之戊寅次于鎮陽吼洼奉兀欲即位柩前更名阮甲申次定州命天德朔古解里等護柩先赴臨潢述律太后不哭曰待諸部寧一如故則葬汝矣初太祖殂于扶餘述

律后殺從行大臣凡數十百人至是恐后復然故皆懼而奉阮六太宗撫定多方遠近向化建國號備法章釐庶務閑名實德政卓然爲遼盛主故其世也境內作四京置六州軍城百五十有六縣二百九部族五十二屬國六十東漸于海西至于金山暨流沙北及于臚朐河南以白溝爲界幅員萬里焉

遼主阮至恒州執趙延壽以歸太宗之殁也趙延壽即日引兵入恒州自稱受遺詔令權知南朝軍國事遼主阮既即位延壽未之知也或說延壽曰契丹諸大人聚謀此必有變今漢兵不減萬人不若先事圖之延壽不決下令以來月朔日於待賢館上事受文武官賀李崧以虜意不同事理難測延壽乃止遼主至恒州召延壽及張礪等飲遼主妃素以兄事延壽從容謂曰妹自上國來寧欲見之乎延壽因與遼主入良久遼主出謂張礪等曰魏王謀反已鎖之矣遂以麻荅爲中京留守居恒州晉文武士卒悉留獨以後宮宦者教坊自隨勒兵歸國

晉主知遠自太原南下遼將崔廷勳耿崇美等皆棄城北走河南州縣悉

蘇

復爲晉○遼蕭翰立唐許王李從益爲帝于大梁遂帥其師北歸從益避位以迎晉主六月晉主知遠殺之蕭翰在大梁聞晉主擁兵南下遼將多棄城而去亦欲北道恐中原無主必大亂已不得從容而去乃矯遼主命以唐明宗子許王從益知南朝軍國事召已赴恒州從益與其母王淑妃匿於徽陵下宮不得已而出翰立以爲帝而去從益即避位以迎晉主晉主命鄭州防禦使郭從義入大梁清宮密令殺從益及淑妃遼蕭翰殺其平章事張礪于恒州翰至恒州與留守麻荅以兵圍張礪第礪方臥病出見之翰數礪曰汝何故言於先帝曰國人不可爲節度使我以國舅留守汴州汝又譖我與解里好掠人財物子女何也今必殺汝趣令鎖之礪抗聲曰此國家大體安危所繫吾實言之欲殺即殺奚以鎖爲是夕恚憤而卒遼太后使其太弟李胡帥師御遼主阮遇于泰德泉李胡敗績述律后聞

遼主阮自立怒遣太弟李胡帥師拒之遼主至幽州聞之遣夷离堇安端詳穩劉哥爲前鋒遇李胡于泰德泉李胡戰敗走還

晉主知遠入大梁改國號漢○秋閏七月遼太后自將禦遼主阮遇于橫渡太后罷兵遼主入臨潢

李胡敗還述律后乃親帥師禦遼主閏七月遼主次潢河太后李胡整兵陳于橫渡夾岸而軍惕隱耶律屋質言于后曰太弟永康王皆太祖子孫神器非後他族太后宜思長計后乃遣屋質授書于遼主議和遼主初不從屋質譬解之遼主良久曰若何而和屋質曰與太后相見各紓忿恚而和之不難不然決戰非晚遼主然之遣宣徽使耶律海思詣后約和往返數日議始定於是遼主與后相見交語責讓殊無和意屋質借謁者籌執之謂后曰昔人皇王在何故立嗣聖后曰太祖遺旨屋質又謂遼主曰大王何故擅立遼主曰人皇王當立而不立所以去之屋質正色曰人皇王捨父母之國而奔唐子道當如是耶大王見太后不少遜謝惟怨是尋太后牽于偏愛託先帝遺命妄授神器如此何敢望和

當速交戰執籌而退后泣曰向太祖遭諸弟亂天下荼毒創痍未起庸可再乎乃索籌一遼主曰父不爲而子爲之又誰咎也亦取籌而執左右感激大慟后復謂屋質曰議既定神器竟誰歸屋質曰永康王順天合人復何疑李胡在側怒曰我在兀欲安得立屋質曰禮公酷暴失人心何且大王世嫡也誰敢爭之后顧李胡曰昔我與太祖愛汝異於諸子諺云偏愛之子不保業我非不欲立汝汝自不能矣議遂定后罷兵遼主遂入上京尊母蕭氏爲太后

遼主阮幽其祖母述律氏叔父李胡于祖州李胡以不得立居常怏怏述律后既鍾愛之因與謀廢立遼主遂幽后及李胡于太祖墓側

唐以留從効爲清源軍節度使初閩指揮使朱文進與連重遇弒其主曦文進自稱閩主署其黨爲刺史泉州散員指揮使留從効謀與復王氏乃與仙遊人陳洪進等夜踰城劫庫兵殺刺史黃紹頗傳首于殷王延政及南唐滅殷取汀建吳越亦取福州從効知王氏不復可輔乃以兵劫刺史王繼勳執之歸于唐自領漳泉留後唐即以泉州爲清源軍授從効

節度使闔中自是分爲二矣從劾出自寒微知人疾苦在郡尊以勤儉養民爲務自奉甚簡每言我素貧賤不可忘本民甚愛之部內安治王氏有二女嫁爲鄰人妻從劾謹事之終身焉

晉故將何福進逐遼留守麻荅以恒州歸漢漢以馮道爲太師麻荅貪猾殘忍民間有珍貨美女必奪取之又捕村民誣以爲盜披面抉目焚炙而殺之懸人肝膽手足飲食啓居於其間遼所留兵不滿二千麻荅常疑漢兵稍稍廢省又損其食以飼胡兵衆心怨憤聞漢主入大梁皆有南歸之志前潁州防禦使何福進控鶴指揮使李榮潛結軍中壯士謀攻遼兵奪守門兵殺十餘人因突入府據甲庫召漢兵及市人給鎧仗焚牙門與遼兵戰榮召諸將并力指揮使白再榮狐疑不得已而行諸將繼至煙火四起鼓譟震地麻荅等大驚載寶貨家屬走保北城而漢兵無所統一貪狡者乘亂剽掠懦者竄匿八月朔遼兵自北門入勢復振漢民死者二千餘人前磁州刺史李穀恐事不濟請馮道等至戰所慰勉士卒士卒爭自奮會日暮有村民數千譟於城外欲奪遼人寶貨婦女

遼人懼而北遁麻荅崔廷勳皆奔走定州與義武節度使耶律郎五合馮道等四出安撫兵民衆推道爲節度使道曰我書生也宜擇諸將爲留後遂以白再榮權知留後具以狀聞于漢主漢主以馮道爲太師遣飛龍使李彥從將兵赴之再榮貪昧猜忌恒州人士苦之號曰白麻荅云

九月遼主行柴冊禮九月壬子朔遼主葬太宗于懷陵丁卯行柴冊禮羣臣上尊號曰天授皇帝大赦改元天祿遼主慕中華風俗多用晉臣而荒于酒色輕慢諸大人由是諸部多叛者矣

遼主追謚其考人皇王倍爲帝封安端爲明王以主東丹人皇王之見殺也有僧收瘞之晉高祖改葬以王禮遼太宗取而葬諸醫無閭之山至是追謚曰讓國皇帝廟號義宗而以安端主東丹封明王

戊申漢隱帝承祐乾祐元年凡五國三鎮

春正月遼以韓延徽爲南府宰相遼北南二府宰相掌佐理軍國之大政北府則其宗姓世預其選南府則其外戚世居其職非二者不輕

命焉其北樞密院則掌兵機武選羣牧之政凡契丹軍馬皆屬之南樞密院則掌文銓部族丁賦之政凡契丹人民皆屬之所謂北衙不理民南衙不主兵也又改迭剌部夷离堇爲北南二大王掌部族軍民之政此皆遼之宰相也至於惕隱治宗姓林牙掌文告又其貴近之職焉

二月漢主昺殂子承祐立昺即知遠也

三月遼麻荅焚掠定州而去孫方簡入城據之遼義武節度使耶律郎五懼華人爲變與麻荅焚掠定州悉驅其人棄城北去前義武節度使孫方簡自狼山帥衆還據定州因以其弟行友方遇爲易泰州刺史每遼兵南下方簡兄弟奔命遼人頗憚之由是晉末州縣陷于遼者皆復爲漢有矣麻荅至其國伏誅

冬十月遼趙延壽死

己酉漢乾祐二年凡五國三鎮

春二月遼遷故晉主石重貴於建州晉太后詣遼主請依漢人城寨之外給田耕桑以自贍遼主許之幷晉主遷于建州未至安太妃卒于路遺令焚骨南

向颺之既至建州得田五十餘頃令從者耕以給食頃之遼壽安王述律遣騎取晉主寵姬趙氏聶氏二人以去

冬十月遼主侵漢貝鄚深州

庚戌漢乾祐三年　是歲漢亡　春二月遼建政事省○秋八月故晉太后李氏卒于遼后病無醫藥惟與晉主仰天號泣戟手罵杜威李守貞曰吾死不置汝　冬十月遼主侵漢遼主南伐攻下安平內丘束鹿等城大獲而去　十一月漢郭威弒其主承祐迎武寧節度使贇于徐州○漢郭威帥師伐遼至澶州威自立而還廢贇爲湘陰公○高麗王武卒子昭立

辛亥周太祖郭威廣順元年　遼穆宗璟應曆元年　北漢主劉旻乾祐四年　是歲周代漢北漢建國凡六國二　春正月郭威稱皇帝國號周○周主威弒湘陰公于鎮

宋州○漢河東節度使劉崇稱帝于晉陽崇贇父也贇既被弑崇乃稱帝仍用漢乾祐年號有并汾忻代嵐憲隆蔚沁遼麟石十二州二月周使姚漢英如遼遼人執之以周用敵國禮也夏六月漢主乞師于遼遼遣使冊漢主崇為大漢神武皇帝漢主遣其子承鈞將兵伐周不克遂遣使稱姪乞援于遼遼主遣政事令燕王述軋[illegible]冊漢主為大漢神武皇帝漢主更名旻秋九月遼泰寧王察割弒其主阮而自立壽安王璟誅察割而代之北漢主劉旻遣兵從周遼主自將會之諸部不欲南行遼主強之行至歸化州祭讓國皇帝于行宮羣臣皆醉[illegible]子泰寧王察割作亂弒遼主[illegible]自立壽安王璟小字述律太宗長子也遊獵[illegible]屋質函遣人召諸王及喻禁衛長史室等同討[illegible]弟沖迎璟[illegible]不敢出屋質曰大王嗣聖子[illegible]必不相容[illegible]死群臣將誰王

事耶律璟悟乃令謚訌宗割竊而殺之璟即位是爲天順皇帝改元應曆葬世宗于顯州西山以屋質知國事北漢主旻復以叔父事之請兵以擊周穆宗年少好游戲每夜酣飲達旦乃寢日中方起國人謂之睡王冬十一月漢遼會兵伐周圍晉州而去遼遣兵五萬會北漢兵伐周漢主自將兵二萬攻晉州三面晝夜攻之周遣王峻帥諸軍救晉漢軍之食盡遼師聞峻至而遁漢主亦還遼峻入晉州遼師死者什三四漢主始息意於進取漢七州民貧內供軍國外奉遼貢賦繁役重民不聊生多逃于周境

壬子周廣順二年凡六國二鎮夏六月周侵漢遼救之○冬十一月己卯日南至遼行拜日禮○十二月遼明王安端卒○周以折從阮爲靜難軍節度使鎮邠州府

癸丑周廣順三年凡六國二鎮夏六月遼天順皇后述律氏卒謚貞烈葬祖陵

甲寅　周世宗榮顯德元年　凡六國二鎮　春正月周主威殂晉王榮立○二月漢主以遼師伐周三月及周主戰于高平漢師敗績北漢主聞周太祖殂甚喜乞師于遼以伐周遼遣政事令耶律敵祿將萬騎如晉陽漢主自將三萬與遼兵趣潞州周主亦馮道奉太祖梓宮赴山陵而自將禦之漢主陣于高平南周主與戰右軍潰周主急親犯矢石督之馬直軍使趙匡胤謂同列曰主危如此吾屬何得不致死乃與張永德各帥二千人進戰匡胤以身先士卒馳犯漢師士卒死戰無不一當百漢師披靡群將乘勝而前漢師大敗敵祿畏周之盛不敢救全軍而退漢主帥其餘衆萬餘阻澗而軍周師薄之漢主復敗僵尸滿谷委棄御物輜重器械雜畜不可勝計漢主帥百餘騎晝夜北走所至得食未舉筯或傳周兵至輒倉皇而去衰老力憊殆不能支僅得入晉陽收散卒繕甲兵完城塹以備周遣王得中送耶律敵祿還遼且謝之周以趙匡胤為殿前都虞候匡胤涿郡人四世祖朓唐幽都令生珽唐

御史中丞珽生敬涿州刺史敬生弘殷周檢校司徒馬軍都指揮使弘殷娶杜氏生匡胤於洛陽夾馬營及長容貌雄偉器度豁如識者知非常人漢初漫游無所遇舍襄陽僧寺有老僧善術數顧之曰吾厚贐汝北往則有遇矣匡胤從之會周太祖以樞密使討河中匡胤應募居帳下太祖即帝位補東西班行首再轉開封府馬直軍使高平之戰功居多群校張永德稱其勞由是命年二十八矣**夏四月周符彥卿帥師侵漢五月及遼耶律撻烈戰于忻口周師敗績**周主遣行營都部署符彥卿督諸將攻北漢入漢境其民困於重賦爭以食物迎勞願助軍須以攻晉陽遂降漢汾遼憲嵐石沁忻七州周主因自帥大軍自潞州趨晉陽□城四十里旗幟不絕遼主闌之使南院大王撻烈將騎數千屯忻代之間彥卿擊之撻烈退保忻口彥卿前鋒史彥超恃勇輕進與遼兵戰敗死彥卿帥兵還晉陽周主攻城久而不克會久雨士卒疲病及彥超死乃班師還軍匆遽焚棄芻糧數十萬所得漢州縣復皆失之漢主憂憤成疾以政事悉委其子承鈞

冬十一月漢主旻殂子鈞立遼遣使冊之漢主旻殂子鈞立遣使告哀于遼且求封冊上表稱男遼主遣使弔祭冊命爲漢帝賜詔稱兒周以折從阮爲邠寧節度使其子德扆爲靜難軍節度使父子俱領節鎮時人榮之

乙卯周顯德二年凡六國二鎮春正月周以遼降將張藏英爲沿邊巡檢使遼屢攻周河北輕騎深入周主患之問遼降將張藏英以備邊之策藏英具陳地形要害請列置戍兵募邊人驍勇者厚其廩給自請將之隨宜討擊周主從其言自是河北之民始得休息周以曹元忠爲歸義軍節度使沙州自天寶末陷于西蕃大中五年張義潮以州歸唐詔建沙州爲歸義軍授義潮節度使領河沙甘肅伊西等州觀察使義潮入朝以從子惟深領留後深沒張氏之後絶州人推長史曹義金爲帥義金死子元忠嗣至是入貢于周故命之

丙辰（周顯德三年，凡六國二）春正月，周主伐唐，圍壽州，使趙匡胤帥師入滁州，復大敗唐師于六合。

周主自將攻唐淮南，圍壽州，聚兵凡數十萬，遣殿前都虞候趙匡胤擊唐兵于塗山，匡胤大敗唐師于渦口，斬其監軍何延錫等，奪戰艦五十餘艘而還。二月，周主復遣匡胤倍道襲唐清流關，唐守將皇甫暉、姚鳳驚走入滁州，斷橋自保。匡胤擁馬麾兵涉水直抵城下，暉曰：「人各為其主，願容成列而戰。」匡胤笑而許之。暉整衆而出，匡胤突擊，暉、鳳皆擒之，遂克滁州。至夜，匡胤父馬軍副指揮使弘殷引兵叩城門，匡胤曰：「父子雖至親，城門王事也，不敢奉命。」明旦乃得入。匡胤自是威名日盛，每臨陣必以繁纓飾馬，鎧仗鮮明。或曰：「如此為敵所識。」匡胤曰：「吾固欲其識之耳。」三月，周主至淝橋，薄壽州城，匡胤乘皮船入壽春壕中，城上發連弩射之，矢如大椽，牙將張瓊以身蔽匡胤，矢中瓊髀，死而復蘇，鏃著骨不可出，瓊飲酒一大巵，令人破骨出之，血流數升，神色自若。四月，唐元帥齊王景達帥師拒周，周主遣匡胤帥師屯六合。時唐兵攻揚州，韓令坤棄城走，臣徹令曰揚州兵有一過六合者折其足令坤懼而止遂敗唐兵于揚州城下唐齊王景達帥師濟江距六合二十里設柵不進諸將請擊之臣徹曰吾衆不滿二千若往擊之彼必見吾衆寡矣不若俟其至破之必矣居數日唐兵趣六合臣徹奮擊大破之殺獲近五千人溺死甚衆於是唐之精卒盡矣是戰也將士有不致力者臣徹陽爲督戰以劒斫其皮笠明日徧閱其笠有劒跡者數十人皆斬之由是臣徹所部兵莫敢不盡死矣

冬十月周以趙匡胤爲定國軍節度使兼殿前都指揮使匡胤之入滁也得判官趙普與語大悦之會獲盜百餘匡胤將盡殺之普請先訊鞫然後決所活者十七八匡胤大奇其才遂置左右至是以爲節度推官普幽州薊人也

十一月周召華山隱士陳摶至大梁以爲諫議大夫[illegible]辭不受摶亳州眞源人唐長興中擧進士不第遂不復干祿以山水爲樂因服氣辟穀日飲酒數盃[illegible]二十餘年隱華山雲臺觀每寢處多百餘日不起周主召至所問以飛升黃白之術對曰

陛下爲天子豈必治天下然務安爾此爲命爲諫議大夫固辭不受乃遣還華山

丁巳周顯德四年凡六國二鎮春三月周主伐唐復趙匡胤帥師絕唐餉道壽州乃降周主命李重進圍壽州久不克遂復親征軍于紫金山南命趙匡胤擊唐列寨破之斷其甬道由是唐兵首尾不相救壽州遂降于周吐蕃首領折逋支逐河西節度使申師厚涼州自唐末爲羈縻然猶請命于中國至是折逋支等逐申師厚而奉其土人爲帥與中國遂絕矣

戊午周顯德五年凡六國二鎮

己未周顯德六年遼應曆九年春二月遼政事令韓延徽卒○夏四月周主伐遼克關南諸州遂趨幽州五月周主有疾乃還周主

戊寅四月次滄州即日率步騎數萬直趨遼境遼寧州刺史王洪舉城降周主命韓通為陸路都部署趙匡胤為水路都部署周主自御龍舟沿流而北舳艫數十里至益津關遼守將終廷輝以城降遂登陸而西趙匡胤先至瓦橋關遼守將姚內斌莫州刺史劉楚信皆舉城降五月遼淤口關及瀛州降於是關南悉平周主宴諸將于營議取幽州諸將曰陛下離京四十二日兵不血刃取燕南之地此不世之功也今虜騎皆聚幽州之北未宜深入周主不悅趣北鋒劉重進先發據固安周主自至安陽水命作橋會日暮還宿瓦橋是日周主不豫乃罷兵南還孫行友拔遼易州擒其刺史李在欽周主詔以瓦梁橋為雄州益津關為霸州令陳思讓韓令坤戍之遼以高模翰為中臺省左相模翰一名松渤海人善騎射太祖知其才委任心腹之事立晉之功模翰第一太宗南伐其功尤多至是以右相改左相六月周以遼入寇趙匡胤為歸德軍節度使兼殿前都點檢周主自伐遼還在道閱四方文書得韋囊中有木三尺餘題曰點檢作天子時張永德為

點檢張永德周壻親有功周主疑之遂以匡胤代永德匡胤以趙普爲掌書記周主榮殂子梁王宗訓立世宗殂年三十九子梁王宗訓立生七年矣尊皇后符氏為太后遼遣使如唐周人殺之唐嘗通好于遼至是遼遣使報聘周泰州團練使荆罕儒募刺客於遼殺之自是遼與南唐遂絶冬

十一月漢遼會師伐周

通鑑續編卷第二

通鑑續編卷第三

庚申 周恭帝宗訓元年宋太祖趙匡胤建隆元年○是歲周亡宋代天下宋北漢南唐南漢蜀遼凡六國吳越荊南凡二鎮

春正月周使趙匡胤帥師禦漢遼至陳橋匡胤自立而還

周聞漢遼兵自土門東下正月辛丑朔遣殿前都點檢趙匡胤率禁兵禦之癸卯發汴京殿前散指揮使苗訓善觀天文見日下復有一日黑光摩盪者久之指示匡胤門吏楚昭輔曰此天命也是夕次陳橋驛殿前都指揮使石守信侍衛親軍都指揮使高懷德張令鐸殿前都虞候王審琦虎捷右廂都虞候張光翰龍捷右廂都指揮使趙彥徽相與謀曰主上幼弱我輩出死力破敵誰則知之不如先擁點檢為天子然後北征未晚也都押衙李處耘見以事白匡胤弟供奉官都知匡義及歸德掌書記趙普匡義普共以事理譬曉之諸將不可夜五鼓將校軍士集驛門宣言擁點檢為天子甲辰黎明逼匡胤寢所勢甚盛匡義普入帳中白之匡胤時被酒臥未起聞其言攬衣

徐興將校已露刃列庭曰諸軍無主願册太尉爲皇帝匡
胤未及對黄袍已加身矣衆即羅拜呼萬歲掖之上馬還
汴匡義進曰夫濟天下者當使百姓戴若父母京師天下
根本願號令諸將禁戢攘奪匡胤乃攬轡曰我有言諸將
能從乎皆下馬曰願受命匡胤曰太后主上我北面事者
不得驚犯公卿皆我比肩不得侵陵朝市府庫不得侵掠
用命有重賞違不汝貰也皆應曰諾遂肅隊而行乙巳入
汴匡胤令甲士歸營而自退居公署時早朝未罷聞變范
質執王溥手曰倉卒遣將吾輩之罪也爪入溥手幾出血
溥噤不能對侍衞親軍副都指揮使韓通自禁中進遽而
歸謀帥衆禦之軍校王彦昇遂逐爲通馳入
其第未及闔門爲彦昇所害妻子俱死

趙匡胤稱皇帝國號宋廢周主宗訓爲鄭王遷之西宫

匡胤在公署將士
擁范質王溥等至
質以義讓匡胤匡胤流涕曰吾受世宗厚恩爲六軍所迫
一旦至此慙負天地將若之何質等未及對列校羅彦瓌
挺劍厲聲曰我輩無主今日必得天子質等相顧不知所
爲溥降階先拜質不得已亦從之遂奉匡胤入宫召百官至晡

時班定猶未有禪詔翰林承旨陶穀出諸袖中遂用之宣徽使引匡胤就庭北面拜受已乃掖升崇元殿服袞冕即皇帝位奉周主爲鄭王符太后爲周太后遷之西宮大赦改元國號宋遣使徧告郡國藩鎮加官進爵有差命周宗正郭玘祀周陵廟定國運以火德王色尚赤臘用戌論翊戴功以石守信爲侍衛親軍馬步軍副都指揮使高懷德爲殿前副都點檢張令鐸爲侍衛親軍馬步軍都虞候王審琦爲殿前都指揮使張光翰爲侍衛親軍馬軍都指揮使趙彥徽爲龍捷右廂都指揮使並領節鎮餘須軍者悉進爵華山隱士陳摶聞宋主代周曰天下自此定矣

宋贈周副都指揮使韓通爲中書令宋主贈通以旌其忠欲加王彥昇擅殺之罪群臣以建國之始乞貫之宋主猶怒故終身不得節鉞

宋遣使賑貸于諸州○宋主以其弟光義爲殿前都虞候趙普爲樞密直學士光義即匡義也

宋立太廟追帝其祖考宋有司請立宗廟詔下其議兵部尚書張昭等請依隋唐以來立四親廟

宋主從之復詔議追尊四代號謚於是判太常寺竇儼上議尊高祖朓爲僖祖文獻皇帝曾祖珽爲順祖惠元皇帝祖發爲翼祖簡恭皇帝妣皆爲皇后考弘殷爲宣祖昭武皇帝宋主御崇元殿備禮冊命因奉安神主于廟定制歲以四孟月及季冬凡五享朔望薦食薦新三年一祫以孟冬五年一禘以孟夏漢遼師還○二月宋主尊其母杜氏爲太后后定州安喜人治家嚴而有法生五子曰匡濟匡胤光義光美匡贊匡濟匡贊早卒陳橋之變宋主先遣楚昭輔入赤慰安家人后聞之曰吾兒素有大志今果然矣及尊爲皇太后宋主拜於殿上羣臣稱賀后愀然不樂左右進曰臣聞母以子貴今子爲天子胡爲不樂后曰吾聞爲君難天子置身兆庶之上若治得其道則此位可尊苟或失馭求爲匹夫不可得是吾所以憂也宋主再拜曰謹受教宋加周宰相范質王溥魏仁浦等官並同中書門下平章事吳廷祚同中書門下二品○宋賜貢士楊礪等十九人及

第出身有差。三月唐吴越遣使如宋賀即位也宋遷周六廟于洛陽廟成遣官奉遷周六廟神主居之仍命郭玘以時饗祀夏四月周昭義節度使李筠會北漢師伐宋宋主即位遣使加筠中書令使者至潞州筠欲拒之賓佐切諫乃延使者置酒既而取周太祖畫像懸于壁涕泣不已賓佐惶駭告使者曰令公被酒失其常性幸勿爲訝筠長子守節泣諫筠不聽宋主手詔慰撫且召守節爲皇城使北漢主鈞聞之乃以蠟書結筠同舉兵及守節至汴宋主遣歸謂筠曰我未爲天子時任汝自爲之我既爲天子汝獨不能小讓我耶守節歸以白筠筠遂起兵令幕府爲檄數宋主罪執監軍周光遜等送于北漢以求濟師又遣人殺澤州刺史張福而據其城北漢主封筠爲西平王自帥兵赴之筠見北漢主于太平驛言受周太祖恩不敢愛死北漢主與周世讎不悅其語因使其宣徽使盧贊監其軍筠見漢兵弱少而贊又來監心甚悔誅多不協乃留守節守潞而自引衆南向漢主聞贊與筠異復遣其平章事衛融和解

之宋主遣石守信高懷德慕容延釗王全斌分道擊之敗筠兵于長平

五月己亥朔日有食之。○宋主圍澤州六月李筠死之五月宋主自帥大衆討筠山路險峻多石不可行宋主先於馬上負數石將士因爭負之即日平爲大道遂與守信等會大敗筠衆於澤州南殺盧贇筠走保澤州宋主列柵圍之六月宋將馬全義帥敢死士數十人攀堞而上遂入其城筠赴火死獲衛融融請死宋主嘉其忠以爲太府卿北漢主懼引師歸乙酉宋主進攻潞州守節以城降宋主釋其罪以爲單州團練使七月宋主至大梁

宋以大梁爲東京開封府洛陽爲西京河南府。○秋七月

宋選諸州兵入衛宋主詔殿前侍衛二司各閱所掌兵揀其驍勇者升爲上軍而命諸州長吏選所部内兵送都下以補禁旅之闕又選强壯卒定爲兵樣分送諸道召募教習俟其精練即送闕下由是穰悍之士皆隸禁籍矣又懲唐以來藩鎮之弊分遣禁旅戍守邊城立更戍法使往來道路以習勤苦均勞佚自是將不得專

其兵而士卒不至于驕惰皆趙普之謀也八月宋立后王氏○宋以趙普爲樞密副使○宋李繼勳侵北漢取石州○宋荊南節度使南平王高保融卒弟保勗嗣保融迂緩國事悉委于母弟保勗及卒保勗權知軍府請命于宋宋主授以節度使而謚保融曰正懿九月宋淮南節度使李重進謀反十月宋主討之十一月重進自焚死唐主使其子從鎰朝宋主于揚州重進周太祖之甥也與宋主同事周室分掌兵柄常心憚宋主宋主即位加重進中書令既而移鎮青州重進聞命下乃陰懷異志宋主得其情遣六宅使陳思誨齎賜鐵券以安其心重進欲治装隨思誨朝汴左右沮之因猶豫不决又自以周室懿親恐不得全遂拘思誨治城繕兵遣人求援于唐唐主以聞宋主遣石守信王審琦李處耘宋偓等分道討之趙普勸宋主自行十月宋主發汴京十一月至廣陵即日拔之城將陷

左右欲殺思誨重進曰吾今舉族將赴火死殺此何益即盡室自焚思誨亦被害宋主入城戮同謀者數百人因令諸軍習戰艦于迎鑾鎮唐主大恐遣使犒師且使其子從鎰朝于揚州十二月宋主還汴

唐清源節度使留從效入貢于宋○遼主殺其叔父李胡李胡子宋王喜隱輕慓無恒謀反事覺辭連李胡遂死于獄尋追謚曰章肅皇帝

宋以竇儀爲翰林學士翰林學士王著以酒失貶官宋主謂宰相曰深嚴之地當使宿儒處之范質等對曰竇儀清介重厚然已自翰林遷端明矣宋主曰非斯人不可卿當諭以朕意勉令就職即日復入翰林宋主嘗召儀草制至苑門儀見宋主岸幘跣足而坐因卻立不肯進宋主遽索冠帶而後召入儀遂言曰陛下創業垂統宜以禮示天下恐豪傑聞而解體也宋主斂容謝之故自是對近臣未嘗不冠帶

宋初作受命寶宋主既受周二寶又作受命之寶自是遂爲故事凡帝即位必作之而文不同

宋鑄宋通元寶錢

辛酉宋建隆二年凡六國二鎮春正月宋度民田周世宗末年嘗命官詣諸州度民田而使者多不稱至是宋主謂侍臣曰度田蓋欲勤恤下民而民愈弊今當精擇其人遂分遣常參官詣諸州三月宋以慕容延釗為山南東道節度使延釗宋主故人也為殿前都點檢宋主不欲授人以是職故有是命唐徙都洪州○宋課民種植每縣定民籍為五等第一種雜木百每等減二十為差桑棗半之男女十歲以上人種韭一畦闊一步長十步令佐以春秋巡視夏四月癸巳朔日有食之○六月宋太后杜氏殂后疾革召趙普入受遺命且問宋主曰汝知所以得天下乎宋主曰祖考及太后之積慶也后曰不然正由周世宗使幼兒主天下耳使周氏有長君天下豈為汝有耶汝百歲後當傳位于汝弟四海至廣萬幾至衆能立長君社稷之福也宋主泣曰敢不如教后顧謂趙普曰尔同記吾言不可違也普即就榻前為約誓書於紙尾署曰臣普記藏之金匱命謹密宮人掌之甲午

后妲宋遣殿前副都點檢高懷德等五人罷兵就鎮宋主既誅李筠李重進等謂趙普曰天下自唐季以來數十年間帝王凡易八姓闘戰不息生民塗地其故何也吾欲息天下之兵建國家久長之計其道何如普對曰此無他方鎮太重君弱臣強而已今欲治之宜稍奪其權制其錢穀收其精兵則天下自安矣時石守信王審琦等皆宋主故人有功典禁衛兵普數以爲言宋主未之許普乘間復力言之宋主曰彼等必不吾叛卿何憂之深耶普曰臣亦不憂其叛也然熟觀數人者皆非統御才恐不能制伏其下則軍伍間萬一有作孽者彼臨時亦不得自由耳宋主悟一日因晚朝與守信等飲酒酣屏左右謂曰朕非卿等不及此然天子亦大艱難殊不若爲節度使之樂朕終夕未嘗敢安枕卧也守信等請其故宋主曰是不難知此位誰不欲爲守信等頓首曰陛下何爲出此言今天命已定誰復有異心宋主曰卿等固然其如麾下欲富貴何一旦有以黃袍加汝身汝雖欲不爲其可得乎守信等泣謝曰臣等愚不及此惟陛下哀矜指示可生之途宋主曰人生如白駒

呂璨刊

之過隙所以好富貴者不過欲多積金錢厚自娛樂使子孫無貧乏耳卿等何不釋去兵權出守大藩擇便好田宅市之爲子孫立永遠不可動之業多買歌兒舞女日夕飲酒相歡以終其天年朕且與卿等約爲婚姻君臣之間兩無猜疑上下相安不亦善乎守信等皆謝曰陛下念臣等至此所謂生死而肉骨也明日皆稱疾乞罷典兵於是以高懷德爲歸德節度使王審琦爲忠正節度使張令鐸爲鎮寧節度使張光翰爲江寧節度使趙彥徽爲武信節度使皆罷宿衛就鎮賜賚甚厚唯石守信居職如故已而欲用天雄節度使符彥卿典禁兵趙普諫曰彥卿名位已盛豈可復委以兵柄宋主曰朕待彥卿厚豈忍相負耶普對曰陛下何以能負周世宗宋主默然

秋七月宋主以其弟光義爲開封尹光美行興元尹○唐主景殂子煜立于江寧

景之初年屬中國多故盧文進李金全皇甫暉等又皆歸之跨據江淮三十餘州擅魚鹽之利即山鑄錢物力富盛嘗試貢士以高祖入關爲詩題頗有窺覦中原之志及淮甸入于周浸以衰弱揚州既平

宋主日習馬舫戰艦於汴京南池景聞大懼遂徙豫章會其彭澤令薛良避罪奔宋獻平南策宋主斬良景始安然終以境土蹙弱憂憲成疾而殂太子煜時留建康遂即位而遣其户部尚書馮謐奉表于宋願追尊帝號宋主許之煜初名從嘉聰悟好學善屬文工書畫明音律

冬十月宋葬明憲太后于安陵○

十一月宋主臨國子監

初周世宗命營國子監置學舍未成而殂宋主即位詔增葺祠宇塑繪先聖先師之像自爲贊書于孔顔之座端令文臣分撰餘贊屢臨幸焉嘗謂侍臣曰朕欲武臣盡令讀書以知爲治之道於是臣庶始貴文學矣

宋以李漢超爲關南兵馬都監

漢超至關南民有訟其強娶已女爲妾及貸民錢不償者宋主召謂曰汝女可適何人對曰農家耳又問漢超未至關南時契丹何如對曰歲苦侵暴曰今復爾耶對曰無也宋主曰漢超朕之貴臣汝女爲之妾不猶愈爲農婦乎且使漢超不在關南汝家尚能保其所有貨財耶責十人而遣之密使諭漢超曰亟還其女并所貸朕始貰汝勿復爲也不足於用何不以

告朕耶漢超感泣由是益修政理齊州吏民愛之宋以郭進爲西山巡檢使進至西山威令嚴肅宋主遣戍卒必諭之曰汝輩謹奉法我猶貸汝郭進殺汝矣嘗有軍校自西山詣汴誣訟進不法事宋主詰知其情送進令殺之會北漢來伐進語其人曰汝敢論我信有膽氣今貸汝罪汝能掩殺敵兵當即薦汝如敗可自投河東其人踴躍赴戰大致克捷進即以聞乞遷其職宋主從之宋李繼勳侵北漢遼州

壬戌宋建隆三年唐後主煜元年凡六國二鎮春正月宋命州縣長吏勸課農桑自後歲首必降是詔二月北漢主侵宋晉潞州○宋令大辟諸州不得專決宋主謂宰臣曰五代諸侯跋扈有枉法殺人者朝廷置而不問人命至重姑息當如是耶自今諸州決大辟錄案聞奏付刑部覆視之夏四月宋太常博士聶崇義上三禮圖自唐以來禮文多缺崇義善禮學朝廷凡有大事多從其議周世宗嘗命參定郊廟祭玉崇義因取隋開

皇中禮官所撰三禮圖重加考正至是上之宋主詔太子詹事尹拙集儒學之士參議於是翰林學士竇儼詳閱定爲十五卷以聞詔頒行焉且圖于國子監講堂之壁

唐清源節度使晉江王留從效卒子紹鎡嗣其將陳洪進執紹鎡歸之于江寧以副使張漢思爲留後從效卒子紹鎡典留務月餘統軍使陳洪進誣紹鎡將召越人以叛執送建康推副使張漢思爲留後而自爲副使漢思老而醇謹不能治軍務事皆決于洪進

六月宋吳廷祚罷○冬十月宋以趙普爲樞密使○宋主匡胤遷其故主鄭王宗訓于房州○宋廣東京城宋主既廣汴城命有司畫洛陽宮殿按圖脩之始壯麗矣

宋武平節度使周行逢卒子保權嗣行逢卒宋授其子保權節度使而追封行逢汝南郡王保權年十一矣

十一月宋初班歷于唐○荆南節度使高

保勗卒兄子繼沖嗣繼沖保勗子也十二月宋衡州刺史張文表叛襲潭州入之初周行逢病且死召將校屬其子保權曰吾部內兇狠者誅之畧盡唯張文表在耳我死文表必亂諸君善佐吾兒無失土宇必不得已當舉族歸朝無令陷于虎口及保權嗣位文表聞之怒曰我與行逢俱起微賤立功名今日安能北面事小兒乎會保權遣兵代永州戍道出衡陽文表遂驅之以襲潭州知留後廖簡素易文表不設備而燕飲文表兵至徑入府中簡醉被殺捕趙朝以滅周氏保權遣楊師璠擊之且求援于宋

宋以姚內斌為慶州刺史內斌至郡西戎畏服莫敢犯其境高麗入貢于宋

癸亥宋乾德元年　是歲荊南亡凡六國一鎮春正月宋慕容延釗帥師討張文表二月周保權執文表誅之宋以慕容延釗為都部署率十州兵討文表樞密副

使李勳耘爲都監末至揚師璠巳破文表于平津亭執文表臠而食之梟首朗陵市

宋慕容延釗入江陵高繼冲以荆南地歸之

初宋主遣内酒坊副使盧懷忠使荆南謂之曰江陵人情去就山川向背我欲盡知之懷忠還言于宋主曰高繼冲甲兵雖整而控弦不過三萬年穀雖登而民困于暴歛南邇長沙東距建康西迫巴蜀北奉朝廷其勢日不暇給取之易也及慕容延釗行宋主謂范質等曰江陵四分五裂之國今假道出師因而下之蔑不濟矣乃命延釗假道江陵以討文表李勳耘至襄州遣丁德裕諭繼冲以假道之意孫光憲因言于繼冲曰中國自周世宗時已有混一天下之志今宋主規模宏遠不若早以疆土歸之則可免禍而公亦不失富貴矣繼冲乃遣其叔父保寅奉牛酒犒師于荆門且覘強弱勳耘待之有加繼冲聞之以爲無虞是夕保寅宴于延釗帳中勳耘密遣輕騎數千倍道前進繼冲但俟保寅還遷延聞宋師奄至即惶怖出迎遇勳耘於江陵北十五里勳耘揖繼冲令待延釗自率親軍先入城比繼冲還則宋師已分據之矣荆人束手聽命即發江陵卒

萬餘同趙湖南繼沖因盡籍其境内三州十七縣户一十四萬八千二百遣客將王昭濟奉表納之于宋宋主受之以王仁贍爲荆南都巡檢使而授繼沖馬步軍都指揮使荆南節度使如故高氏親屬僚佐拜官有差以孫光憲爲黄州刺史

宋慕容延釗克潭州及周保權戰于澧江敗之三月遂入朗執保權以歸延釗進克潭州將趨朗周保權牙校張從富等以爲文表已誅而宋師繼進不止懼爲所襲相與拒守延釗至不得入宋主遣使諭之從富等不聽命以兵逆戰于澧江宋師敗之李處耘擇所俘體肥者數十人令左右分啗而黥其少健者令先入朗黥者入城言被擒者爲所啗聞者皆恐遂潰延釗因長驅而進遂克其城執從富殺之其大將汪端刼保權及家屬亡匿江南岸僧寺中處耘遣田守琦帥師渡江獲之以歸宋主釋其罪以爲右千牛衛上將軍汪端猶擁衆寇掠宋師擊殺之湘湖悉平得州十四監一縣六十六户九萬七千三百八十八

宋初定折杖法流刑四曰加役流杖二十配役三年流三千里杖二十二千五

百里杖十八二千里杖十七並配役一年徒刑五曰徒三年杖二十二年半杖十八二年杖十七一年半杖十五一年杖十二杖刑五曰杖一百爲杖二十九十爲十八八十爲十七七十爲十五六十爲十三杖皆背受笞刑五曰笞五十爲十下四十三十爲八下二十十爲七下笞皆臀受

夏四月宋行應天歷王朴欽天歷推驗稍疎司天少監王處訥製新歷上之賜名應天頒行焉

宋置義倉于州縣五季之亂義倉多廢宋主詔曰多事之後義倉廢寢歲或小歉失於豫備宜令諸州於所屬縣各置義倉自今官所收二稅石別輸一斗貯之以備凶歉給貸

唐清源將陳洪進幽其留後張漢思而代之漢思患洪進專因設燕伏甲將殺之酒數行地忽大震棟宇欲壞坐立者不自持同謀者懼因以告洪進洪進亟走出甲士皆散洪進然之一日洪進袖大鎖安步入府中叱直兵退漢思方坐內齋洪進即合其戶而鎖之使人叩戶言曰郡中軍吏請副使知軍務衆情不可違幸授之印漢思皇懼不知所爲即自門間出印與之洪進遽召將吏曰留後

授吾印以莅事衆皆賀即日迁漢思別墅以兵守之遣使請命于唐唐以爲節度使宋以張暉爲鳳州團練使初宋主既平澤潞欲事河東問計于暉暉曰澤潞瘡痍未瘳軍旅荐興恐不堪命不若戢兵育民俟富庶而圖之宋主以爲然至是欲謀蜀乃以暉鎮鳳州暉盡得蜀虛實險易以聞宋以大理正奚嶼知館陶縣以朝官知縣革藩鎮之弊也秋七月宋主幸武成王廟宋主幸武成王廟歷觀圖壁指白起曰起殺已降不武之甚豈宜受享命去之宋判大理寺竇儀上重定刑統凡三十卷時稱詳允八月宋王全斌侵北漢克樂平縣以爲平晉軍遼人救漢不及而還○冬十月宋以高繼冲爲武寧節度使鎮徐州十一月宋主有事于南郊赦○十二月宋后王氏殂謚曰孝明祔葬安陵陳洪進入貢于宋洪進以宋日強大而懼遣

牙將魏仁濟間道奉表自補清源軍節度副使入貢于宋且請制命焉

宋初置諸州通判宋主懲五季藩鎮之專頗用文臣知州以分節度刺史之權趙普請設通判于諸州凡軍民之政皆統治之事得專達與長吏均禮大州或置二員又令節鎮所領支郡皆直隸京師得自奏事不屬諸藩於是節度使之權始輕矣

溪州蠻彭允林附于宋

甲子宋乾德二年凡六國一鎮

春正月宋范質魏仁浦王溥罷質等自以周朝舊臣稍存形迹屢求避位至是從之自唐以來宰相入見議大政事必命坐面論從容賜茶而退質等憚宋主英武每事輒具劄子進呈且言曰如此庶盡稟承之方免妄庸之失宋主從之由是坐論之禮始廢

宋以趙普為門下侍郎同中書門下平章事李崇矩為樞密使普既相以天下為己任宋主倚任之事無大小悉咨決焉宋主數微行過功臣家普每退朝不敢去衣冠一日大雪向夜普意

宋主不出久之聞叩門聲普亟出宋主立風雪中普皇恐
拜迎宋主曰已約光義矣已而光義至設重裀地坐堂中
熾炭燒肉普妻行酒宋主以嫂呼之因與普計下太原普
曰太原當西北二面太原既下則我獨當之不如姑俟削
平諸國則彈丸黑子之地將安逃乎宋主曰吾意正如此
特試卿耳宋主又嘗以幽燕地圖示普問進取之策普曰
圖必出曹翰宋主曰然因曰翰可取否普曰翰可取孰可
守宋主曰以翰守之普曰翰死孰可代宋主默然良久曰
卿可謂深慮矣普嘗薦某人爲某官宋主不許明日普復
奏其人亦不許明日普又以其人奏宋主大怒裂碎奏牘
擲地普顏色不變跪而拾之以歸他日補綴舊牘復奏如
初宋主乃悟卒用其人又有羣臣當遷官宋主素惡其人
不與普堅以爲請宋主怒曰朕固不爲遷卿若之何普曰
刑以懲惡賞以酬功古今通道也且刑賞天下之刑賞陛
下豈得以喜怒專之宋主怒甚起普亦隨之宋主入宫普
立宫門久之不去竟得俞允其剛毅果斷類如此然從宋
主久得志屢以微時所不足於宋主及己者爲言宋主曰
若塵埃中可識天子宰相則人皆物色之矣自是不復敢

言二月宋李繼勳侵北漢遼州克之○宋折德扆侵北漢衛州執其刺史楊璘以歸○宋以陳洪進爲平海軍節度使洪進事宋甚謹宋改清源爲平海軍授之以其長子文顯爲副使夏四月宋以薛居正呂餘慶參知政事宋主以趙普獨相欲置副而難其名稱問翰林承旨陶穀曰下宰相一等有何官對曰唐有參知政事乃以樞密直學士薛居正兵部侍郎呂餘慶並以本官參知政事不押班宣制知印不預奏事不升政事堂止令就宣徽使廳上事殿廷別設磚位敕尾署銜降宰相月奉雜給半之未欲與普齊也宋以秦再雄爲辰州刺史自晦以黔中地置辰州唐分爲錦溪巫敘四郡唐末蠻酋分據之各保險阻以自固時出寇鈔宋既平湖南思得通蠻情習地勢沈勇智謀者以鎮撫之辰州徭人秦再雄武健有奇略蠻黨畏服宋主召至汴察其可任擢爲刺史使自辟吏予以租賦再雄感恩誓以死報至州日訓士兵得三千人皆能被

甲渡水歷山飛塹捷如猨猱又選親校二十人分使諸蠻以傳朝廷懷徠之意莫不從風而靡各得降表以聞自是荆湖無復邊患六月宋主加其弟光義中書令光美同平章事德昭貴州團練使德昭宋主長子也冬十一月宋永安節度使折德扆卒以其子御勳知府州事德扆鎮府州甚得蕃情契丹畏之宋主全斌劉光義帥師分道伐蜀蜀主日事奢縱以王昭遠伊審徵韓保正趙崇韜分掌機要總統軍政太后李氏嘗謂蜀主曰吾見莊宗及尒父滅梁定蜀當時主兵者非有功不授故士卒畏服今昭遠乃汝給事左右之人保正又世祿之子素不習兵一旦有警此輩何所用之蜀主不聽及宋下荆湖蜀主欲通使昭遠等固止之宋主詔蜀之郎吏將卒先在江陵者悉放還而蜀主遣趙彥韜孫遇為諜入汴覘強弱彥韜潛以蜀主與北漢約同舉兵濟河蠟書獻之宋主久欲伐蜀而無詞及得書喜曰吾用師有名矣令彥韜等指畫江山曲折之狀及兵

砦戍守之處道里遠近俾畫工圖之十一月以王全斌劉光義爲西川行營前軍兵馬都部署崔彦進王仁贍劉廷讓曹彬副之將步騎六萬分道伐蜀且命爲蜀主治第於汴水之涯凡五百餘間供帳什物備具召全斌以畫授之且謂曰凡克城寨止籍其器甲芻糧悉以財帛分給將士吾所欲得者其土地耳全斌等由鳳州光義等由歸州進

十二月宋劉光義克蜀夔州初夔州有鏁江爲浮梁上設敵棚三重夾江列礮具光義將行宋主示以地圖指鏁江曰我軍至此泝流而上慎勿以舟師爭勝當先以步騎陸行出其不意擊之俟其勢却即以戰艦夾攻取之必矣及師至夔距鏁江三十里舍舟步進先奪浮梁復牽舟而上破州城蜀守將高彦儔自焚死悉如宋主計

宋王全斌克蜀興州遂及蜀韓保正戰于三泉獲之全斌克萬仞燕子二砦遂下興州敗二十餘砦所向克捷獲糧儲不貲蜀主遣韓保正李進等禦之全斌先鋒將史進德與戰于三泉砦擒保正及進等獲糧二十萬

宋命判太常寺和峴定雅樂

宋主以雅樂聲高近於哀思不合中和詔峴改定峴以王朴律準較洛陽司天臺影表石尺製律呂樂始和暢焉

乙丑 宋乾德三年是歲宋滅蜀凡五國一鎮

春正月宋王全斌克蜀劍門獲其樞密使王昭遠蜀主孟昶降全斌等次于成都 王全斌等乘勝而前蜀主遣王昭遠趙崇韜等帥兵禦之將行蜀主命左僕射李昊餞于郊昭遠酒酣攘臂言曰是行也非止克敵當領此二三萬雕面惡少兒取中原如反掌耳及行執鐵如意指麾軍事自方諸葛亮宋師至羅川蜀師依江列陣以待崔彥進遣張萬友等奪其橋蜀人退保大漫天砦彥進萬友與康延澤分三道擊之蜀人悉其精銳逆戰大敗而潰王昭遠等復引兵迎敵三戰皆敗昭遠渡桔柏江焚梁退保劍門宋師進次于益光全斌會諸將議曰劍門天險諸君宜各陳進取之策軍校向韜曰降卒牟進言益光江東越大山數重有狹徑名來蘇蜀人於江西置砦對岸有渡自此出劍關南二十里至清強與大路合可於此進兵即劍門不足恃也全斌即欲卷甲赴之康延澤曰來蘇

細徑不須主帥親往且蜀人屢敗併兵退守劍門莫若諸帥協力進攻命一偏將趨來蘇君達清強北擊劍閣與大軍夾攻破之必矣全斌乃令史進德趨來蘇而自帥大衆前進進德至來蘇造浮梁于江蜀人見梁成棄砦而遁遂進次清強王昭遠聞之留其偏將守劍門自引衆退屯漢源坡以待全斌未至漢源進德已克劍門昭遠股慄失次甲戌全斌至趙崇韜布陣將戰昭遠據胡床皇懼不能起全斌進擊大破之斬首萬餘級昭遠走投東川匿倉舍下悲嗟流涕目盡腫惟誦羅隱詩云運去英雄不自由俄而宋追者至與崇韜俱被執蜀主聞昭遠敗大懼出金帛募兵令太子玄喆統之李廷珪張惠安等爲之副趨劍門以禦宋師玄喆素不習武廷珪又皆庸懦無識玄喆離成都但攜姬妾樂器及伶人數十輩晨夜嬉戲不恤軍政至綿州聞已失劍門遂遁還東川所過焚廬舍倉廩而去壬午全斌克利州得其糧八十餘萬斛蜀主皇駭問計于左右有老將石斌對曰宋師遠來勢不能久請聚兵固守以老之蜀主曰吾父子以豐衣美食養士四十年及遇敵不能爲我東向發一矢今若固壘何人爲我效命甲申全斌進

次魏城蜀主命李昊草表請降全斌受之遣康延澤以百騎先入成都諭以恩信留三日盡封府庫而還全斌等乃入城時劉光義克萬施開忠遂五州聞蜀主已降乃引師會全斌于成都宋師自發汴至受降凡六十六日得州四十五縣百九十八戶五十三萬四千三十九初全斌之伐蜀也屬汴京大雪宋主設氈帷于講武殿衣紫貂裘帽以視事忽謂左右曰我被服如此體尚覺寒念西征將士衝冒霜雪何以堪處即解裘帽遣中使馳賜全斌仍諭諸將曰不能徧及也全斌拜賜感泣故所向有功

二月壬寅朔日當食不虧○三月

宋兩川兵起王全斌等平之王全斌等在蜀晝夜宴飲不恤軍士部下漁奪無厭蜀人苦之曹彬屢請旋師全斌等不從既而宋主詔發蜀兵赴汴州人給錢十千未行者加兩月廩食全斌等不即奉命蜀兵憤怨思亂兩路隨軍使臣常數十百人全斌崔彥進王仁贍等各保庇之不令部送蜀兵但分遣諸州牙校三月蜀兵行至緜州遂作亂劫屬邑衆至十餘萬自號興國軍獲蜀文州刺史全師雄推以爲帥全斌遣米光緒往招

撫之光緒盡滅師雄之族納其愛女私其妻[illegible][illegible][illegible]聞之遂無歸志率衆攻彭州據之自稱興蜀大王開[illegible][illegible]署節帥二十餘人分據要害兩川民爭應之崔彥[illegible][illegible][illegible]暉田欽祚等分道攻討為師雄所敗彥暉戰死全[illegible]又[illegible]張廷翰張煦擊之復不利退保成都師雄勢益張[illegible][illegible]分守綿漢閬劍閣道緣江置砦聲言欲攻成都於是邛[illegible]眉雅果遂渝合資簡昌普嘉戎榮陵十六州及成[illegible][illegible]縣皆起兵應師雄全斌等大懼時成都城中降兵未遣者尚二萬七千全斌慮其應賊與諸將謀誘致夾城中盡殺之乂之曹彬劉廷讓力戰大破師雄於新繁師雄走保郫縣全斌仁贍等復攻之師雄走死于金堂餘黨復推謝行本為主康延澤丁德裕等分道招輯蜀人始定

宋置封椿庫　宋既平荆湖西蜀儲積充羨乃於講武殿後置內庫以貯金帛為軍旅飢饉之備名曰封椿

夏六月

宋封孟昶為秦國公尋卒　二月宋以呂餘慶權知成都府三月蜀主昶舉族與官屬由峽江而下五月乙亥至汴率子弟素服待罪闕下丙戌宋主御崇元殿備禮見之賜賚甚厚六月甲辰拜昶開府儀同

三司撿校大師兼中書令秦國公子玄喆爲泰寧軍節度使從臣親屬使官有差庚戌昶卒宋主廢朝五日御正衙備禮冊命爲尚書令追封楚王謚恭孝昶母李氏本唐莊宗宮妾也至汴宋主命肩輿入宮謂之曰國母善自愛無戚戚懷鄉土異日當送母歸李氏曰妾本太原人倘得歸老并土妾之願也時宋主有志于漢聞之甚喜及昶卒不肯哭以酒酹地曰汝不死社稷貪生以至今日吾所以忍死者以汝在尓今汝既死吾何用生爲不食數日亦死宋主聞而傷之初宋主將改元諭宰相曰年號須擇前代所未有者及蜀平蜀宮人入內宋主見其鏡背有識乾德四年鑄者召翰林學士竇儀問之儀對曰此必蜀物蜀主嘗有此號宋主大悅曰作相須用讀書人由是益重儒者宋主嘗見昶寶裝溺器命撞碎之曰汝以七寶飾此當以何器貯食所爲如是不亡何待也秋七月宋初置諸路轉運使自唐開元天寶以來藩鎮屯重兵租稅所入皆以自贍名曰留使留州其上供者甚少五代以降藩鎮益強率令部曲主場務厚斂以入己而輸貢有數宋主素知其弊趙普乞命諸州度支經費外凡

金帛悉送汴都無得占留每藩鎮帥缺即令文臣權知所在場務凡一路之財置轉運使掌之雖節度防禦團練觀察諸使及刺史皆不預簽書金穀之籍於是財利盡歸于上矣冬十二月回鶻于闐入貢于宋

丙寅宋乾德四年凡五國一鎮春正月宋以孔宜爲曲阜主簿奉孔子祀宜孔子四十四代孫而文宣公仁玉之子也五季以來襲封廢絶至是命宜主祀事夏五月宋主策賢良方正之士于紫雲樓宋主承唐制置賢良方正能直言極諫經學優深可爲師法詳閑吏理達於教化三科以待天下之才傑不限前資見任職官黄衣草澤悉許應詔對策三千言詞理俱優者則中選謂之制舉是年宋主親試制科々姜涉等於紫雲樓下占城入貢于宋○宋除進羨餘賞令時三司令諸場院主吏有羨餘粟及萬石芻五萬束以上者賞宋主曰苟非倍取民租私減軍

食何以致之自今勿復施行秋七月西南夷董暠附于宋

丁卯宋乾德五年凡五國一鎮春正月宋召王全斌等還貶官有差以曹彬爲宣徽南院使宋主自聞蜀兵亂凡使者至各令陳王全斌等不法事遂盡得其狀乃皆徵還以其初立功不欲屬吏但令中書問狀全斌等具伏黷貨殺降之罪命責授全斌崇義節度留後崔彥進昭化節度留後王仁贍爲右衛大將軍以劉光義劉廷讓廉謹並進爵伏復呂餘慶參知政事曹彬自蜀還橐中唯圖書衣衾又能戢下秋毫無犯宋主嘉之以爲宣徽南院使彬辭曰征西將士俱得罪臣何敢獨受賞宋主曰卿有茂功又不矜伐懲勸國之常典又何辭焉二月宋以沈義倫爲樞密副使義倫爲西川轉運使隨軍入蜀獨居佛寺蔬食及歸篋中唯書卷而已故有是命三月五星聚于奎○夏六月戊午朔日有食之○宋殿前都指揮使韓重贇

免或譖重贇私取親兵爲腹心者宋主怒欲誅之謀於趙普普曰陛下必不自將親兵須擇人付之若重贇以譴誅即人人懼罪誰敢爲陛下將者宋主然之乃出重贇爲彰德節度使而止秋九月宋定難節度使西平王李彝興卒子克睿嗣彝興即彝殷也

戊辰宋開寶元年北漢主繼元廣運元年○凡五國一鎮春二月宋立后宋氏右衛上將軍偓之女也三月宋初覆試貢士是歲進士合格者十人陶穀子邴名在第六宋主謂左右曰聞穀不能訓子邴安得登第自今舉人凡關食祿之家委中書覆試宋以董遵誨爲通遠軍使遵誨父宗本仕漢爲隨州刺史宋主微時客遊至漢東依宗本遵誨憑藉父勢嘗侮之一日謂宋主曰每見城上有紫雲如蓋又夢登高臺遇黑蛇約長百尺餘俄化龍飛騰東北去雷電隨之是何祥也宋主皆不對他日論兵遵誨理屈拂衣起宋主乃辭宗本去自是紫雲漸散宋主即位召遵誨諭之曰卿尚記曩日紫雲黑龍之

事乎遵誨皇恐請死宋主曰朕方赦過賞功豈念舊怨耶乃自驍武指揮使拜馬軍都軍頭至是以夏州近邊授通遠軍使遵誨至鎮召諸族酋長諭以朝廷威德封羊釀酒宴犒甚至衆皆感悅數月復來擾邊遵誨率兵深入其境俘斬甚衆獲牛馬數萬夷落以定自是各謹封略秋毫不敢犯

秋七月北漢主鈞殂養子繼恩立北漢自潞州之敗日懼宋師至以趙文度爲相召抱腹山人郭無爲及五臺山僧繼顒參預國事既又殺其樞密使段常而以郭無爲爲相機務悉以委之遼主遣使責之曰爾不稟我命擅改年號助李筠殺段常其罪有三漢主遣使謝曰父爲子隱頗救之遼主不報而拘留其使漢主益憂憤成疾殂初護聖營卒薛釗娶世祖女生繼恩及世祖鎮太原爵位通顯釗以微賤罕得見其妻居常怏怏一日乘醉求見即引佩刀刺之妻奪衣得脫劍乃自剄繼恩時幼世祖以漢主鈞無子命養之薛釗妻乃歿適何氏生繼元漢主又養爲子至是繼恩即位謚鈞曰孝和皇帝初宋主嘗因諜者謂漢主曰君家與周世讎宜於不屈今我與尒無所間何爲困此一方人也若有志中

國宜下太行以決勝負漢主遣諜者報曰河東土地甲兵不足以當中國然我家世非叛者區區守此蓋懼漢氏之不血食也宋主哀之謂諜者曰爲我語鈞開爾一生路故終鈞世不加兵焉

八月宋李繼勲帥師侵北漢九月漢侯霸榮弑其主繼恩 宋主遣昭化節度使李繼勲帥党進曹彬何繼筠康延沼趙贊司超李謙溥等以禁軍伐漢九月庚子繼勲敗漢兵于洞渦河初侯霸榮嘗以散指揮使戍樂平及宋克樂平霸榮以衆降之未幾自宋走還太原漢主鈞復用爲供奉官及宋師大入霸榮謀持繼恩首以獻宋乃乘無備白晝挺刃入漢主寢室反扃其門時漢主獨處見之繞牀環走霸榮撾胷弑之

北漢相郭無爲誅侯霸榮漢主繼元立 郭無爲聞漢主被弑遣卒登梯入室殺霸榮而立繼元

遼師救北漢 漢主繼元告即位于遼且乞師遼主大發兵遣兵馬總管撻烈將而赴之

冬十一月宋主有事于太廟 宋主享太廟見其所陳籩豆簠簋問曰此何物也左右以禮器對宋主曰

吾祖宗寧識此亟命撤去進常膳如平生既而曰古禮不可廢也命復設之遂遵唐故事每室加常食一牙盤云

大食入貢于宋

己巳　宋開寶二年遼景宗賢保寧元年○凡五國一鎮　春二月遼人弒其主璟于懷州　遼主荒耽于酒好畋嗜殺刑政紊亂嘗以虞人沙剌迭備鵝失期加炮烙鐵梳之刑以死又以獲鴨除鷹坊刺面腰斬之法國人怨之至是田于懷州獲熊而飲甚驩夜分近侍小哥盥人花哥庖人辛古等弒之　遼主賢立　賢小字明扆世宗第二子也聞遼主被弒帥甲騎千人馳赴懷州即位群臣尊曰天贊皇帝加耶律屋質于越知國事

宋主侵北漢三月圍太原　宋主命李繼勳等進薄太原復命韓重贇爲北面都部署防契丹以光義爲上都留守遂發汴三月乙未繼勳敗漢兵于太原城下戊戌宋主至築長連城圍之漢史昭文以憲州趙文度以嵐州降乙巳壅汾水以灌城中遂立砦於城四面繼勳軍於南趙贊軍於西曹彬軍於北

党進軍于東城中大懼然猶恃遼爲援四月己未何繼筠逆遼師于陽曲敗之斬首數千宋主命以所獲遼俘示於城下城中由是喪氣五月韓重贇復敗遼師**夏五月宋初命諸州獄吏恤囚**宋主以暑盛詔獄吏三日一檢視洒掃獄戶洗滌杻械貧者給食病者給藥小罪即時決遣自是歲以爲常**閏月宋師還太原圍解**太原圍久遼援不能進宋主詔繼元降許以青州節度使且許郭無爲邢州節度使無爲得詔色動一日因燕羣臣無爲慟哭于庭曰令日以孤城抗宋六衆計將安出引佩刀欲自刺冀動衆心漢主遽降階執其手引升坐而止及南城爲汾水所陷水注城中無爲請自將夜擊欲自拔附宋值天陰晦不克漢主知其意遂殺無爲城中紛擾俄而出兵欲戰又爲宋所敗死者萬計至夜半忽傳呼漢主出降宋主將開壁門八作使尚璲曰受降如受敵臣可中夜輕出已而果諜者時宋師頓于甘草地會暑雨軍士多疾太常博士李光贊言曰蕞尔晉陽豈須親討重勞飛輓耿然黔黎豈若回鑾復都屯兵上黨使夏取其麥秋取其禾既寬力役之征

便是蕩平之策宋主從之乃命趙普諭諸將解圍而還〇秋九月宋初令民典賣田宅者輸錢印契

庚午宋開寶三年凡五國一鎮春三月宋賜舉人久不第者出身宋主閱進士諸科得十五舉以上司馬浦等百六人心憐之詔賜本科出身特許進名科自此始宋徵處士王昭素為國子博士昭素有學行宋主召見便殿年已七十餘矣問以治世養身之術對曰治世莫若愛民養身莫若寡慾宋主愛其言書于屏几夏四月辛卯朔日有食之〇五月宋置便錢務宋取唐飛錢故事許民入錢于左藏庫以諸州錢給之至是始置務汴京令入錢者即日輦致而受券付諸州給之秋九月宋詔備前朝諸陵被盜發者詔洛陽鳳翔雍耀等州周文成康王秦始皇漢高文景武元成哀後魏孝文西魏文帝後周太祖唐高祖太宗中宗肅宗代德武宣懿僖

昭諸帝凡二十七陵嘗被盜發者有司備法服常服各一襲具棺槨重葬所在長吏致祭

宋潘美帥師伐南漢冬十二月克韶州南漢主委政宦者龔澄樞尤貴幸用事作燒煮剝剔刀山劍樹之刑賦歛煩重邕民入城者人輸一錢瓊州米斗稅四五錢置媚川都定其課令入海採珠所居宮殿以珠玳瑁飾之內官陳延受作諸淫巧日費數萬金宮城左右離宮數十鋹游幸無度以豪民爲課戶供宴犒之費宋主聞之歎曰吾當救此一方民乃令南唐主爲書諭鋹使稱臣歸所侵湖南諸州鋹因唐使而驛書答唐主言甚不遜唐主上其言宋主乃以潘美爲桂州道行營都部署尹從珂爲副以伐之時漢舊將多以讒搆誅死宗室剪滅殆盡掌兵者惟宦官數輩自漢主晟以來耽於遊宴城壁濠隍徃徃飾爲宮館池沼樓艦皆毀兵器又腐及聞有宋師內外震恐乃遣龔澄樞徃賀州郭崇岳徃桂州李托徃韶州畫守禦之策九月宋師至富州克之斬其將伍彥柔澄樞遁還十月宋師克賀州十一月進攻昭桂下之十二月克連州大敗漢兵斬首萬餘乘勝遂下韶州韶漢之北門也鋹聞韶

破窮蹙不知爲計始令塹廣州東壕遣郭崇岳屯馬逕以禦宋崇岳無謀勇唯日禱于鬼神而已

辛未 宋開寶四年是歲宋滅南漢凡四國一鎮 春二月宋潘美滅南漢執漢主劉鋹以歸 正月潘美克英雄州漢都統潘崇徹以其衆降宋師進次瀧頭漢主遣王珪請和且求緩師美不許進兵馬逕去廣城十里砦于雙女山下漢主聞之取舶船十餘載金寶妃嬪欲入海未及發宦者樂範與衛士千餘盜舶船走宋師將薄城漢主懼遣其左僕射蕭漼奉表詣軍門乞降美諭以宋主意以爲能戰則戰不能戰則守不能守則降不能降則死不能死則亡此五者唯所行之他不敢聞也乃令殿直冉彥衮送蕭漼赴汴而次師城外漢主欲遣其弟保興率百官以迎宋師郭崇岳止之乃復爲扞禦之備美遂進攻保興迎戰而敗崇岳爲亂兵所殺城遂陷龔澄樞等謀曰宋師利吾寶貨耳乃盡焚其府庫宮殿美入城擒漢主及保興澄樞李托薛崇譽與其宗屬文武九十七人部送汴京有宦者百餘請見美曰是椽人多矣吾奉詔伐罪正爲此等悉斬之凡得州六十

縣二百四十户一十七萬二百六十二

夏六月宋封劉鋹爲恩赦侯五月乙未朔鋹至汴宋主遣呂餘慶問鋹反覆及焚府庫之罪鋹歸罪于龔澄樞明日有司以帛繫鋹及其官僚獻于廟社宋主御明德門遣刑部尚書盧多遜宣詔責鋹鋹對曰臣年十六僭僞位澄樞等皆先臣舊人每事臣不得專在國時臣是臣下澄樞是國主因伏地待罪宋主命大理卿高繼申引澄樞李托薛崇譽斬于千秋門外釋鋹罪賜襲衣冠帶器幣鞍馬授金紫光祿大夫檢校太保右千牛衛大將軍封恩赦侯鋹體質豐碩眉目俱疏有口辯性絶巧嘗以珠結鞍勒爲戲龍之狀極其精妙以獻宋主謂左右曰鋹好工巧習以成性儻能以習巧之勤移於治國豈至滅亡哉一日從宋主幸講武池從官不集鋹先至賜以卮酒鋹疑有毒捧杯泣曰臣承祖父基業違拒朝廷勞王師致討罪固當誅陛下既待臣以不死願爲大梁布衣觀太平之盛未敢飲此酒宋主笑曰朕推赤心於人腹中安有此事耶命取鋹酒自飲而別酌以賜鋹鋹大慙謝

宋御史中丞劉温叟卒温叟重厚清介好古執禮

爲中丞十二年屢求解職宋主難其代不許及卒有司請除中丞宋主曰必得川純厚如溫叟者乃可命太子賓客邊光範兼判御史臺事居半歲始授中丞其不輕任人如此冬十月癸亥朔日有食之○宋知英州董元吉有罪棄市元吉守英州餘受贓至七十餘萬宋主以嶺表初平欲懲掊克之吏特詔棄市十一月唐主使其弟從善朝于宋乞降號稱名宋主許之唐主事宋甚謹每聞宋有嘉慶吉凶之事必遣人貢獻弔賀外示畏服內實脩備及南漢亡懼甚上表於宋乞去國號改爲江南國主且請賜詔呼名宋主許之唐主乃貶損制度下書稱教改中書門下爲左右內史府尚書省爲司會府其餘官稱多所更定先是唐主以銀五萬兩遺趙普普以白宋主宋主曰汝不可不受但以書荅謝少賂其使者可也普辭宋主曰大國之體不可自爲削弱當使之莫測及從善來朝常賜外密賚白金如遺普之數唐君臣皆震服宋主之偉度

壬申 宋開寶五年 凡四國一鎮 春二月宋以劉熙古參知政事○夏五月大雨河決宋主[illegible]人○秋九月丁巳朔日有食之○宋李崇矩罷 崇矩女爲趙普子承宗妻二人相厚善宋主聞之不悅會崇矩客鄭伸以崇矩待之薄上書告其陰事崇矩不能自明遂罷而普由是見疑

癸酉 宋開寶六年 凡四國一鎮 春二月高麗王昭卒子伷立○三月宋鄭王鄭宗訓卒于房州諡曰周恭帝葬于順陵 鄭王殂宋主素服發哀輟朝十日諡曰周恭帝還葬慶陵之側號曰順陵焉 宋主覆試貢士於講武殿 承唐制禮部貢舉設進士九經五經開元禮三史三禮三傳學究明經明法等科是年翰林學士李昉知貢舉取宋準以下十一人而進士武濟川三傳劉睿材質俱陋對問失次宋主黜之而濟川乃昉鄉人會有訴昉用情取舍宋主

乃籍終場下第姓名得三百六十人皆召見擇其一百九十五人并準以下親御殿給紙筆別試命殿中侍御史李瑩等爲考官得進士諸科百二十五人皆賜及第且賜錢二十萬以張宴會而責昉爲太常少卿殿試遂爲永制宋主謂近臣曰昔者科名多爲勢家所取朕親臨試盡革其弊矣夏四月宋命薛居正監修五代史○五月宋劉熙古致仕○交州丁璉入貢于宋宋封璉爲交阯郡王梁末交州土豪曲承美乘中國之亂據有十二州之地南漢攻執之仍置交阯節度使乾德初驩州刺史丁公著之子部領攻節度使吳處玶而據其地自號大勝王以其子璉爲節度使漢既亡璉入貢于宋宋璉帥靜海軍節度使安南都護交阯郡王遼耶律屋質卒○宋武寧節度使高繼沖卒繼沖鎮彭門幾十年委任僚佐部內小治宋使錢文贄還吳越吳越事宋極謹宋主命有司造大第於薰風門外連亘數坊棟宇宏麗儲積什物無不悉具因召吳越進

奏使錢文贄謂之曰朕數年前令陶穀草詔北來城南建
離宮今賜名禮賢宅以待李凝及汝主先來朝者居之以
詔示文贄
遣還諭旨

秋八月宋趙普免

普獨相十年爲政頗專嘗以私怨誣馮瓚李美李檝以贓
論死廷臣多忌之宋主嘗幸其第會吳越遣使致書于普
及海物十瓶置于廡下未及發而宋主至倉卒不暇屏宋
主顧問何物普以實對宋主曰海物必佳即命啓之皆瓜
子金也普皇恐謝曰臣未發書實不知宋主曰第受之彼
謂國家事皆由汝書生耳時官禁私販秦隴大木普遣親
吏詣市屋材聯巨筏至汴治第吏因之竊貨大木冒稱普
市貨鬻都下三司使趙玭以聞宋主大怒即欲逐普王溥
力爲救解得止普又以隙地私易尚食蔬圃以廣其居多
營邸店以規利翰林學士盧多遜方以文學得幸而與普
不協數因入對短普宋主滋不悅判大理寺雷德驤以
其官屬與堂吏附會普擅增刑名愬宋主言之宋主怒德
驤誣毀大臣黜爲商州司戶知州奚嶼希普意奏德驤怨
望坐削籍流靈武其子有鄰意普害之擊登聞鼓訟普親
信堂吏胡贊李可度受賕骪法普復芘二人宋主怒杖贊

可度而召德驤爲秘書丞權有隣秘書正字普恩益替會詔參知政事與普更知印押班奏事以分其權普不自安求罷政遂出爲河陽三城節度使普至河陽上表自訴曰外人謂臣輕議皇弟開封尹皇弟忠孝全德豈有間然矧昭憲皇太后大漸之際臣實預聞顧命知臣者君願賜昭鑒宋主手封其表藏諸宮中九月宋呂餘慶罷。宋主封其弟光義爲晉王兼侍中班宰相上宋主加其子德昭同平章事。宋以薛居正沈義倫平章事盧多遜參知政事多遜博學書文敏給任數諛多奇中以翰林學士判史館宋主好讀書每取書館中多遜預戒吏必令白已知所取因通夕閱覽及召對宋主問書中事應荅無滯同列皆伏由是有寵冬十二月宋行開寳通禮宋主命李昉劉温叟本開元禮損益爲書二百卷號通禮行之

甲戌宋開寳七年凡四國一鎮春二月庚辰朔日有食之。三月宋遣

使如遼。夏四月遼使耶律昌朮如宋始通也。三佛齊入貢于宋。秋七月南丹州蠻莫洪皠附于宋。九月宋曹彬帥師侵唐。宋主欲伐唐而無名乃遣知制誥李穆使唐諭唐主入朝唐主辭以疾且言事大朝冀全濟也今若此有死而已穆曰朝與否國主自處之然朝廷甲兵精銳物力富贍恐不易當也宜熟思之無貽後悔唐主不從而遣使求封冊宋主不許命梁迥復使諷之入朝唐主不答迥還具言江南可取之狀宋主與趙普定計伐之且曰王全斌平蜀多殺降人吾思之常耿耿不可用也普曰全斌殺降唯曹彬不從請用之會普免事已至是乃命曹彬爲西南路行營都部署潘美爲都監曹翰爲先鋒都指揮使將兵十萬以伐唐將行宋主戒彬曰江南之事一以委卿切勿暴掠生民務廣威信使自歸順不煩急擊也又曰城陷之日慎無殺戮設若困鬬則李煜一門不可加害且以劍授彬曰副將而下不用命者斬之潘美等皆失色十月彬等發江陵水陸並進閏月克池州敗唐兵于銅陵遂次采石磯初唐池州人樊若水以舉進士不第因謀歸宋乃漁釣於采石江上數月乘小舟載絲繩維南岸疾棹抵北岸以度江之廣狹因詣汴上書言江南可取狀請造浮梁以濟師宋主然之遣內侍石全振往荊湖造黃黑龍船數千艘又以大繼載巨竹絙自荊渚而下議者以爲自古未有作浮梁渡江者宋主不聽擢若水右贊善大夫及師南下以若水爲鄉導既克池即用若知州十一月若水請識舟於石牌口遂移置采石三日而成不差尺寸宋師因以濟江若履平地與唐師遇輒敗之時唐主委兵柄于皇甫繼勳機事於張洎張喬以徐元瑀爲傳詔每軍書告急多不時通

冬十月宋五代史成 凡百五十卷宋主覽之謂宰相曰梁太祖暴亂若此宜其賊虐於子也

十二月吳越王俶圍唐常州 宋令也

宋命宰輔日錄時政送史館 從史館修撰扈蒙之請也日曆自是修矣

乙亥 宋開寶八年是歲宋滅唐凡三國一鎮 春正月宋曹彬圍唐江寧 曹彬再敗

唐師于白鷺洲遂溥江寧壘之三月遼使克沙骨愼思如宋結成也夏四月宋以衛德仁爲大樂署令教坊使衛德仁以老援同光故事求領郡宋主曰伶人爲刺史唐莊宗之失也豈可傚之宰相擬州司馬宋主曰上佐乃士人所處不可但當於樂部遷轉耳故有是命吳越王俶克唐常州歸之于宋○秋七月辛未朔日有食之○宋使郝崇信如遼報使也東印度酋長使其子穰結說囉朝于宋○八月遼使耶律霸德如宋致方物也西南蕃順化王入貢于宋○九月宋主狩于郊宋主射于近郊逐兎馬蹶墜地因引佩刀刺馬殺之既而悔曰吾爲天下主輕事畋獵又何罪馬哉自是不復獵宋師克唐潤州○冬十月唐主使徐鉉求成于宋宋主不許曹彬屢敗唐師于城下潤州復降唐主危迫乃

遣其吏部尚書徐鉉等貢方物于宋手書上表以求緩師鉉至言于宋主曰李煜無罪陛下兵出無名煜以小事大如子事父未有過失柰何見伐宋主曰尒謂父子爲兩家可乎鉉不能對而還踰月唐主復遣鉉乞緩師以全一邦之命鉉見宋主反覆論辨不已宋主怒曰不須多言江南亦有何罪但天下一家卧榻之側豈容人鼾睡耶鉉乃辭歸

宋詔察民孝弟力田奇材異行文武可用者以聞○十一月宋曹彬滅唐唐主李煜降被圍唐日久唐主猶不知之一日登城見列柵于外旌旗遍野始大懼知爲近習所蔽遂殺皇甫繼勳召朱令贇于上江命造巨筏載甲士十五萬順流而下以斷采石浮梁彬聞之遣戰艦都部署王明密令人制長木於洲渚間若帆檣之狀令贇望見逗撓不敢進明因獲艤諸將掎角師兵襲之令贇至皖口明合劉遇逆戰大破之擒令贇衆赴水者十五六唐人益懼求成不許彬頓師城下俟唐兵出則與之戰未嘗急攻而城中日迫彬遣人諭唐主曰事勢如此所惜者一城生聚耳若能歸命策之上也唐陳

喬張洎等每引符命謂玄象無變金湯之固未易取也北軍旦夕當自引退苟一旦不虞即臣當先死唐主深倚洎喬故無降意及城將陷彬忽稱疾不視事諸將皆來問疾彬曰余之疾非藥石所能愈惟須諸君誠心自誓以克城之日不妄殺一人則自愈矣諸將許諾共焚香爲誓明日彬稍愈又明日城陷陳喬經入白唐主曰今日國亡願加顯戮以謝國人唐主曰此乃歷數將終死無益也喬曰縱不殺臣臣何面目以見士人乎遂自經死唐主率臣僚詣軍門請罪彬慰安之待以賓禮請煜入宮治裝彬以數騎待宮門外左右密謂彬曰煜入或不測柰何彬笑曰煜素懦無斷即已降必不能自引決煜治裝畢遂與其宰相湯悅等四十八人北詣汴京彬自出師至凱旋士衆畏服無敢輕肆者江南賴以安全凡得州十九軍三縣一百八十戶六十五萬五千六十五捷至群臣稱賀宋主泣曰宇縣分割民受其禍攻城之際必有橫罹鋒刃者實可哀也命出米十萬賑卹之

宋使宋準如遼十二月遼使耶律烏正如宋賀正旦也自是歲以爲常宋進封劉鋹爲彭城

郡公

丙子（宋開寶九年十月以後太宗炅太平興國元年　凡三國一鎮）春正月宋封李煜爲違命侯（正月辛未宋主御明德門以唐主煜嘗奉正朔命勿宣露布止令煜君臣白衣紗帽至樓下待罪宋主見而釋之賜冠帶器幣鞍馬有差授煜爲光祿大夫撿校太傅右千牛衛上將軍封違命侯子姪從官皆錄用之因赦天下宋主召徐鉉責以不早勸煜降鉉對曰臣爲江南大臣國滅當死不當問其他宋主曰忠臣也又責張洎曰汝教煜不降使至今日因出洎所草召上江援兵蠟丸書示之洎謝曰犬吠非其主此其一爾他尚多有今得死臣之分也辭色不變宋主奇之以爲太子中允）二月宋以曹彬爲樞密使（初彬之總師伐唐也宋主謂曰俟克李煜當以卿爲使相潘美預以爲賀彬曰不然夫是行也仗天威遵廟謨乃能成事吾何功哉况使相極品乎美曰何謂也彬曰太原未平耳及還獻俘宋主謂曰本授卿使相然劉繼恩未下姑少待之美視彬

微笑宋主詰之美以實對宋主亦大笑乃賜彬錢二十萬彬退曰人生何必使相好官不過多得錢耳踰月拜彬樞密使

吳越王俶朝于宋俶開唐亡而懼乃與妻孫氏子惟濬孫承祐入朝于宋宋主賜禮賢宅以居親幸宴之賞賚甚厚二月賜劍履上殿書詔不名命與晉王叙昆弟之禮封孫氏為王妃留兩月遣還

三月宋主以其子德芳為貴州團練使德芳宋主少子也

宋主如洛陽宋主如西京遂拜安陵賜河南今年田租之半宋主生於洛陽樂其風土意欲留居之晉王光義言其非便宋主曰遷河南未已終當居長安耳光義問其故宋主曰長安據山河之勝且可去冗兵也光義力請還汴宋主不得已從之因嘆曰不出百年天下民力殫矣四月遂還汴

宋曹翰屠江州殺唐守將胡則唐州郡皆降宋獨江州指揮使胡則殺刺史謝彥實集衆為唐固守宋曹翰圍之四月餘則力屈被執翰殺之因縱兵悉取貲財而盡屠其民

夏五月宋使田守奇如遼賀遼主生辰也自是歲以為常

秋

八月宋党進帥師侵漢九月敗漢師于太原遼使耶律沙救漢宋主命党進潘美楊光美牛思進米文義率兵分五道以攻太原又遣郭進郝崇信王政忠閻彥進齊超孫晏宣安守忠齊延琛穆彥璋等分敗忻代汾沁遼石等州諸將所向克捷進敗漢兵於太原城北漢主急求救于遼景宗遣其相耶律沙救之

○冬十月宋主有疾壬子召其弟晉王光義入侍是夕宋主匡胤殂甲寅宋主光義立赦十月宋主不豫壬子夜召晉王入寢殿屬以後事宦官宮妾皆不得近但遙見燭影下晉王離席若有遜避之狀既而宋主引柱斧戳地大聲曰好爲之俄而宋主殂年五十宋后見晉王遽呼曰吾母子之命皆託于王王泣曰共保富貴無憂也甲寅晉王即位號宋后爲開寶皇后遷之西宮大赦天下宋主性孝友節儉質任自然不事矯飾即位之初頗好微行或諫其輕出宋主笑曰帝王之興自有天命求之亦不可得拒之亦不能止周世宗見諸將方面大耳者皆殺之我

終日侍側不能害也哉若應爲天下主誰能圖之不應爲天下主雖深居閉門何益既而微行愈數有諫者輒語之曰有天命者任自爲之不汝禁也一日罷朝坐便殿不樂者久之左右請其故曰爾謂天子容易爲耶早作乘快誤決一事故不樂耳汴京新宮成御正殿坐令洞開諸門謂左右曰此如我心少有邪曲人皆見之矣嘗謂宰相薛居正等曰朕覽爲臣者比多不能有終豈忠孝薄而無以享厚福耶宮中葦簾緣用青布常服之衣澣濯至再永康公主嘗衣貼繡鋪翠襦宋主曰汝服此衆必相倣禁之主一日勸宋主以黃金飾肩輿宋主曰我以四海之富宮殿飾以金銀力亦可辦但念我爲天下守財耳豈可妄用又嘗謂侍臣曰古之人君能正身自致無過之地如唐太宗受人諫既直詆其失曾不愧恥豈若不爲之而使下無間言哉尤注意刑辟哀矜無辜嘗讀二典嘆曰堯舜之時四凶止從投竄何近代法網之密耶故自開寶以來犯大辟非情理深害者多得貸死惟贓吏棄市則未嘗容貸也晉王嘗病亟親往視之自爲灼艾晉王覺痛宋主亦取艾自灸每對近臣言晉王龍行虎步他日必爲太平天子福德

吾所不及也善於任使即位之初交廣劍南太原荆湖江表遼夏皆敵國也因注意謀帥命李漢超屯關南馬仁瑀守瀛州韓令坤鎮常山賀惟忠守易州何繼筠領棣州郭進控西山武守琪戍晉州李謙溥守隰州李繼勳鎮昭義以禦太原趙贊屯延州姚內斌守慶州董遵誨屯環州王彥昇守原州馮繼業鎮靈武以備西夏其族屬在汴京者撫之甚厚郡中筦榷之利悉以與之恣其貿易免其所過征稅許其召募亡命以為爪牙凡軍中事皆得便宜每入朝必召對命坐厚為錫賫以遣之由是邊臣富貲能養死士使為間諜洞知敵情及其入侵設伏掩擊多致克捷二十年間無西北之憂以至平蜀楚拓越吳以向垂志蓋能推赤心以馭群下之所致也元年有州百一十一縣六百三十八户九十六萬七千三百五十三末年有州二百九十七縣一千八十六户三百九萬五百四云史臣曰太祖起介胄之中踐九五之位原其得國視晉漢周亦豈甚相絕哉及其發號施令名藩大將俯首聽命四方列國次第削平此豈人力也耶觀其釋藩鎮兵權繩贓吏重法以塞濁亂之源州郡司牧下至令録幕職躬自引對務農興

學慎罰薄斂與世休息迄於五平治定功成制禮作樂傳之子孫世有典則遂使三代而降考論聲明文物之治道德仁義之風無讓於漢唐規模可謂遠矣宋主以其弟廷美爲開封尹封齊王兄子德昭爲永興軍節度使兼侍中封武功郡王德芳爲山南西道節度使同平章事興元尹廷美即光美也初太祖以德昭德芳年幼欲其漸進故不即封爵宋主即位始封德昭拜德芳使相云尋遵杜太后遺教詔太祖廷美子女並稱皇子皇女以示一體宋以盧多遜平章事楚昭輔爲樞密使○宋進封李煜隴西郡公劉鋹衛國公○十一月宋封高麗王伷爲高麗國王○宋使馮正如遼告哀也十二月宋大赦改元宋主御乾元殿受朝樂縣而不作大赦改元宋始令諸道轉運使察舉部內官吏○

遼使郎官王六蕭古只如宋郎官王六弔慰也蕭古只賀即位也

丁丑宋太平興國二年凡三國一鎮春正月宋宴貢士于開寶寺宋主思振淹滯謂侍臣曰朕欲博求俊彦於科場中非敢望拔十得五止得一二亦可爲致治之具矣及親試舉人閱其十舉至十五舉者百二十人并進士呂蒙正以下一百九人諸科二百七人並賜及第又詔禮部閱其十五舉以上進士及諸科一百八十四人並賜出身又九經七人不中格宋主憐其老特賜同三傳出身凡五百餘人皆賜緑袍鞾笏錫宴開寶寺自爲詩二章賜之初太祖幸洛張齊賢以布衣獻策條陳十事内四説稱旨齊賢堅執以爲皆善太祖怒令武士拽出之及還語帝曰我幸西都唯得一張齊賢耳我不欲爵之以官異時可使輔汝爲相也至是齊賢亦在選中有司失於掄擇寘於下第宋主不悅故一牓盡賜及第與京官授將作監丞或大理評事爲諸州通判云

宋置江南榷茶場從轉運使樊若水之請也二月宋主更名炅○三月宋

加河陽節度使趙普太子少保○夏四月宋葬太祖于永昌陵遼遣耶律敞會葬秋八月平海節度使陳洪進朝于宋○宋初罷節鎮領支郡之制高保寅知懷州懷故隸河陽而保寅與趙普有隙上疏乞罷領支郡之制右拾遺李瀚復以爲言宋主納之自是節鎮無復領支郡者矣冬十月遼遣使如宋賀生辰也自是歲以爲常宋榷酒酤○十有一月丁亥朔日有食之

戊寅宋太平興國三年是歲吳越附宋凡三國春二月宋立崇文院初宋置三館于長慶門北謂之西館宋主即位命於昇龍門東北剏立三館書院至是賜名崇文院遷西館書貯焉凡八萬卷三月吳越王俶朝于宋○夏四月陳洪進以漳泉二州歸于宋宋以洪進爲武寧軍節度使洪進朝于汴京因以漳泉二州十四縣戶十五萬一

劉岱　徐進

千九百七十八獻之宋授洪進武寧節度使同平章事留之汴京諸子皆授近郡遣之官

五月吳越王錢俶以其地歸于宋宋封俶爲淮海國王（俶朝于汴會陳洪進納土而懼上表乞罷所封吳越國王及解天下兵馬大元帥并書詔不名之命歸其兵甲求還宋主不許俶乃籍境內十三州一軍八十六縣戶五十五萬六百八十兵一十一萬五千三十六獻之于宋宋以淮南節度管內爲淮海國封俶爲王授俶弟儀信並觀察使俶子惟濬惟治並節度使惟演惟顥及族屬僚佐授官有差又授其將校孫承祐沈承禮並爲節度使賜賚待遇冠絕當時尋令兩浙發俶緦麻以上親及管內官吏悉至汴京凡一千四十四艘以范旻權知兩浙諸州軍事旻上言俶在國日徭賦繁苛凡蔬果箕帚之屬悉收筭乞盡釋不取以蠲其弊宋主從之）

宋定難節度使李克睿卒子繼筠嗣

○六月宋詔自今職官受贓雖赦不得復敘（太祖之世雖大赦不釋贓吏至是復詔諸職官以贓致罪者雖會赦不得

叙永爲定制

秋七月宋隴西郡公李煜卒初曹彬令煜治裝煜方以亡國爲念不及多取留汴貧不自給言于宋主宋主命增給月奉仍賜錢三百萬年四十二而卒贈太師追封吳王

宋以孔宜襲封文宣公宋主召宜問以孔子世嗣遂命襲封宜因言歷代以聖人之後不預庸調周顯德中均田遂抑本家爲編戶至今不免詔復其家

九月宋宴羣臣于迎春苑○冬十一月戊申宋主有事于太廟己酉郊赦宋主祀天地于圜丘以太祖配大赦加恩中外自是三年而郊郊必先享太廟禮畢遂肆赦加恩以爲常制

通鑑續編卷第三

通鑑續編卷第四

宋太宗皇帝太平興國四年遼乾亨元年是歲宋滅北漢混一中原春正月

潘美帥師侵漢帝議伐漢曹彬曰以國家兵甲精銳翦太原之孤壘如摧枯拉朽爾帝意遂決乃以潘美爲北路都招討使帥崔彥進李漢瓊劉遇曹翰米信田重進分道伐漢又以郭進爲太原石嶺關都部署以斷燕薊援師遼遣撻馬長壽來言曰何名而伐漢也帝曰河東逆命所當問罪若北朝不援和約如故不然惟有戰耳

以石熙載簽署樞密院事○張思訓獻渾儀司天監學生巴中人張思訓本唐李淳風梁令瓚之法創作渾儀以獻日月行度成於自然不假人運尤爲精妙詔帝命置於文明殿東南鼓樓下擢思訓爲渾儀丞

二月帝自將侵漢○遼耶律沙救漢三月郭進敗遼師于白馬嶺漢主求救于遼遼主遣南府宰相耶律沙爲都統冀王敵烈爲

豐軍師師赴之三月乙未至白馬嶺與郭進遇沙秋阻澗以待後軍敵烈不從渡澗迎戰未成列進薄之遼師大敗敵烈等皆死會耶律斜軫兵至進引師退沙得免

夏四月以石熙載爲樞密副使

〇師圍太原五月漢主劉繼元降詔封爲彭城郡公潘美等屢敗漢兵進築長連城以圍太原矢石交下如雨漢外援不至餉道又絕城中大懼四月庚午帝至督戰益急城無完堞帝慮其城陷殺傷者衆手詔諭漢主降使者至城守陴者不納帝怒親督諸將衛士進薄城下列陣于前騎甲交射矢集城上如蝟毛五月壬午漢指揮使郭萬超踰城出降漢主親信之臣多亡城中危急帝復手詔諭漢主速降當保終始貴富詔雖入城而諸將銳攻不可遏帝猶慮城陷害良民麾兵少却癸未夜漢主遣客省使李勳奉表乞降帝許之因至城北張樂宴從臣於城臺甲申漢主率官屬縞衣紗帽待罪臺下帝賜以襲衣玉帶召使升臺漢主叩首謝罪帝釋之己丑授特進檢校太師右衛上將軍封彭城郡公賜賚甚厚命祠部郎中劉保勳知太原府折

御鄉亦攻取嵐憲州岢嵐軍凡得州十縣四十戶一十三萬五千二百二十帝作平晉詩令從臣和又授漢相李惲以下官有差

漢劉繼文奔遼遼封爲彭城郡王○帝發太原六月遂伐遼圍幽州秋七月及遼耶律休哥戰于高梁河敗績乃還

帝既克漢欲乘勝取幽薊諸將以師罷餉匱不欲行崔翰獨曰所當乘者勢也不可失者時也取之易帝意遂決五月庚子發太原六月丁卯次東易州遼刺史劉宇以城降留千兵守之戊辰次涿州遼判官劉厚德以城降庚午次幽州城南遼將耶律奚底軍于城北帝攻走之壬申命宋渥崔彥進劉遇孟玄喆分兵四面攻城圍之三周以潘美知幽州行府事遼將多降七月遼順州薊州皆降耶律學古時守燕悉力禦之不能支城中大懼遼主遣耶律休哥救幽燮來帝與遼將耶律沙大戰于高梁河次敗將遣休哥兵適至與耶律斜軫分左右翼以進復戰帝大敗死者萬餘人帝引師南還休哥追至涿州帝急乘驢車走免喪其資械不可勝計庚寅命孟玄喆屯定州崔彥

進屯關南劉廷翰李漢瓊屯眞定而還自是遼好遂絶

帝至自范陽

帝還汴以石守信劉遇從軍失律貶之

八月皇子武功郡王德昭自殺

德昭從帝攻太原軍中嘗夜驚不知帝所在有謀奉德昭者帝聞不悅及還汴以久不行太原之賞德昭以爲言帝大怒曰待汝自爲之賞未晚也德昭退而自刎帝聞之驚悔往抱其尸大哭曰癡兒何至此耶追封魏王謚曰懿子五人

九月劉廷翰等大敗遼師于遂城

遼主遣南京留守燕王韓匡嗣與耶律沙耶律休哥伐宋報圍燕之役軍于遂城西方陣宋師請降匡嗣欲納之休哥曰彼氣甚銳殆誘我也可整衆待之匡嗣不聽俄而宋將劉廷翰崔彥進李漢瓊等分道前後合擊遼師大潰死者萬計匡嗣棄旗鼓遁去餘衆走易州獨休哥整兵而戰宋師乃退遼主怒匡嗣將誅之蕭后力救得免以休哥爲南面大王總戍南兵

以楊業爲代州刺史

漢建雄節度使楊業善戰號楊無敵帝聞其名召見以其老於邊事拜代州刺史遼人忌之望見旌旗輒引去

冬十月進封

庚辰

齊王廷美爲秦王論平漢功也

五年遼乾亨二年春正月以程羽爲文明殿學士羽自知成都還帝欲優以淸職乃改端明爲文明殿授羽學士專備顧問二月定差役法分民户爲九等上四等充役下五等免從京西轉運使程能之請也三月衛國公劉鋹卒鋹有口辯帝之將伐北漢也宴近臣于禁中鋹進言曰朝廷威靈及遠四方僭僞之主今日盡在坐中旦夕平太原劉繼元又至臣率先來朝願得執梃爲諸國降王長帝大笑及卒帝輟朝三日贈太師追封南越王潘美敗遼師于鴈門殺其將蕭咄李○秋七月交州亂詔孫全興帥師討之交阯丁部領及其子璉相繼死璉弟璿嗣爲節度年尚幼大將黎桓幽璿別館而代領其衆帝聞之以孫全興張濬崔亮劉澄賈湜王僎並爲部署將兵討之全興濬亮由邕州澄湜僎由廉州進桓聞之遣使爲丁璿上表求襲位帝不許冬十月

徐

辛巳

遼主圍瓦橋十一月帝自將禦之次于大名遼師退乃還遼主自將圍瓦橋關宋師陣于水南耶律休哥帥精騎渡水而戰宋師大敗休哥追至莫州十一月帝自將禦之癸丑關南諸將與戰大破之戊午帝次大名諸軍復戰于莫州敗績會遼主引去帝欲遂取幽州李昉力陳其未可乃詔曹翰部署諸將而還十二月遼以耶律休哥爲于越○定難留後李繼筠卒弟繼捧嗣

六年遼乾亨三年春三月皇子興元尹德芳卒贈中書令岐王謚康惠子三人詔諸路轉運使察官吏貪濫以聞○罷交州師孫全興棄市三月交州行營破賊于白藤江口獲戰艦二百知邕州侯仁寶死之會炎瘴軍士多死轉運使許仲宣以聞詔班師斬劉澄賈湜于軍衞孫全興棄市高昌遣使入貢○夏六月薛居正卒居正因服

丹砂過毒方奏事疾作還抱歸中書已不能言但指廡閣滌水器而已左右取水至不能飲偃閤中吐氣如烟燄輿歸私第薨居正輔相十八年寬簡不察衆論賢之

歸義節度使敦煌郡王曹元忠卒子延祿嗣○秋九月乙未朔日有食之○以田錫爲左拾遺錫好言時務既居諫職上䟽獻軍國要機者一朝廷大體者四以議平漢之功駕馭戎臣爲要機而大體之一乞循德以來遠宜罷交州之師其二言令諫官不聞廷争給事中不聞封駮左右史不聞升陛軒記言動御史不敢彈奏中書舍人未嘗訪以政事集賢院雖有書籍而無職官秘書省雖有職官而無圖籍臣願陛下擇才任人使各司其局職業脩舉則威儀自嚴其三言迩者寓縣平寧京師富庶軍營馬監靡不恢崇佛寺道宮悉皆輪奐又加闢西苑廣御池而尚書省湫隘尤甚郎曹無本局尚書無聽事九寺三監寓天街之兩廊貢院就武成王廟是豈太平之制度邪臣願陛下別脩省寺用列職官其四言按獄官令枷杻鉗鎖皆有定式未聞以鐵爲枷也昔唐太宗觀明

堂圖見五臟皆麗于背遂械徒刑況隆平之時將措刑以人不用於法所無去之可也疏入優詔褒答賜錢五十萬

趙普爲司徒兼侍中普奉朝請鬱鬱不得志者累年至是如京使柴禹錫及趙鎔楊守一俱以嘗給事晉邸得幸告秦王廷美驕恣將有陰謀竊發帝疑以問普普因言願備樞軸以察姦變且自陳曰臣忝舊臣爲權倖所沮遂備道頃聞昭憲太后顧託及前朝上表自訴等事帝於宮中訪普前表得之因召見謝曰人誰無過朕不待五十已知四十九年非矣乃拜普司徒兼侍中封梁國公

置京朝官差遣院舊制京朝官屬吏部國初以來皆出中書至是詔中書舍人郭贄等考校勞績品量材器以中書所下闕員引對而授之謂之差遣院

以石熙載爲樞密使○冬十一月楚昭輔罷

壬午

七年遼乾亨四年**春三月癸巳朔日有食之○貶秦王廷美爲西京留守**初昭憲太后遺命太祖傳位于帝意欲帝傳之廷美以及德昭故帝即位之初命廷美尹開封

而德明德恭等皆稱皇子及德昭不得其死德芳相繼夭没廷美始不自安柴禹錫因上變以摇之而帝意不決召趙普詢以太后遺旨普對曰太祖已誤陛下豈容再誤廷美遂得罪

舒州上玄石石有白文曰丙子年出趙號二十一帝

夏四月以竇偁郭贄參知政事初帝尹開封偁爲判官以推官賈琰佞諛於坐叱之曰賈氏子巧言令色豈不愧於心哉衆皆失色帝因重偁之直至是謂偁曰賞卿之叱賈琰也

以柴禹錫爲樞密副使楊守一爲樞密都承旨嘗上秦王廷美之變也

盧多遜免趙普復相多遜心不自安普屢諷令引退而多遜貪固權位不能決會普廉得多遜嘗遣堂吏趙白交通秦王事帝大怒下詔數其罪責授守兵部尚書

罷秦王廷美官流盧多遜于崖州多遜既免越二日下御史獄命翰林承旨李昉學士扈蒙衛尉卿崔仁冀御史滕中正等雜治之多遜具伏累遣中書守當官趙白以機事密告廷美且云願宮車晏駕盡力事大王廷美亦遣小吏樊德明報多遜云

承旨言正會我意因遺之子簡多遜受之獄上帝詔文武
集議太子太師王溥等七十四人奏廷美多遜咀呪顧望
大逆不道宜正刑章詔削奪多遜官爵流崖州并從其家
屬朞親于遠裔趙白樊德明閻密王繼勲趙懷祿閻懷忠
等悉斬于都門外廷美勒歸私第復
其子爲皇姪女落皇女公主之號
沈倫罷坐與盧多遜同列不能覺察降授工部尚書
五月崔彥進敗遼師于唐興○定難留後李繼捧來歸銀夏綏宥之地夏州自李思恭以來未嘗親朝中國至是繼捧率其族入朝帝甚嘉
之賜賚甚厚繼捧陳其諸父昆弟多相懟怨乞納其境内
夏綏銀宥四州留京居之帝爲遣使如夏州護緦麻已上
親赴闕四州既來歸疆土幾復漢唐
之舊其未入職方者燕雲十六州耳
貶秦王廷美爲涪陵縣公房州安置趙普又以廷美居西京非便諷知開封府
李符上言廷美不悔過而怨望乞徙遠郡
以防他變詔降封廷美爲涪陵縣公房州安置以閻彥進
知房州袁廓通判州事以伺察之普又恐符言泄乃坐符

他事流之春州潘美敗遼師于鴈門。折御卿敗遼師于新澤。六月定難都知蕃落使李繼遷入于地斤澤以叛繼遷繼捧族弟也四世祖思忠嘗從兄思恭討黃巢戰沒贈宥州刺史曾祖仁顏唐銀州防禦使祖彝景父光儼皆嗣防禦使于晉周之世繼遷生而有齒勇悍多智開寶七年授定難軍管內都知蕃落使留居銀州聞宋使者至發緦麻親赴沂乃詐言乳母死出葬于郊遂與其黨數十人奔入地斤澤出其族屬以示戎人戎人拜泣從者日衆澤距夏州東北三百里遼主侵滿城。秋九月遼主賢卒于焦山子梁王隆緒立尊其母蕭氏為太后治國事以韓德讓為政事令兼樞密使總衛兵遼主幸雲州行至焦山有疾命南院樞密使韓德讓南院大王耶律斜軫奉遺詔立長子梁王隆緒而殂隆緒小字文殊奴生十二年矣既嗣位是為昭聖皇帝國事皆決于太后蕭氏后以德讓總宿衛兼政事

癸未

令南院大王勃古哲總領山西諸州事北院大王于越休哥爲南面行軍都統同政事門下平章事景宗任人不疑信賞必罰雖竊國力以助河東破軍殺將而不能救其亡爲不知權云冬十月竇儼卒○行乾元歷冬官正吳昭素所造也十一月以李繼捧爲彰德軍節度使以繼捧鎮彰德擢官其兄弟十二人帝嘗問繼捧曰汝在夏州用何道以制諸部對曰羌人鷙悍但羈縻而已非能制也十二月戊午朔日有食之○高麗王伷卒弟治立

八年契丹聖宗隆緒統和元年春正月曹彬罷以王顯弭德超爲樞密副使酒坊使弭德超有寵于帝覬代樞密使曹彬之位乃自鎮州乘傳以急變聞于帝曰彬秉政久得士心將爲不利帝詰以事爲徵帝信之乃出彬爲天平節度使而以顯德超並爲副使二月戊午朔日有食之○以宋琪參知政事○遼以耶律休哥爲南京留守

休哥均戍兵立更休法勸農桑脩武備邊境大治

三月置諸王府翊善及侍講○

夏四月弭德超有罪流于瓊州德超以不得樞密使怨望居常怏怏一日詣王顯柴禹錫曰我言國家大事有安社稷功止得綫許大官汝等何人反在吾上我實恥之言頗侵帝顯奏之詔鞫問德超具伏遂奪官秩禁錮瓊州而死帝始悟曹彬之誣待之加厚

帝作戒辭頒于群臣○五月交州將黎桓逐其留後丁璿而代之桓自稱留後遣使來貢并上丁璿讓表詔諭桓送璿母子赴闕不聽

河決滑州河源在西蕃朶甘思南鄙四山之間有泉近百泓匯為一登高望之若星宿布列故彼人呼為星宿海流出復潴曰哈剌海東出曰赤賓河合忽闌也里术二水東北流為九渡河其水猶清騎可渡也貫山中行出西戎之都會曰闊即曰闊提者合納憐河所謂細黃河也水流已濁繞昆侖之南折而東注合乞里馬出河復繞昆侖之北自貴德西寧之境至積石經河州過臨洮合洮河東北流至蘭州始入中

國北繞朔方北郡上郡而東經三受降城豐東勝州折而南出龍門過河中抵潼關東出三門集津爲孟津過虎牢而後奔放平壤吞納小水以百數勢益雄大無崇山巨磯以防之旁激奔潰不遵禹蹟故虎牢以東距海口二三千里恒被其害自漢以降每以爲憂周顯德初大決東平之楊劉乾德以來決者不一是年大決滑州之韓村泛澶濮曹濟東南入于淮壞民田廬舍東南流至彭城界而入海詔發丁夫塞之六月以王顯爲樞密使顯既拜帝語之曰卿世家本儒少遭兵亂失學今典機務無暇博覽群書能熟讀軍戒三篇亦可免於面牆因取賜之遼復國號曰契丹六月遼主有事于太廟遂率群臣上太后尊號曰承天皇太后群臣亦上遼主尊號曰天輔皇帝大赦改元統和復國號曰契丹兗州父老請封禪帝不許泰山父老及瑕丘等七縣民詣闕請東封不許厚賜而遣之秋七月郭贄免以李昉參知政事贄嘗因論事奏曰臣遭不次之遇誓以愚直上報帝曰愚直何益于事贄對曰雖然猶勝姦邪至是

以入對宿衛未解出知荆南府八月石熙載罷○命中書樞密脩時政記○溪錦敘富四州蠻來附○冬十月趙普罷普罷爲武勝軍節度使帝作詩餞之賜宴長春殿普奉詩泣曰陛下賜臣詩當刻石與臣朽骨同葬泉下帝爲之動容翌日帝謂宰相曰普有功國家朕昔與游今齒髮衰矣不欲煩以樞務擇善地以處之因詩以導意普感激泣下朕亦爲之墮淚宋琪對曰昨日普至中書執御詩涕泣謂臣曰此生餘年無階上荅庶希來世得効犬馬力臣昨聞普言今復聞宣諭君臣始終可謂兩全十一月以宋琪李昉平章事李穆呂蒙正李至參知政事張齊賢王沔同簽署樞密院事帝謂琪等曰世之治亂在賞當其功罰當其罪即無不治謂爲飾喜怒之具即無不亂卿等慎之又謂蒙正曰凡士未達見當世之務戾于理者則怏怏于心及列於位得以獻可替否當盡其所藴言雖未必盡中亦當箴議而更之俾協于道朕固不以崇高自恃使人

不敢言也蒙正初入朝堂有朝士指之曰此子亦參政耶蒙正陽爲不聞而過之同列不能平詰其姓名蒙正遽止之曰若一知其姓名則終身不能忘不若弗知之爲愈也時人服其量

以呂文仲爲翰林侍讀王著爲侍書帝勤于讀書自巳至申然後釋卷詔史館修太平御覽一千卷日進三卷宋琪以勞瘁爲諫帝曰開卷有益不爲勞也朕欲周歲讀遍是書耳遂命文仲著侍讀書每暇日則問文仲以經義著以筆法葛端以字學

是歲江河漢睢穀洛瀍澗水溢

雍熙元年契丹續和二年

春正月詔求遺書帝謂侍臣曰教化之本治亂之原苟無書籍何以取法今三館所貯遺佚尚多乃詔募中外有以書來上及三百卷當議甄錄酬獎餘第卷帙之數等級優賜不願送官者借其本寫之由是四方之書間出矣

帝弟涪陵縣公廷美卒于房州廷美至房州憂悸成疾薨年三十八追封爲涪王謚曰悼以其子德恭德隆爲刺史廷美之得罪趙普爲之也

李

穆卒穆質厚忠恪謹言慎行所為純至無有矯飾帝聞其卒哭謂侍臣曰穆國之良臣朕方倚用遽尒淪沒非穆之不幸乃朕之不幸也三月以楊延慶等為知州帝選守臣得延慶等十餘人命之因謂宰相曰刺史之任最為親民苟非其人民受其禍昔秦彭守潁州教化大行境內多瑞桒櫐曰秦彭一郡守政善而天應之若此況君天下者乎夏四月泰山父老詣闕請封禪許之五月乾元文明殿災六月詔罷封禪帝既詔以十一月二十一日有事于泰山命翰林學士扈蒙等詳定儀注矣五月丁丑乾元文明二殿災詔求直言遣使案察淮浙蜀廣獄訟而罷封禪詔州縣官上書言事附驛以聞○冬十月賜華山隱士陳摶號希夷先生太平興國中摶兩入朝帝待之甚厚至是復來見帝謂宰臣曰摶獨善其身不干勢利所謂方外之士也遣中使送至中書宋琪等從容問曰先生得玄默修養之道可以教人乎摶曰摶山野之人於時無用亦不知神仙

黄白之事吐納養生之理非有方術可傳假令白日沖天亦何益于世今聖上龍顏秀異有天人之表博達古今深究治亂真有道仁聖之主也正君臣協心同德興化致治之秋勤行脩煉無出于此琪茅以其語白帝帝益重之詔賜號希夷先生放還華山尋卒

尹憲襲李繼遷于地斤澤走之獲其母妻而還知夏州尹憲襲繼遷大破之斬首五百級繼遷與其弟繼沖遁去憲獲其母妻俘千四百帳而還繼遷復娶豪族轉徙無常漸以強大西人以李氏世籍恩德多徃歸之

十一月有事于南郊大赦帝將郊祀秦再思上書願勿肆赦因引諸葛亮相蜀數十年不赦之事以為證帝以問趙普普對曰聖朝開創以來具存彝訓三年郊祀即覃恩宥所謂其仁如天堯舜之道劉備偏據一方何足師法帝從普言

十二月徙封淮海國王錢俶為漢南國王立德妃李氏為皇后后潞州刺史處耘之女也

賜京師大酺三日詔曰王者賜酺推恩與眾共樂所以表升平之盛事契億

兆之歡心累朝以來此事久廢蓋逢多故莫舉舊章今四海混同萬民康泰豐稔始畢慶澤均行宜令士庶共慶休明可賜酺三日至期帝御丹鳳樓觀酺召侍臣賜飲自樓前至朱雀門張樂作山車旱船往來御道又集開封諸縣及諸軍樂人列于通衢音樂雜發觀者溢道遷市肆百貨於道之左右召畿甸耆老列坐樓下明賜以酒食明日宴群臣于尚書省獻歌詩頌賦者數十人

二年契丹統和三年春二月交州來貢○李繼遷誘殺都巡檢使曹光實于葭蘆川遂襲銀州據之○三月宴貢士于瓊林苑帝親試禮部貢士四百九十七人于崇政殿始分三甲錫宴于瓊林苑進士及第第一人授節度推官寵之以詩遂爲定制帝謂侍臣曰朕親選多士殆忘飢渴召見臨問覩其才技而用之庶田無遺賢而朝廷多君子尔復慮禮部取舍不當再試不中格者多獲中選夏四月宴群臣于後苑先是帝召宰相近臣賞花

于後苑謂之曰春氣暄和萬物暢茂四方無事朕以天下之樂爲樂宜令侍從詞臣賦詩至是詔輔臣三司使翰林樞密直學士尚書省四品兩省五品以上三館學士宴于後苑賞花釣魚張樂賜飲命群臣賦詩因習射水心殿賞花曲宴自此始**置明法科**○**秋八月遣使按問刑獄察官吏勤惰于諸州**○**九月楚王元佐有罪廢爲庶人**元佐帝長子少聰警貌類帝帝鍾愛之涪陵縣公廷美之遷房州元佐力救爲廷美既死元佐遂發狂疾至以小過操挺刃傷侍人疾少間帝爲赦天下會重九召諸王宴射苑中元佐以新瘥不預及諸王宴歸暮過元佐元佐恚曰若等侍上宴我獨不預是棄我也因發忿被酒夜縱火焚其宮帝大怒詔廢爲庶人均州安置宋琪率百官三上表請留之京師帝許之行至黄山召還居于南宮**右羽林統軍周保權卒**○**韓國華如高麗**時議用兵契丹以高麗與之接壤數爲所侵命國華齎詔諭令發兵西會高麗獷悍情險未即奉詔國華諭以威德始俯伏听命

冬十二月庚子朔日有食之○宋琪柴禹錫免初帝詔廣宮城柴禹錫有別第在東幟內上言願易官邸帝不悅禹錫乃陰結琪欲因之以請盧多遜舊第琪為白帝帝益鄙之廣南轉運使王延範琪妻高氏親也將謀不軌知廣州徐休復密奏之帝因琪禹錫入對問延範何如人琪禹錫未知其端盛言延範強明忠幹帝意其交通不欲暴其狀詔琪訊諧無大臣體罷守刑部尚書降禹錫為左驍衛大將軍延範及其黨與皆伏誅

南康軍大雨雪江水冰雪厚三尺江水冰合可勝重載

丙戌

三年契丹統和四年

春正月曹彬米信潘美帥師伐契丹賀懷浦將兵屯三交好議邊事與其子知雄州令圖上言契丹主少母后專政寵倖用事請乘其釁以取燕薊帝然之以曹彬為幽州道行營前軍馬步水陸都部署崔彥進副之米信為西北道都部署杜彥圭副之出雄州田重進為定州路都部署出飛狐潘美為雲應朔等州都部署楊業副之出鴈門李至罷○二月李繼遷降

契丹契丹以爲定難節度使都督夏州諸軍事繼沖爲副使三月曹彬克契丹固安及涿州彬縣契丹兵于固安南克其城進攻涿州取之殺其將賀斯復會米信敗其師新城田重進敗契丹于飛狐克飛狐靈丘重進攻飛狐連敗契丹之師獲其招安使大鵬翼等於是飛狐守將呂行德擧城降以其縣爲飛狐軍遂進圍靈丘降之潘美克契丹寰朔應雲潘美自西陘入與契丹兵遇追至寰州破之其刺史趙彥章以城降美進圍朔州節度副使趙希贊擧城降美遂攻應雲州皆克其城岐國公陳洪進卒○夏四月田重進克契丹蔚州重進屢敗契丹之師進至蔚州其牙校李存璋殺其大將以城降五月曹彬及契丹耶律休哥戰于岐溝敗績初諸將陛辭帝謂曰潘美但先趣雲朔等以十萬衆聲言取幽州且持重緩行不得貪利彼聞大兵至必悉衆救范陽不暇援山後矣及彬等乘勝而前所至克捷兵勢大振每奏書

聞帝詔其進軍之速彬既次涿契丹南京留守耶律休哥以兵少不敢出戰夜則令輕騎掠其單弱以脅餘衆晝則以精銳張其勢設伏林莽以絕宋糧道彬居涿旬日以食盡退師雄州以援餽餉帝聞之曰豈有敵人在前反退軍以援芻糧失策之甚也亟遣使止彬勿前急引師緣白溝河與米信會時彬部下諸將聞美重進累建功而已握重兵不能有所攻取謀議蜂起彬不得已乃復裹糧與米信復趨涿州休哥聞之以輕兵薄宋師伺其蓐食則擊離伍單出者且戰且却由是宋師自救不暇結方陣塹地兩邊而行軍渴乏井漉淖而飲凡四日始得至涿時方炎暑士卒困乏糧又將盡會契丹主與其太后自駝羅口東將大兵應援賜休哥旗鼓杓窊印以督將士而自攻涿州復之彬信失勢休哥因出大兵逆戰于岐溝關宋師敗績冒雨而退無復行伍夜渡拒馬河休哥引精騎追及溺死者不可勝計彬信南趨易州休哥引兵復至宋師方瀕沙河而爨聞之驚潰死者過半沙河爲之不流棄戈甲如丘山知幽州行府事劉保勳死之休哥請乘宋弱略地至河爲界太后不從引兵還燕收宋屍爲京觀封休哥爲宋國王而

歸帝聞之召彬信及崔彥進等還令田重進屯定州潘美還代州徙雲應朔寰四州吏民及吐谷渾部族分寘河東京西帝謂張齊賢等曰卿等共睹朕自今復作如此事否

契丹耶律斜軫復取蔚寰

契丹諸路兵馬都統耶律斜軫將兵十萬至定安西宋先鋒將賀令圖遇之敗績南奔斜軫追及戰于五臺死者數萬人明日攻蔚州宋師救之斜軫遣都監耶律題子伏兵險隘以待城中兵聞救至突出斜軫與題子前後夾擊宋師大奔斜軫追至飛狐宋師又敗死者二萬遂取蔚州令副與潘美復帥師往救與斜軫戰于飛狐宋師敗績於是宋師在渾源應州者皆棄城走斜軫乘勝入寰州殺守城吏卒千餘遼太后以殺敵過當命建佛寺飯僧萬人于上京開龍寺

楊業及契丹耶律斜軫戰于陳家谷敗績死之契丹復寰應朔州及諸城

潘美既敗于飛狐乃引兵護雲應寰朔四州內徙吏民前還至朔州狼牙村聞耶律斜軫已入寰州兵勢甚盛楊業欲避其鋒護軍王侁等不可謂業曰君侯素號無敵今見敵逗撓不

戰得非有他志乎業曰業非避死盖時有未利徒殺士卒而功不立今君責業以不死當爲諸公先將行泣謂美曰此行必不利業太原降將分當死上不之殺寵以連帥授之兵柄非縱敵不擊蓋欲伺其便以立尺寸功報國家耳今諸君責業避敵敢尚自愛乎因指陳家谷口曰諸君幸於此張步兵強弩以相援也業轉戰當至此可夾擊之不然無遺類矣美遂與侁帥麾下陳于谷口斜軫聞業且至遣副部署蕭撻懶伏兵于路業至斜軫擁衆爲戰勢業麾幟而進斜軫佯敗伏兵四起斜軫還兵前戰業大敗退趨狼牙村侁自寅至巳不得業報使人登托邏臺望之又無所見以爲契丹敗走欲爭其功即領兵離谷口美不能制乃緣交河西南而進行二十里聞業敗即麾兵却走賀懷浦兵敗沒業且戰且行自午至暮果至谷口望見無人拊膺大慟乃再率麾下力戰身被數十創士卒殆盡猶手刃數十人馬重傷不能進匿深林中遼將耶律奚底望見袍影射之業墮馬被擒其子延玉死焉業因太息曰上遇我厚期討賊捍邊以報而反爲姦臣所迫致王師敗績何面目求活耶乃不食三日死業既敗麾下尚百餘人業謂曰汝等各

有父母妻子與我俱死無益也可走還報天子衆感激遂皆戰無一生還者於是守雲應朔等州及諸城將吏聞業死悉棄城走斜軫盡復取之事聞帝深痛惜詔贈業太尉而除佺名 六月戊戌朔日有食之○以辛仲甫參知政事○秋七月貶曹彬崔彥進米信爲諸衛將軍 治其違詔失律罪也 以張齊賢知代州 帝以楊業死訪近臣可知代州者齊賢請行乃命之令與部署潘美同領緣邊兵馬 八月以王沔張宏爲樞密副使○冬十月以黎桓爲靜海軍節度使 桓復上表求王領節鎮朝廷懲孫全興之敗許之丁氏由是遂亡 十二月劉廷讓及契丹主戰于君子館敗績契丹誘執賀令圖以歸遂陷邢深祁州而去 十一月契丹主及蕭太后大帥衆南下以耶律休哥爲先鋒都統十二月休哥敗宋師入望都宋瀛州部署劉廷讓帥師數萬並海而北與李敬相

合兵將趙綏休哥聞之先以兵扼一要害而逆戰于君子館天方寒衆士卒皆不能彀弓弩會契丹主兵大至乃圍廷讓數重廷讓時先分精兵屬李繼隆爲後援而繼隆退保樂壽於是廷讓力不敵一軍盡没以數騎脫身南走李敬源楊重進皆死之先是休哥詐紿賀令圖曰我獲罪本國旦夕願歸南朝令圖信之私遺以重錦十兩及廷讓敗休哥宣言願得見雄州賀使君令圖意其來降欲擅其功即引麾下數十騎逆之既至帳下休哥據牀罵曰汝常好經度邊事乃今送死來耶令左右殺其從騎而執之自是河朔戍兵無復鬭志契丹乘勝長驅而南遂陷深邢德三州殺官吏俘士民所在輦金帛而去魏博之北民尤苦焉帝聞之下詔自悔而釋敗潰將士之罪且蠲河北逋租給復三年

張齊賢大敗契丹于土鐙堡契丹自胡口薄代州城神衛都校馬正以所部列南門外衆寡不敵代州副部署盧漢贇畏懦保壁自固齊賢選廂軍二千出正之右誓衆感慨無不一當百契丹遂卻先是齊賢遣使期潘美以師會戰使爲契丹所執齊賢以師期既漏且虞美衆爲契丹所乘既而美使至云師出

并州至拍井得密詔東師敗績于君子館并之全軍不許出戰已還州矣是時契丹兵塞川齊賢曰敵知美之來而不知美之退乃閉美使密室中夜發兵二百人持一幟負一束芻距州西南三十里列幟然芻契丹兵遥見火光中有旗幟意謂并師至駭而北走齊賢先伏步卒二千於土鐙砦掩擊大敗之殺其國舅詳穩撻列哥宫使蕭打里斬首數百獲馬二千器械無算以劉繼元爲保康節度使○李繼遷請昏契丹契丹以耶律襄女歸之繼遷率五百騎款契丹境言願婚大國永作藩輔契丹以王子帳節度使耶律襄女號義成公主歸之

四年契丹統和五年春二月改封漢南國王錢俶爲許王詔改封俶南陽國王俶固讓國王之封乃改封許王三月安守忠及李繼遷戰于王亭敗績

○夏四月張宏免以趙昌言爲樞密副使時河朔用兵宏循默守位而御

史中丞趙昌言多條上邊事乃免宏而以昌言代之五月遣使市馬于諸路國子博士李覺上言乞於軍伍中取牝馬而孳息之增蓄駒將卒之月給俟其納馬即止是資不出中國而馬增倍矣由是牧馬頗蕃焉以李繼捧為崇信軍節度使李繼遷數寇邊或疑繼捧泄朝中事於繼遷乃出之崇信從其弟克憲為道州防禦使遣克文歸博州

戊子

端拱元年契丹統和六年春正月帝耕籍田赦詔除耕地于朝陽門七里外祀先農如南郊禮以后稷配遂親耕籍田數十步乃止還御丹鳳樓大赦改元百官內外並加恩賜民年七十以上爵一級

二月改補闕拾遺為司諫正言。徙錢俶為鄧王食邑九萬七千戶食實封一萬六千九百戶以李繼捧為感德軍節度使。李昉罷右改翟穎性險誕與知制誥胡旦狎旦為作大言使穎上之旦為穎改姓名曰馬周以為唐馬周復出也於是穎擊登聞

通鑑續編卷四　十五

鼓訟昉居宰相位當北方有事之時不爲邊備徒知賦詩宴樂帝由是厭昉及籍田禮畢遂罷爲右僕射昉和厚多恕在位小心醇謹每有求進用者雖知其材可取必正色絶之已而擢用或不足用必和顔温語待之子弟問其故昉曰用賢人主之事若受其請是市私恩也故峻絶之使恩歸于上若不用者既失所望又無善辭取怨之道也

以趙普爲太保兼侍中吕蒙正平章事王沔參知政事張宏爲樞密副使楊守一簽書樞密院事帝欲相吕蒙正以其新進藉趙普舊德爲之表率會普以籍田入朝帝遂留爲太保兼侍中謂之曰卿勿以位高自縱勿以權勢自驕但能謹法度舉賢能明賞罰弭姦僭何憂不治卿勿面從古人恥其君不如堯舜卿其念哉普頓首謝拜蒙正中書侍郎同平章事監脩國史蒙正質厚寬簡有重望以正道自持遇事敢言每論時政有未允者必固稱不可帝嘉其無隱普開國元老蒙正以後進歷官一紀遂同相位普雅重之

趙昌言有罪貶爲崇信軍節度行

軍司馬昌言與鹽鐵副使陳象與知制誥胡旦度支副使董儼嘗日夕會語京師爲之語曰陳三更董半夜旦既爲翟穎作大言穎方以譏罷李昉二人益相得穎益肆誕毀斥時政上書自薦且歷舉所善數十人爲公輔期昌言爲內應事覺穎流海島旦貶團練副使昌言責爲崇信行軍司馬象與儼皆罷

夏五月作祕閣于崇文院

詔就崇文院中堂建祕閣以三館書籍真本并內出古畫墨迹等藏之以吏部侍郎李至兼祕書監至與李昉王化基觀書閣下帝必遣使賜宴且命三館學士皆預焉

賜李繼捧姓名曰趙保忠復以爲定難軍節度使

李繼遷侵擾日甚趙普請復命繼捧鎮夏州帝召見加賜而遣焉凡謂曰若能令繼遷歸款當授以官也

內侍侯莫陳利用有罪賜死商州

利用以變幻之術得幸于帝驕恣不法居處服御僭擬乘輿趙普按其十罪力請誅之帝曰豈有萬乘之主不能庇一人乎普曰陛下不誅則亂天下法法可惜此一豎子何足惜哉帝不得已賜死商州

秋八月太

師尚書令兼中書令鄧王錢俶卒俶薨輟朝七日御正衙備禮追封爲秦國王謚忠懿命中使護喪葬洛陽自鏐至俶世有吳越而俶任太師尚書令兼中書令者四十年爲天下兵馬大元帥者三十五年既以地歸朝四從大國善始令終窮極富貴福履之盛近代無比然自奉甚儉素好書善吟性謙和未嘗忤物世以是重之七子皆貴顯九月楊守一卒○契丹主復取涿州冬十一月遂陷祁州九月契丹主攻涿州破之宋師引還城遂降十月克沙堆驛十一月破長城宋士卒潰圍南走契丹主邀擊之殺獲殆盡因攻滿城祁州及新樂皆拔之十二月以李繼遷爲銀州刺史李繼捧上言繼遷悔過歸款詔授繼遷銀州刺史充洛苑使然實無降心也契丹初置貢舉放高第一人

己丑

二年契丹統和七年春正月契丹主陷易州而去契丹主克易州遷其民于燕京

而還二月作方田。夏四月不雨五月戊戌遣使決獄于諸州是夕雨。秋七月以張齊賢爲樞密副使張遜簽署樞密院事。彗出東井八月丙辰赦是夕彗滅彗出東井帝避正殿減常膳八月丙辰大赦是夕彗不見詔曰朕以身爲犧牲焚於烈火亦未足以答謝天譴當與卿等審刑政之闕失稼穡之艱難恤物安人以祈玄祐尹繼倫大敗契丹耶律休哥于徐河朝廷聞契丹復至遣李繼隆發鎮定兵萬餘護送糧餽數千乘趣威虜契丹耶律休哥聞之帥精騎數萬邀諸塗北面緣邊都巡檢使尹繼倫適領兵徼巡路遇之休哥不顧而南繼倫曰寇蔑視我耳彼南出捷還則乘勝而驅我北去不捷亦且洩怒於我將無遺類矣爲今日計但當卷甲銜枚以躡之彼銳氣前趨不虞我之至力戰而勝足以自樹縱死猶不失爲忠義豈可泯然而死爲胡地鬼乎衆皆憤激從命繼倫令秣馬俟夜人持短兵潛躡其後行數十里至唐州

徐河天未明休哥去大軍四五里會食訖將戰繼隆方陣
于前以待繼倫從後急擊殺契丹一大將衆皆驚潰休哥
方食失箸爲短兵中其臂創甚乘善馬先遁餘衆引去契
丹爲之奪氣平居相戒曰當避黑面大王以繼倫面黑故
也自是邊境
矣以息焉

庚寅

淳化元年契丹統和八年春正月趙普致仕晉自再相帝每優禮
之免朝謁止日赴中
書視事有大政則召對至是以疾力求致仕許
之授太保兼中書令西京留守將發帝幸其第詔旌江州
義門陳競粟初陳宜都王叔明五世孫唐右補闕兼生秘
書少監京京生監官令褒褒生高安丞灌灌
孫伯宣避地江州之德安常以著作佐郎召不起伯宣生
江州長史崇自崇至崇未嘗分異崇益置田園爲家法戒
子孫擇群從掌其事建書堂教誨之唐僖宗詔旌其門南
唐又爲之立義門免其徭役崇子江州司戶衮衮子奉禮
郎昉昉之世同居長幼凡七百口不畜僕妾上下婣睦人
無間言每食必群坐廣堂未成人者別爲一席有犬百餘

共一牢食一犬不至群犬亦皆不食建書樓于別墅延四方之士肄業者多依焉鄉里率化爭訟稀少唐亡州上其事詔仍舊免其繇役昉弟子鴻鴻弟競競之世子姪益衆常苦乏食至是知州康戩言于帝詔本州每歲貸粟二千石其後競死從弟旭止受貸粟之半云省嗇而食可以及秋成屬歲歉粟貴或勸旭全受而糶之可邀善價旭曰朝廷以旭家群從千口軫其乏食貸以公粟豈可見利忘義耶帝聞深加歎獎旭後世守家法久而不墜

二月置昭文史館集賢院于禁中 因唐制也昭文館集賢院大學士監修國史皆以宰相兼之

夏五月鑄淳化元寶錢 帝親書錢文作真草行三體自是每改元必更鑄以年號爲文

冬十二月契丹封李繼遷爲夏國王○不雨

二年 契丹統和九年

春正月不雨蝗三月雨 時連歲旱蝗是年尤甚帝手詔宰相曰朕將自焚以答天譴翌日大雨蝗盡死

辛仲甫罷○閏二月辛未朔日有

食之○夏四月以張齊賢陳恕參知政事張遜溫仲舒寇準爲樞密副使恕有心計爲鹽鐵使帝深器之親題柱曰真鹽鐵陳恕初準爲樞密直學士嘗奏事殿中語不合帝怒起準輒引帝衣請復坐事決乃退帝嘉之曰朕得寇準猶文皇之得魏徵也及旱蝗帝召近臣問以得失衆以天數對準曰洪範天人之際應若影響大旱之證蓋刑有所不平也帝怒起入禁中頃之復召準問以不平狀準曰願召二府至臣即言之二府至準乃言曰頃者祖吉王淮皆侮法受賕吉贓少乃伏誅淮以參政沔之弟盜主守財至千萬止杖之仍復其官非不平而何帝以問沔沔頓首謝於是切責沔而以準爲可大任遂有是命焉張宏罷○五月初置諸路提點刑獄○秋七月李繼遷降詔以爲銀州觀察使賜姓名曰趙保吉繼遷與趙保忠戰于安慶澤繼遷中流矢遁去轉攻夏州保忠乞師衛之乃遣翟守素帥兵往援守素至繼遷乃歸款奉表謝罪故有是命且以其

子德明爲僧內番落使行軍司馬繼遷既受部郎以詔命獻于契丹秋九月呂蒙正罷王沔陳恕免蒙正爲首相以寬簡居之政事多決于沔沔總察善敷奏有適時材用然性苛刻不以至誠待人進退非允人胥怨之又素與張齊賢陳恕不叶及二人參知政事沔不自安慮僚屬有以中其舊事告齊賢等會左司諫王禹偁上言自今宰相樞密不得於本廳見客許於都堂延接以杜私請沔專即奏行之左正言謝泌以爲如此見疑大臣以私也疏聞之帝追還前詔沔遂罷沔見帝涕泣不願離左右未幾鬢髮皆白時帝怒户部使樊知古所部不治知開察以語之覘其僚舉知古訴于帝沔怒怨謫言亦坐免會度支判官宋沆伏閤奏疏請立太子帝怒貶沆而沆乃蒙正妻族也故罷爲吏部尚書三日之間連罷三相因有奏駁者帝語之曰蒙正有大臣體沔甚明敏駁者默而止以李昉張齊賢平章事賈黃中李沆參知政事○王顯免以張遜知樞密院事溫仲舒寇準同知院事知樞密院事同

壬辰

知樞密院事自三人始冬十月趙保忠降于契丹契丹封爲西平王復姓名曰李繼捧。彭城郡公劉繼元卒贈中書令追封彭城郡王是歲大旱

三年契丹統和十年春二月乙丑朔日有食之。三月詔試舉人自今糊名考校。京師大蝗翳日夏五月己酉遣使決獄于諸州是夕雨。六月置常平倉于京師時穀價太賤帝遣使臣於京城四門增價糴以財之命曰常平俟歲飢則減價糶與貧民遂爲永制秋七月太師魏國公趙普卒普薨年七十一帝聞之震悼謂近臣曰普能斷大事盡心國家真社稷臣也普性深沈有岸谷剛毅果斷雖多忌克而能以天下事爲己任故其當擬議之從恒武修文慎罰薄斂以立宋閱於後世其功大矣少習吏事

寡學術及相太祖勸以讀書遂不釋卷每歸私第闔户啓篋取書誦之竟日及次日臨政處决如流旣竟家人發篋取書視之則論語二十篇也陳橋之事普實定策事定之後未嘗以勲舊自伐亦難能矣獨廷美盧多遜之獄大爲累君子惜之

太宗盛德之

八月宴羣臣於新秘閣○召終南隱士种放不至

洛陽人种放沉默好學父詡卒與母俱隱終南豹林谷之東明峯結草爲廬僅庇風雨以講習爲業從學者衆資以養母母亦樂道薄滋味故得辟穀術別爲堂於峯頂盡日望雲危坐每山水暴漲道路阻隔糗糧乏絶止食芋栗性嗜酒嘗種秫自釀每曰空山清寂聊以養和因號雲溪醉侯幅巾短褐負琴攜壺泝長流坐磐石採山藥以助飲往往連日値月夕或至宵分自豹林至州郭七十里徒步與樵人往返著蒙書及嗣禹說表孟子上下篇太一祠錄人頗稱之多爲歌詩自稱退士作傳以述其志轉運使宋惟幹言其才行詔使召之其母恚曰常勸汝勿聚徒講學身旣隱矣何用文爲果爲人知而不得安處我將棄汝深入窮山矣放乃稱疾不起其母盡取其筆硯焚之

與故轉居窮僻人迹罕至帝嘉其銜命所在時加存問焉冬十一月闍婆來貢闍婆國在南海中自宋元嘉中朝貢中國後絕不通至是其王穆羅茶遣陁湛來貢且云中國有眞主故來耳契丹伐高麗契丹遣東京留守蕭恒德伐高麗高麗王治遣朴良柔奉表請罪契丹主詔取女直鴨淥江東數百里地賜之置磨勘院帝慮中外官吏清濁混淆莫能甄別命官考課號曰磨勘院

四年契丹統和十一年春二月己未朔日有食之○改磨勘爲審官院金部員外郎謝泌言磨勘之名不出於典訓故也掌審京朝官其幕職州縣官則別置考課院主之封黎桓爲交阯郡王○青城民王小波作亂初蜀亡其府庫之積悉輸汴京自後任事者競起功利於常賦外更置博買務禁商賈不得私市布帛蜀地土狹民稠耕稼不足以給由是兼并者益糴賤販貴以規利青城民王小波因聚衆爲亂且曰吾疾貧富不均今爲汝均之貧者爭附遂攻青城掠彭山殺縣令

齊元振旁邑響應焉夏五月以張洎錢若水爲翰林學士帝謂侍臣曰學士之職親切貴重非他官可比朕常恨不得爲之六月張齊賢免初王延德與朱貽業同僚欲求補郡貽業與李沆有姻婭託之以請沆爲之言于張齊賢齊賢以聞帝以延德嘗事晉邸怒其不自陳而干祈執政召見詰責延德貽業皆諱不以實對齊賢不欲累沆遂坐免張遜寇準免遜與準不協一日準與溫仲舒並轡曉歸有狂民迎馬首拜呼萬歲街使王賓與遜雅相厚善因奏民迎準拜呼萬歲準自辨實與仲舒同行盖遜令賓奏之廣辭氣甚厲因互發其私帝惡之乃左降遜爲右領軍衛將軍出準知青州準既罷帝念之不置語左右曰寇準在青州樂乎左右揣帝意且復召用因對曰陛下思準不少忘聞準日縱酒未知亦念陛下否帝默然以柴禹錫知樞密院事呂端參知政事劉昌言同知樞密院事○置銀臺通進司主覩章奏案牘以稽出入隸門下盖給事中之職也秋七月

置諸路茶鹽制置使。帝觀歙器。翰林學士蘇易簡直禁中以水試歙器小黃門宻奏焉帝召問之易簡曰江南徐遊所造者即取至便殿帝親試之嗟賞再三易簡進曰臣聞日中則昃月滿則虧器盈則覆物盛則衰願陛下持盈守成慎終如始帝納之八月丙午朔日有食之。冬十月分天下州縣爲十道是年三月復置三司使而罷鹽鐵戶部度支三使判三司魏羽請依唐制分天下郡縣爲十道曰河南河東關西劍南淮南江南東西兩浙東西廣南以京東爲左計京西爲右計魏羽爲左計使董儼爲右計使中分十道以隸焉而各道則署判官以領其事李昉賈黃中李沆溫仲舒罷。以呂蒙正平章事蘇易簡趙昌言參知政事趙鎔同知樞密院事蒙正嘗因召對論及征伐帝曰朕比年征討蓋爲民除暴苟好功黷武則天下之燼亡盡矣蒙正對曰治國之要在内脩政事則遠人來歸自致安靜帝然之易簡在翰林八年眷遇異常帝嘗飛白書玉堂之署四字以賜之欲遵舊制使天下稱其名望而後正位台輔易簡以親老急於進用因亟言時政得失遂入政府敏中明辨有才略時西北用兵樞機之任專主謀議凡二邊道路斥堠走集之所敏中莫不周知帝器之

以陳恕爲三司總計度使 以恕爲總計度使判左右計事凡議論計度並令恕參預恕以官司各建政令互出難以經久

周太后符氏卒。

趙保吉寇環州 轉運副使鄭仁寶議禁鹽池用困保吉保吉遂帥邊人四十二族寇掠環州邊將多爲所敗

以陳靖爲京西勸農使未行而罷 帝務興農事詔有司議均田法太常博士陳靖請乞先命大臣兼屯田制置令京東西撿責荒地及逃民産籍之募民耕作賜以牛種室器俟田成然後量授田度地均稅約井田之利爲定以頒行天下帝乃以靖爲勸農使皇甫選何亮副之選等言其功難成陳恕亦以爲不可遂出靖知婺州而罷其法

冬十二月王小波死其黨李順陷蜀邛州永康軍 西川都巡

甲午

撿使張玘與小波戰于江原縣死之小波亦中流矢死其黨推小波妻弟李順爲帥寇掠州縣衆至數十萬

五年契丹統和十二年**春正月李順陷成都知府郭載出奔梓州**

詔以宦者王繼恩爲兩川招安使帥師討之李順攻陷漢州彭州乘勝攻成都轉運使樊知古知府郭載及官屬斬關出奔梓州順入城據之僭號大蜀王遣其黨四出攻刼州縣兩川大振帝議遣大臣撫諭趙昌言獨請發兵急討無使滋蔓帝從之

趙保吉寇靈州以李繼隆爲河西都部署帥師討之保吉徙綏州民于平夏部將高文岊等因衆不樂反攻敗之保吉復圍堡砦掠居民焚積聚遂攻靈州詔李繼隆帥師討之

饑時大饑民持杖相率投券富室取其粟坐強盜死者甚衆知蔡州張榮獨取爲首者杖脊餘悉從杖以其事聞帝感悟下詔褒之乃遣使分詣諸道巡撫帝謂之曰彼皆平民因饑取餱糧以圖活命爾宜悉從末減不可從強盜之科由是全活者甚衆

二月李順寇

劍州上官正大敗之順遣楊廣寇劍門都監上官正麾下有疲卒數百因勉激以忠義勇氣自倍力戰以守會成都監軍宿翰兵至正與之合迎擊賊衆大破之斬馘數萬餘衆三百走還成都順怒其驚衆盡斬之自此沮氣矣時朝廷聞蜀盜甚盛深以棧道爲憂正以孤軍力戰以挫賊鋒鋭於是閣道無壅王師得以長驅而進

李順寇梓州圍之知梓州張雍聞王小波起即訓練士卒募強勇守城輦綿州金帛以實帑藏命官屬治戎器伐山木爲竿斛錮鍾爲箭鏃紐布爲索守械悉備至是李順遣相里貴帥衆二十一萬圍梓城中兵才三千雍悉智力禦之

三月李繼隆入夏州執趙保忠歸于京師保忠聞李繼隆將至先挈其母妻子女壁于野外乃上言與保吉解怨獻馬五十匹乞罷兵帝覽奏立遣中使督繼隆進軍及師壓境保吉因夜襲保忠營欲併其衆保忠方寢聞譟作單騎走還城其指揮使趙光嗣閉於別室開門迎繼隆入夏州城獻之繼隆執保忠送汴京待罪帝詰責而釋其罪尋責授右千牛衛上將軍封宥罪侯賜第汴京保忠

狀貌雄毅居環列奉朝請常怏怏不自得夏四月詔削趙保吉所賜姓名○詔墮夏州城遷其民于綏銀帝以夏州深在沙漠奸雄因之以竊據欲墮其城呂蒙正曰自赫連築城以來頗與關右為患若遂廢之萬世利也遂詔墮之五月王繼恩復成都獲李順誅之其黨張餘寇嘉戎渝涪瀘忠萬開等州陷之四月王繼恩師過緜州賊潰走追殺及溺死者甚衆遂復緜州曹習破賊于老溪復渠州胡正遠復巴州西川行營擊賊于研口砦敗之復劍州五月行營破賊十萬衆斬首三萬級復成都獲李順其黨張餘復攻陷八州都巡撿使盧斌解閬州圍復蓬州詔磔順等八人于鳳翔市降成都府為益州以姚坦為益王府翊善王嘗作假山召僚屬置酒衆皆褒美坦獨俛首王問之坦曰但見血山安得假山王曰何故坦曰州縣督稅上下相急父子兄弟鞭笞苦楚血流滿身此假山皆民租所出非血山而何時帝亦為假山未成聞之亟毀焉王每有過失坦輒正言

左右忠之教王稱疾帝甚憂之召王乳母入宮問王疾狀乳母曰王本無疾徒以姚坦撿束不得自便耳帝怒曰吾選端士爲王僚屬者固欲輔王爲善耳今乃如此欲使我逐去正人王年少豈解此也必爾輩教之杖乳母于後園召坦深慰諭之

王繼恩救梓州賊乃潰 梓州被圍近三月張雍固禦之王繼恩遣石知顒往援賊遂潰去

六月契丹行大明歷 可汗州刺史賈俊所造也

秋七月李繼遷使其弟廷信來朝貢 繼遷獻馬謝罪又遣弟廷信入覲旦獻馬槖駝帝遣使慰諭之

八月以王繼恩爲宣政使 中書以討蜀寇功欲除繼恩宣徽使帝曰朕讀前代史不欲令宦官預政事宣徽使執政之漸也止可授以他官宰相力言繼恩有大功非此任無足以爲賞典帝怒深責相臣命學士張洎錢若水議別立宣政使位昭宣使上以授之

以張詠知益州 以詠知益州得便宜從事時王繼恩上官正宿翰等總兵討賊漸有成功頓師不進專務飲博剽掠恣横餘寇匿山谷恃險結集勢復張大州縣多陷詠

至以言激正等勉其親行仍盛爲供具餞之酒酣舉爵屬軍校曰爾曹蒙國厚恩無以塞責此行當直抵寇壘平蕩醜類若老師曠日即此地還爲爾死所矣正由是決行深入大致克捷繼恩御軍無政其下恃功暴橫詠奏請命近臣分屯師旅帝即命樞密直學士張鑑西京作坊使馮守規安撫西川時寇掠之際民多脅從詠移文諭以恩信使各歸田里且曰前日李順脅民爲賊今日吾化賊爲民不亦可乎有赴訟者詠灼見情僞立爲判決人皆厭服嘗曰詢君子得君子詢小人得小人各就其黨詢之則無不審矣其爲政恩威並用蜀民畏而愛之初蜀士知向學而不樂仕宦詠察郡人張及李畋張逵者皆有學行爲人鄉里所稱遂敦勉就舉三人悉登第士由是知勸

以趙昌言爲川峽馬步軍都部署尋詔次于鳳翔

王繼恩在蜀不能戢衆士無鬬志郡縣多叛帝意頗厭兵召昌言謂曰西川本自一國太祖平之今三十年矣昌吉知帝指即前畫攻取之策帝喜命昌言爲川峽五十二州招安行營馬步軍都部署自繼恩以下並受節制昌言既行寇準密奏昌言有反相不宜

遣握兵入蜀乃詔昌言駐鳳翔**上官正敗張餘于雲安**五月昌言至鳳州留俟館不復進賊攻夔州白繼贇大敗之于西津口斬首二萬獲舟于餘六月上官正復破賊于廣安又破賊帥張罕二萬衆于嘉陵江口又破之于合州西方溪高璭張旦亦敗賊于陵州七月賊攻眉州不克至是正等大敗張餘于雲安軍復其城**九月罷榷酤**自國初以來諸州置酒務官釀官得利無幾而味醨惡帝知之詔募民自釀而輸官錢**以翰衛卿[illegible]為永安軍節度使**○**契丹尚父室昉卒**昉自保寧以來為相與韓德讓耶律斜軫同心輔政務在息民薄賦慎刑由是法度脩明國無異議**遣使如契丹**求成也再遣使往而契丹不許於是募人汎海致女真及兀惹等部叛之二部不從**以襄王元侃為開封尹進封壽王**定太子帝在位久儲貳未立馮拯等上疏乞早定太子帝怒斥之嶺南中外無敢復言者寇準自鳳翔召還入見帝足創甚自褰衣以示準且曰卿來何緩耶準對曰臣非召不得至京師帝曰朕諸子孰

可以付神器者準對曰陛下爲天下擇君謀及婦人中官不可也謀及近臣不可也唯陛下擇所以副天下望者帝俛首久之屏左右曰襄王可乎準曰知子莫若父聖慮既以爲可願即決定遂以元侃爲開封尹進封壽王元侃帝第三子也以寇準參知政事。冬十一月宿翰敗張餘于眉州九月西川行營衛紹欽楊瓊屢破賊衆復蜀邛榮等州帝以蜀盜漸平下詔罪已曰朕委任非當燭理不明致彼親民之官不以惠和爲政管榷之吏唯用刻削爲功挑我蒸民起爲狂寇聞者感悅十一月賊攻眉州宿翰敗之契丹令郡邑舉明經茂材異等之士○十二月戊寅朔日有食之○以陳恕爲鹽鐵使總計使果不便乃罷之復以三司兩京十道復歸三部各置使一員以恕爲鹽鐵使時帝留意金穀召三司吏李溥等二十七人對于崇政殿詢以計司利害溥等上七十一事詔以四十四事付有司行之其廿七事下恕等議可否賜溥等金錢悉補侍禁殿直領其職帝謂宰相曰溥等條奏事頗有所長朕嘗語恕等若文章稽古此輩固不可望若錢穀利病彼自幼至長寢處其中必周知根本卿等但假以顏色引令剖陳必有所益復賜三司錢百萬募吏有能言本司不便者令恕等量事大小以錢賞之錢盡更給恕將立茶法召茶商數十人俾各條利害恕閱之等爲三法語副使宋太初曰吾觀下等固滅裂無取上等取利太深此可行于商賈不可行于朝廷惟中等公私皆濟吾裁損之可以經久於是始爲三法行之貨財流通恕每便殿奏事帝或未深察必形誚讓恕斂板踧踖退至殿壁負立若無所容俟帝意稍解復進懇執前論終不改易帝以其忠多從之

紀

至道元年 契丹統和十三年 **春正月帝觀燈于乾元樓** 自唐以來常以正月望日爲上元七月望日爲中元十月朔日爲下元三元前後各一夕開坊市門然燈以宴嬉帝罷中下二元然燈而上元之夕益盛是歲帝御乾元門樓以觀之見京師繁盛因指前朝坊巷省署以諭近臣令拓爲通衢長廊遂大設

燕張樂帝曰五代之際生靈凋喪周太祖自鄴南歸士庶皆罹剽掠下則火光上則彗孛觀者恐懼當時謂無復太平之日矣朕躬覽庶政萬事粗理每念上天之貺致此繁盛乃知理亂在人司空李昉對曰晋漢之事臣所備經何可與聖朝同日而語今四海清晏民物阜康皆陛下恭勤所致也吕蒙正避席曰乘輿所在士庶走集故繁盛如此臣嘗見都城外不數里飢寒而死者甚衆願陛下親以近以及遠蒼生之幸也帝變色不言蒙正侃然復位以趙昌言知鳳翔府○契丹韓德威侵邊折御卿敗之于子河汊○劉昌言免○以錢若水同知樞密院事○李繼遷遣使來獻馬○二月宿翰等至嘉州獲張餘蜀盜平餘爲嘉州軍士所獲宿翰等至嘉州函餘首送于行營其黨由是皆散夏四月吕蒙正罷禹錫蘇易簡罷蒙正在中書帝嘗欲遣人使朔方諭中書選才而可責以事者蒙正以名上帝不許他日三問蒙正三以

其人對帝曰卿何執耶蒙正對曰臣非執蓋陛下未諒耳因稱其人可使餘人不及臣不欲用媚道妄隨人主意以害國事同列悚息不敢動帝退謂左右曰蒙正氣量我不如既而卒用其人衆稱職及罷相判河南日引親舊於林園觴宴放尚寬簡委任僚屬事多總裁而已

以呂端平章事張洎參知政事趙鎔知樞密院事

初帝欲相端或曰端為人糊塗帝曰端小事糊塗大事不糊塗決意用之端居位持重識大體以清簡為務慮與寇準同列而已先正台揆恐準不平乃請參知政事與宰相分日押班知印同升政事堂帝從之蓋[illegible]故事時同列獎勵多有異議惟端學所建明一日帝手扎戒諭自今中書事必經呂端參酌乃得聞奏端愈謙讓不敢當洎博涉經史多知典故而於將順善待論議為翰林學士帝嘗謂近臣曰張洎富有文藝至今尚苦學江東士人之冠也學士之職清要貴重非他官可比朕嘗恨不得為之甚見寵遇然洎性險詖好攻人[illegible]每為寇準規畫準心伏之以兄事焉遂極口談其才故至大任既與準同列奉之愈謹政事一決於準無所參預[illegible]專

修時政記廿言善杀而已何承矩敗契丹于雍州。開寶皇后宋氏崩后崩遷梓宮于故燕國長公主第權菆于普濟佛舍諡曰孝章皇后貶翰林學士王禹偁知滁州開寶皇后崩群臣不成服禹偁對客言后嘗母儀天下當遵用舊禮坐謗訕責知滁州禹偁立朝敢言以直躬行道爲己任不爲流俗所容故屢見擯斥六月以李繼遷爲鄜州節度使繼遷不受初李繼遷遣押衙張浦以馬橐駞來獻帝令衛士翹關超距引强奪槊于後園俾浦等觀且令兵士告拓兩石弓帝笑問浦曰羌人敢敵否對曰羌部弓弱矢短但見此長鉅人則已竄矣況敢敵乎繼遷上表乞禁邊盜請詔從之至是遣閤門副使馮訥持詔拜繼遷鄜州節度使張浦爲鄭州防禦使留京繼遷不受命秋八月立壽王元侃爲皇太子更名恒大赦太子既立廟見還宮京師民擁道喜躍曰少年天子也帝聞之不懌召寇準謂曰人心遽屬太子欲置我何地準再拜賀曰此社稷之福也帝悟入語后

竊官中皆前慶帝喜從出延準歡極醉而罷以尚書左丞李至吏部侍郎李沆並兼太子賓客詔太子以師傅禮事
之太子每見至沆必先拜至沆不敢當上表辭謝帝不許九月封牂牁蠻酋龍漢璙爲
歸化王其部凡十一州皆依山險以寇詐爲事李繼遷寇清遠軍張延敗之
○冬十一月召王繼恩還以上官正雷有終並爲西川招
安使○契丹[illegible]耆○契丹冊王治爲高麗國王高麗連歲奉貢
于契丹契丹[illegible]冊之王治遂遣其童子十八從習契丹語十二月契丹韓德威侵府
州折御卿禦之卒于師詔以其子惟正知府州事韓德威諜知御
卿有疾遂踰嶺攻府州御卿力疾禦之德威聞其至不敢戰會疾甚母遣召之御卿曰世受國恩邊寇未滅御卿罪
也臨敵棄士卒自便不可況於軍中乃其分耳丈夫以無念我為孝豈兩全之說泣下翌日卒于師新渾儀

丙申

成秋官正韓顯符造銅渾儀成詔司天臺置之契丹以韓德讓爲大丞相

二年契丹統和十四年春二月以李昌齡參知政事帝謂昌齡曰中書政本當進用善良博詢衆議以正道公議臨之即怨讟無由生矣三月高麗請婚于契丹契丹

許之高麗與契丹接壤數被侵擾以受封中國不即臣服之嘗上表求援帝以北鄙甫寧不欲爲外夷復開邊隙但賜詔慰撫之高麗遂與中國絕而附于契丹既受其封事之甚謹[illegible]婚焉契丹以東京留守駙馬蕭恒德女爲越國公主許之未成婚而女死夏四月李繼隆等帥師討李繼遷初帝命洛

苑使白守榮護送芻粟四十萬于靈州李繼遷邀擊于浦洛河守榮衆潰輜重爲繼遷所奪帝怒令李繼隆爲環慶十州都部署將兵討之會四方館使曹璨自河西還言繼遷衆萬餘方圍靈武城中告急使爲繼遷所得則頓兵不去矣呂端請發兵由麟府鄜延環慶三道以擣平夏襲其巢穴或云暑涉旱海無水泉糧運艱難不如靜以待之

帝不聽親部分諸將命繼隆出環丁罕出慶范廷召出延王超出夏張守恩出麟州五路進討直趨平夏秋七月寇準免是歲正月祀南郊中外官皆進秩準素所喜者多得臺省清要官所惡及不相知者即序進之彭惟節馮拯俱爲廣州通判惟節素列拯下及是惟節轉屯田員外郎拯轉虞部員外郎章奏列銜惟節猶處拯下準怒堂帖戒拯毋亂朝制拯憤上疏極陳準擅權自恣上嶺南官吏除拜不平數事帝不懌張洎揣知帝綠準懼一旦同列罷乃奏準退朝誹謗帝益不悅會廣東轉運使康戩上言呂端張洎李昌齡皆準所引端德之洎能曲意承奉而昌齡畏懦不敢與抗故準得以任胸臆亂經制帝始大怒召端等責之端對曰準性剛自任臣等不欲數爭慮傷國體因再拜請罪及準入對帝語及拯事準請自辨帝曰若廷辨失執政體準猶力爭不已又持中書簿論曲直於帝前帝因歎曰鼠雀尚知人意況人乎遂罷知鄧州以丁惟清知西涼府涼州周回二千里東界原州南界雪山吐谷渾蘭州西界甘州北界吐蕃領姑臧神烏番禾昌松嘉麟五縣戶二萬五千七百三十口十

三萬城周回十五里李執所築久不內屬至是請師從之

八月，李繼隆不見虜而還。范廷召遇李繼遷于烏白池，敗之。繼隆以環州道迂，乃自青岡峽遶靈武徑趨平夏，兵行數日，與丁罕合，又行十餘日無所見，乃引還。張守恩遇之不戰而遁。王超、范廷召遇之于烏白池，大小數十戰，養其未幕軍主吃囉指揮使二十七人，繼遷遁去。超、廷召欲進擊，諸將失期，士卒又困乃，亦引還。繼遷復令軍主史能駐橐駝口，以阻歸師。繼隆遣田敏等力戰敗之，諸將乃得濟師。大有年。

丁酉

三年契丹統和十五年

春正月，張洎罷。以溫仲舒、王化基參知政事，李惟清同知樞密院事。葬孝章皇后于永昌陵。分天下州軍為十五路。京東、京西、河北、河東、陝西、江東、江西、浙東、浙西、淮南、荊湖、福建、劍南東、劍南西、廣南，凡十五路，各置轉運使。

三月，帝崩于萬歲殿，皇太子即位。帝不豫，宣

瞿鳳起世兄將其所藏元本代為鈔補

政使正繼恩忌太子英明陰與參知政事李昌齡殿前都指揮使李繼勳知制誥胡旦等謀立故太子楚王元佐帝崩皇后令繼恩召呂端端議所立端知有變鎖繼恩於書閣使人守之而入后問端曰宮車已晏駕立嗣以長順也今將如何端曰先帝立太子正為今日今始棄天下豈可遽違命有異議耶后默然乃奉太子至福寧殿即位太子既立垂簾引見群臣端平立殿下不拜請卷簾升殿審視然後降堦率群臣拜焉太宗沉謀英斷儉勤納諫閔農慎刑好學重儒故能削平海內功業炳然遇災知懼過舉能悔是以民窮而不怨兵罷而能戢若夫太祖之崩不踰年而改元涪陵武功之不得其死宋后之不成喪後世不能無譏焉契丹封李繼遷為西平王

○夏四月尊皇后曰皇太后赦○以李至李沆參知政事

○進封交阯郡王黎桓為南平王○五月李昌齡有罪貶為忠武軍節度行軍司馬封謀立楚王之罪貶昌齡為司馬降王繼恩為右監門衛將軍

均州安置胡旦除名長流潯州李繼勳以使相赴陳州而釋其餘黨立秦國夫人郭氏爲皇后后宣徽南院使守文之女太宗爲帝聘之至是立焉六月追復涪王廷美爲秦王○詔諸州勿得獻祥瑞○復封兄元佐爲楚王○錢若水罷○秋八月趙鎔李惟清罷以曹彬爲樞密使向敏中夏侯嶠爲副使○以孔世延襲封文宣公雍熙中伐契丹文宣公宜督糧餉溺死于拒馬河延世其子也至是詔襲封焉冬十月葬永熙陵○十一月高麗王治卒姪誦立誦繼立嘗遣兵校徐遠來候朝廷德音不得達而還遂與中國絕十二月追尊太宗賢妃李氏爲皇太后帝生母也李繼遷請降以爲定難節度使復賜姓名曰趙保吉

通鑑續編卷第四

通鑑續編卷第五

眞宗皇帝咸平元年契丹統和十六年春正月有星孛于營室詔求直言甲申彗出營室北呂端言彗出之應當在齊魯分帝曰朕以天下爲憂豈直一方耶甲午詔求直言避殿減膳釋杖罪以下之囚丁酉彗滅三月詔知貢舉官親屬別試于有司

夏四月遣使按吏民逋負于天下悉除之於是除逋欠一千餘萬釋囚三千餘人始用三司判官王欽若之言也五月戊午朔日有食之○冬十月丙戌朔日有食之○呂端李至溫仲舒夏侯嶠罷端器量寬恕知大體帝深重之每見其入對肅然拱揖不以名呼又以人端姿儀瓌大宮庭陛峻特令梓人爲納陛焉以疾罷相以

張齊賢李沆平章事向敏中參知政事楊礪宋湜爲樞密

訓導錢紳

副使齊賢慷慨有大略每以致君爲志嘗從容爲言皇王之道而推本其所以然且云臣受陛下非常恩故以非常報帝曰朕以爲皇王之道非有跡但庶事適治道則近之矣帝嘗問沆以治道所宜先沆對曰不用浮薄新進喜事之人此最爲先帝問其人沆對曰如梅詢曾致堯是矣帝又語及唐人樹黨遂使王室微弱蓋姦邪難辨耳沆對曰佞言似忠姦言似信至如盧杞蒙蔽德宗李勉以爲眞姦邪是也帝曰姦邪之迹雖曰難辨久之自敗帝一夕遣使持手詔欲以劉美人爲貴妃沆對使者引燭焚詔附奏曰但道臣沆以爲不可其議遂寢帝嘗以沆無密奏謂之曰人皆有密啓卿獨無何也對曰臣待罪宰相公事則公言之何用密啓夫人臣有密啓者非讒即佞臣常惡之豈可效尤

十一月契丹冊王誦爲高麗國王○契丹于越耶律休哥卒休哥智略宏遠料敵如神每戰勝讓功諸將故士卒樂爲之用身更百戰未嘗殺一無辜鎮燕十有七年省賦役恤孤寡戒戍兵無犯宋境雖馬牛逸于北者悉還之遠近向化邊境以寧

己亥

二年（契丹統和十七年）夏六月曹彬卒（彬疾帝臨問因詢以契丹事宜彬對曰太祖英武定天下猶委經營和好帝曰此事朕當屈節爲天下蒼生然須執綱紀存大體即以遠之利也又問以後事對曰臣無事可言臣子璨瑋材器可取臣若内舉皆堪爲將帝問其優劣對曰璨不如瑋及薨帝哭之彬性仁敏和厚在朝廷未嘗言人過失伐蜀唐秋毫無所取位兼將相不以等威自異遇士大夫於途必引車避之不名下吏每白事必冠而後見居官奉入給宗族無餘積平蜀還太祖從容問官吏善否彬曰軍政之外非臣所聞也君子謂仁恕清慎能保功名守法度彬爲宋良將第一）秋七月初給外任官職田（以官莊遠年逃田充之）以王顯爲樞密使○以楊徽之夏侯嶠呂文仲爲翰林侍讀學士邢昺爲翰林侍講學士（初置侍讀學士侍講學士也尋詔昺與杜鎬舒雅孫奭李慕清崔偓佺等校定周禮儀禮孝經論語爾雅公羊穀梁春秋傳）八月楊礪卒（礪卒帝謂侍臣

曰礪介直清苦何遽亡也即冒雨臨其喪礪居委巷中車駕不能入帝爲步進九月契丹樞密使耶律斜軫卒斜軫有經國材明敏忠慎國人重之冬十月契丹主侵瀛州康昭裔宋順死之十一月帝自將禦契丹十二月次于大名府契丹主大舉南伐十月次瀛州與宋師戰康昭裔宋順皆敗死喪獲器械無筭遂次遂城臨水列陣以待宋師遂城城小無備衆情危懼守將楊延昭業子也集衆登陴固守以俟援至會大寒汲水灌城上旦悉爲冰堅滑不可上契丹兵不能登乃引去掠祁趙邢洺州時鎮定高陽關行營都部署傅潛擁步騎八萬屯中山畏懦不逆闘營自守將校請戰者則醜言詈之朝廷聞道遣使督潛出兵合擊潛不聽范廷召忿因詬潛曰公恇怯乃不如一嫗爾鈐轄張昭允又屢勸之潛不得已乃分騎八千付廷召等令逆擊于高陽關仍許出師爲援十一月帝親禦之戊午次澶州以王超等督先鋒示以戰圖甲子次大名府躬御鎧甲於中軍契丹攻威虜軍不克

三年契丹統和十八年春正月帝在大名府。契丹主侵河間康保裔死之契丹師還范廷召追敗之于莫州范廷召等與契丹兵力戰而傅潜援師不至契丹掠德棣渡河湊淄齊諸將告急于潜潜不遣兵而抑有功者不以聞帝知之大怒詔并代都部署高瓊等分屯冀邢州而召潜還流之房州以葛霸代其任既而契丹犯河間高陽關副都部署康保裔與戰敗死契丹知帝親征乃引還范廷召追敗之宋湜卒于師。帝至自大名。益州戍卒作亂奉王均爲帥都巡撿使劉紹榮死之知州牛冕棄城走均遂陷漢州以雷有終爲川峽招安使帥師討之初神衛卒戍益州以都虞候王均董福分二指揮以領之福御衆有法部下皆優足均縱其下飲博軍裝亦以給賞及帝幸河朔兵馬鈐轄符昭壽與知益州牛冕大閱于東郊蜀人趨觀之二軍衣服鮮弊不等均衆由是怖憤益州知州與鈐轄二倅並禁旅爲牙隊歲除晁以酒肴犒部士而昭壽驕恣侵虐軍士怨之晁亦寬弛無政衆心不附正月朔旦神衛卒趙延順等八人爲亂遂殺昭壽是日益州官吏方賀正旦聞變皆奔竄晁與轉運使張適縋城而去惟都巡撿使劉紹榮冑刃格鬬衆寡不敵莫能成功叛卒尚未有主欲奉紹榮紹榮攝弓矢罵曰我本燕人棄鄉土歸本朝豈能與爾等同逆可亟見殺我終不負朝廷也衆未敢動監軍王澤與都虞候王均適至乃謂均曰汝所部爲亂盍自往招安均既往叛卒即擁之爲主紹榮自經死均遂僭號大蜀改元化順署置官稱設貢舉以張錯爲謀主三日均率衆攻陷漢州進寇緜州不下趨劍州爲知州李士衡所敗還保益州朝廷聞之以戶部使雷有終爲川峽招安捉賊使李惠石普李守倫並爲招安巡檢使給步騎八千往招討之上官正李繼昌高繼勳王阮孫正辭等皆隸焉

知蜀州楊懷忠會師討益州

懷忠聞王均作亂即調鄉丁會十一路巡撿兵討之乙卯懷忠入益州焚城北門至三井橋與均黨魯麻胡戰自晨至晡凡數合懷忠不利而退乞師于嘉眉等七

州二月懷忠合諸州兵復攻益州賊之衆勝逐賊至州南十五里砦下鷄鳴泉以俟王師均亦閉城東門以自固

二月王顯罷以周瑩王繼英知樞密院事王旦同知院事

○**雷有終敗績于益州**有終等至益州令石普先復漢州之丁卯均開城僞遁有終與上官正石普帥兵徑入因分劫民財部伍不肅賊閉關發伏布牀榻于路口官軍不得出因爲所殺有終等緣堞而墜得免李惠死焉官軍退保漢州益州城中民皆奔迸四出復爲賊黨分驅追殺或囚繫之支解族誅以恐衆又籍士民之少壯者爲兵先刺手背次髡首次黥面給軍裝令乘城與舊賊黨相間有終署牓掛之至則署其衣袂釋焉日數百人

宴群臣于後苑二月晦宴群臣賞花習射于苑中帝作仲春賞花釣魚詩儒臣皆賦盡歡而罷自是設宴賦詩遂爲永制

三月戊寅朔日有食之○**策貢士于崇政殿**擢第者千八百餘人其間有晉天福中隨計者較藝之詳推恩之廣未之有也帝連

三日臨軒初無倦色以梁鼎制置陝西青白鹽事初解州池鹽通商販易鼎請官自鬻朝廷是其議故用之鼎至解池禁止商販官運赴鄜延環慶等州公私大擾冬十月雷有終入益州王均走死四月賊由升僊橋分路攻王師有終帥兵逆擊大敗之均單騎躍城遂撤橋塞門王師進至清遠江爲梁而渡有終與石普屯於城北分遣將校攻城三面賊出戰屢敗然王師每薄城輒會雨城滑不能上有終命爲洞屋以進均亦對設敵樓以相拒有終遣卒焚樓賊由是消沮九月均復築月城以自固有終令卒蒙氊秉燧以火悉焚其望櫓機石先遣東西南三砦鼓譟齊進攻之有終普分主洞屋而前遂入城大敗之均夜與其黨二萬餘南出萬里橋門突圍而遁有終疑有伏遣人縱火城中詰朝執嘗受僞署者數百人悉焚殺之時謂冤酷均既走度合水尾由廣都略陵榮趨富順監所過斷橋塞路焚倉庫而去有終遣楊懷忠追之十月均至富順其將校以筏渡江趨戎瀘蠻境懷忠及之大敗其衆因張旗鳴鼙入城均方燕監署中與蠻酋飲其黨多醉不能枝梧

辛丑

均乃繼死懷忠取均首及僭偽法物旗幟甲馬甚衆爲其黨六千餘人逆徒殲焉均本饑愚嘗言官軍若至我當先路出迎自陳被脅之狀張鎧聞之擇軍中子弟署寄班以防守均令不得與人接見官軍至均不與聞自事起至敗所守止一城而已詔進有終懷忠等秩而流牛晃及張適於儋連州以翰林學士王欽若知制誥梁顥往安撫之

十一月張齊賢免（齊賢與李沆不相得日南至帝御朝元殿受朝而齊賢被酒失儀遂坐免）

四年（契丹統和十九年）春二月詔群臣子弟補京官者試一經。詔舉賢良方正直言敢諫者。分川峽爲益利梓夔州四路。以呂蒙正向敏中平章事。行儀天歷（司天少監史序所撰也）王化基罷以王旦參知政事馮拯陳堯叟同知樞密院事（初旦爲翰林學士嘗奏事退帝目送之曰爲朕致太平者必此人也由是決意用之）夏四月回鶻來貢回鶻可汗祿勝貢玉勒鞍名馬寶器願以兵助討李繼遷以王欽若參知政事。五月以大同軍留後桑贊領河西軍節度使。六月汰冗吏天下凡汰冗吏十九萬五千八百二人選曹爲清詔賜九經于州縣學校及聚徒講誦之所。契丹主滑其后蕭氏爲齊天皇后。秋九月趙保吉陷清遠軍保占復攝邊麟府副部署曹璨邀其輜重于柳撥川殺獲甚衆九月保吉復攻破定州懷遠縣及堡靜戎州清遠軍保吉勢益張大冬十月契丹主侵遂城王顯敗之契丹主南伐朝廷聞之以王顯爲鎮定高陽關三路都部署王超副之十月甲寅契丹主至遂城顯與戰大敗之戮二萬餘人契丹主進次滿城而還以西涼府六谷首領潘羅支爲靈州西面都巡檢使知鎮戎軍李繼和言潘羅支願戮力討李繼遷請授以刺史仍給廩祿經略使張齊賢兄請封爲六谷王兼招討使帝以問宰相皆曰羅支已爲酋帥授刺史太輕未須節鎮加王爵非順招討使號不可假外夷乃授都巡檢使會西涼使至言六谷分左右廂左廂副使折逋游龍鉢實參潘羅支軍事宜授以官乃以游龍鉢領宥州刺史

五年契丹統和二十年 春三月趙保吉陷靈州知州裴濟死之保吉大集蕃部攻陷靈州以爲西平府而居之知州裴濟死焉初保吉兵衆日盛有圖朔方之意朝廷困於飛輓中外咸以爲靈州乃必爭之地苟失之則緣邊諸郡皆不可保帝惑之李沆曰繼遷未死靈州非朝廷有也莫若遣使密召州將使部分軍民空壘而歸如此則關右之民息肩矣帝不從及城陷始悔之 夏六月趙保吉寇麟州知州衛居實大敗之 ○周瑩罷 ○秋七月甲午朔日有食之 ○九月召終南山隱士种放爲左司諫直昭文館咸平

初放毋卒，帝詔賜以粟帛緡錢。四年，張齊賢言放隱居三十年，孝行純至，可厲風俗，簡朴退靜，無謝古人。帝遣召之，放不起。齊賢復以為言，下詔褒美，遣使召之。放辭不允，乃詣京師。九月戊申，對于崇政殿，賜坐與語，詢以民政邊事。放對曰：明王之治，愛民而已，惟徐而化之。餘皆不對。即日授左司諫、直昭文館。放固讓，不許。賜緋衣、銀魚、犀帶、象簡、昭慶坊第宅一區，加帷帳什物、銀器五百兩、錢三十萬。御製五言詩寵之。時召對焉。明年，固請還山，許之，遷起居舍人。命館閣官宴餞于瓊林苑，帝賜詩三章。放既還，帝遣使撫問，圖其林泉居處，趣令入覲。

以曹宗壽為歸義軍節度使

沙州大將曹宗壽殺其節度使曹延祿，自知留後，遣使入貢方物，詔授宗壽本軍節度使。

冬十月，向敏中免

薛居正之子惟吉既死，其孫安上不肖，有詔不許貿易居第。敏中違詔貿之。會惟吉妻柴氏以已無所出而早寡，蓋畜其貲產，欲改適張齊賢。安上訴其事，柴遂誣敏中嘗求娶已，不許，以是陰誘安上。帝以問敏中，敏中言：臣近喪妻，不復議昏，未嘗求娶柴氏。帝置不問。柴又伐登聞鼓訟之，遂下御史臺按

刊字匠徐得

閤因併得斂中簣宅之狀時鹽鐵使王嗣宗忌斂中會入對上言斂中議娶王承衍女弟密約已定但未納采耳帝詢諸王氏得其實以斂中前言爲妄罷知永興軍而右僕射判永興軍張齊賢亦坐柴事責授太常卿分司于洛

六年契丹統和二十一年春二月加潘羅支朔方節度使羅支遣蕃官吴福聖臘來貢表言感朝廷恩信憤繼遷倔強已集騎兵六萬乞會王師收復靈州帝曰繼遷常在地斤三山之東每來寇邊及官軍出則已遁去使六谷部族近塞捍禦與官軍合亦國家之利也詔許之故有是命夏四月趙保吉寇洪德砦蕃將慶香敗之。○王繼忠及契丹耶律奴瓜戰于望都敗績契丹執繼忠以歸契丹遣南府宰相耶律奴瓜南京統軍使蕭撻凜南伐至定州之望都高陽關副都部署王繼忠與大將王超桑贊等帥兵赴之至康村與奴瓜等戰自日昳至乙夜敵勢少卻遲明復戰繼忠陣東偏爲敵所乘斷餉道超贊皆畏縮退師繼忠獨與麾下躍馬馳赴服飾稍異契丹識之圍數十重士皆殊死戰且戰且行旁西山而北至白城力不能支遂就擒見契丹主于炭山蕭太后知繼忠才賢授户部使繼忠因言南北通好之利契丹主然之

復以張詠知益州

帝以詠前在蜀治政優異復自永興徙知益州詠剛方自任威惠並行政績益著下詔褒美且令巡撫使謝濤傳旨諭詠曰得卿在蜀朕無西顧之憂矣

趙保吉陷西涼府丁惟清死之潘羅支會蕃部救西涼五月保吉敗死子德明嗣

保吉攻西涼陷之知府丁惟清沒焉潘羅支集六谷蕃部合擊保吉保吉爲流矢所中自度孤危且死屬其子德明必歸宋曰一表不聽則再請雖累百表不得請勿止也遂死年四十二德明嗣位年二十三矣尊保吉曰應運法天神智仁聖至道廣德光孝皇帝墓號裕陵遣使告哀于契丹契丹贈繼遷尚書令環慶邊臣以德明初立乞降詔撫之帝乃賜德明詔令齎圖來就知鎮戎軍曹瑋上言繼遷擅河南地二十年兵不解甲使中國有西顧之憂今其國危子弱不即捕滅後更強盛不可制矣願假臣精兵

出其不意擒衙明送闕下復河西爲郡縣此其時也帝欲以恩致德明不報以寇準爲三司使

陳恕罷恕久領三司帝初即位嘗命條具中外錢穀以聞恕久不進屢詔趣之恕對曰陛下富於春秋君知府庫充實恐生侈心是以不敢進也帝嘉之至是以疾固求館殿之職帝曰卿求一人可代者聽卿去耳恕薦準焉準檢尋恕前後改革興立之事類以爲冊及其所出榜別用新板躬至恕第請判押恕亦不讓一一押之自是計使無不循其舊貫恕精于吏理深刻少恩人不敢干以私掌利柄十餘年強力幹事胥吏畏服秋九月呂蒙正罷蒙正以疾力辭乃拜太子太師萊國公宋自有天下三居相位者蒙正趙普耳侍御史田錫卒錫居諫署盡言不諱封疏五十二奏悉焚之曰直諫臣職也豈可藏副以賣直耶及卒帝惻然曰田錫直臣也天何奪之速耶除天下逋租蠲物八萬三千釋繫囚四千一百六人

甲辰

景德元年契丹統和二十二年春三月皇太后李氏崩。夏六月宥罷侯趙保忠卒。秋七月，李沆卒。

時西北用兵，或至旰食，參知政事王旦歎曰：我輩安得坐致太平，優游無事耶？沆曰：少有憂勤，足爲警戒。他日四方寧謐，朝廷未必無事。旦以爲不然。沆又曰取四方水旱盜賊奏之，旦以爲細事不足煩上聽。沆曰：人主少年，當使知四方艱難，不然血氣方剛，不留意於聲色犬馬，則土木甲兵禱祠之事作矣。吾老不及見此，參政他日之憂也。丁謂與寇準善，準屢以謂才薦于沆，沆不用。準問之，沆曰：顧其爲人，可使之在人上乎？準曰：如謂者，相公終能抑之使在人下乎？沆笑曰：他日後悔，當思吾言。沆又嘗言：居重位實無補，惟中外所陳利害，一切報罷之，此少以報國爾。朝廷防制纖悉備具，或徇所陳請，行一事即所傷多矣。陸象先所謂庸人擾之是已。憸人苟一時之進，豈念厲民耶？沆常讀論語，或問之，沆曰：沆爲宰相，如論語中節用而愛人，使民以時，尚未能行。聖人之言，終身誦之可也。及薨，帝慟，謂左右曰：沆爲大臣，忠良純厚，始終如一，豈意不享遐壽耶？沆性直諒，內行修謹，居位慎密，不求聲譽，遵法度，識大體，人莫能干以私，公退終日危坐，未嘗跛倚。

弟封丘門內廳事前僅容旋馬或言其太隘沆笑曰居第當傳子孫此爲宰相廳事誠隘爲大祝奉禮廳事則已寬矣以畢士安參知政事。契丹册李德昭爲西平王德昭即德明也趙保吉黨戕潘羅支于者龍族李繼遷既死其黨迷般嚼及日逋吉羅丹二部亡歸者龍族欲陰圖潘羅支以復讎乃會部人攻者龍者龍族人多降之潘羅支聞者龍族急率百餘騎赴援二族與者龍降人定謀戕之于帳六谷諸豪共立潘羅支之弟廝鐸督爲首領八月以畢士安寇準平章事王繼英爲樞密使馮拯陳堯叟簽署樞密院事初畢士安既拜參知政事入謝帝曰未也行且相卿士安頓首帝曰朕倚卿以輔相豈特今日然時方多事求與卿同進者其誰可對曰宰相者必有其器乃可居其位臣駑朽實不足以勝任三司使寇準兼資忠義善斷大事宰相才也帝曰聞其好剛使氣對曰準方正慷慨有大節忘身徇國秉道疾邪此其素所蓄積朝臣罕出其右者第不爲流俗所喜今天下之民雖蒙休德涵養安佚而西北跳梁爲邊境患若準者正所宜用也帝曰然當藉卿宿德鎮之準既相疾惡守正小人日思所以傾之士安每爲申辨帝始不疑

閏九月契丹主侵定州遂次于望都

契丹主奉其太后南下命統軍使蕭撻凜攻威虜順安軍北平砦保州皆不利乃與契丹主合衆攻定州王超拒于唐河契丹遂駐師陽城淀號二十萬然每與宋師遇戰小却即引去倘佯無鬭志寇準聞之曰是狃我也請練師命將簡銳據要害以備之以參知政事王欽若判天雄軍府兼都部署會降將王繼忠以書詣莫州部署石普言契丹欲講和普以聞于朝朝臣皆以爲不可信畢士安請羈縻之漸許其平帝曰敵悍如此恐不可保士安曰臣嘗得契丹降人言其雖深入屢挫不甚得志陰欲引去又恥無名且彼寧不畏人乘虛覆其巢穴此請殆不妄繼忠之奏臣請任之於是帝手詔諭繼忠曰朕豈欲窮兵惟思息戰如許通和即當遣使

葬明德皇后○冬十月以廝鐸督爲朔方節度使○曹利用如

契丹十月高繼祖擊敗契丹數萬騎於岢嵐軍李延渥力拒契丹于瀛州又敗之契丹主欲還群臣不可復令

王繼忠附奏議和意欲宋先遣使帝乃遣崇儀副使曹利用奉書詣契丹軍蕭太后見之欲求關南地利用倫言其地乃前朝事不敢聞命太后不從

作龍圖閣閣在會慶殿西偏北連禁中閣東曰資政殿西曰述古殿閣上奉太宗御製文集及典籍圖畫寶瑞之物與夫宗正所進屬籍初置待制以杜鎬戚綸為之

十一月

契丹主侵澶州帝自將禦之十一月契丹敗宋師于洛州破德清軍冀州遂次于澶淵

北邊書告急一夕五至中外震駭寇準不發飲笑自如帝聞之大駭以問準準對曰陛下欲了此不過五日耳願帝幸澶州同列懼欲退準止之令候駕起帝難之欲還內準曰陛下入則臣不得見大事去矣請毋還而行畢士安力勸帝如準所請帝乃議親征召群臣問方略王欽若臨江人也請幸金陵陳堯叟閬州人也請幸成都帝以問準準心知二人之謀乃陽若不知者曰誰為陛下畫此策罪可誅也陛下神武將臣協和若大駕親征敵當自遁不然出

奇以撓其謀堅守以老其師勞佚之勢我得勝算矣奈何棄廟社欲幸楚蜀遠地所在人心崩潰敵乘勢深入天下可復保耶帝乃決計幸澶州庚午發汴京畢士安寇準王欽若皆從司天言日抱珥黄氣充塞宜不戰而却

十二月庚辰朔日有食之○帝次于澶州暨契丹平帝在道適苦寒左右進貂裘帝却之曰將士皆然朕安用此耶王繼忠數馳奏請和帝曰繼忠書雖可信然河冰已合且敵情多詐不可不備壬申契丹兵直犯前軍西陣未接戰蕭撻凜出按視地形時威武軍頭張瓌守床子弩弩撼機發矢中撻凜額死焉契丹主太懼引去而宋師數十萬方至由是和議益決丙子帝至澶州南城望見契丹軍勢甚盛衆請駐蹕寇準固請曰陛下不過河則人心益危敵氣未懾非所以取威決勝也且王超領勁兵屯中山以扼其亢李繼隆石保吉分大陣以扼其左右肘四方征鎮赴援者日至何疑而不進衆懼準力爭之不決出遇殿前都指揮使高瓊于屏間謂曰太尉受國恩今日有以報乎對曰瓊武人願效死準乃復入瓊隨立庭下準厲聲曰陛下不以臣

言爲然盍試問瓊等瓊即以所奏曰寇準言是準曰機不可
失宜趣駕瓊即麾衛士進輦帝遂渡河御北城門樓遠近
望見御蓋踊躍懽呼聲聞數十里契丹相視不能成列帝
悉以軍事付寇準準承制專決號令明肅士卒畏悅已而
契丹數千騎來薄城下詔士卒迎擊斬獲太半乃引去帝
還行宮留準居北城上徐使人視準何爲準方與知制誥
楊億飲博歌謔懽呼帝喜曰準如是吾復何憂戊寅曹利
用自契丹還言契丹欲得關南地帝曰所言歸地事極無
名若必邀求朕當決戰若欲貨財漢以玉帛賜單于有故
事則宜許之準不欲賂之以貨財且欲邀其稱臣及獻幽
薊之地因畫策以進曰如此則可保百年無事不然數十
年後戎且生心矣帝方厭兵特欲羈縻不絶乃曰數十年
當有扞禦之者吾不忍生靈重困姑聽其和可也準尚未
許十二月庚辰朔契丹遣飛龍使韓杞持書來請盟準欲
不從會有譖準幸兵以自取重者準不得已乃許其成復
遣曹利用如契丹軍議歲幣帝曰必不得己雖百萬亦可
準聞之召利用至幄謂曰雖有敕旨汝所許過三十萬吾
斬汝矣利用至契丹軍蕭太后以無還地之意謂利用曰

晉德我畀我關南周世宗取之今宜見還也利用曰晉人以地畀契丹周人取之我朝不知也若歲求金帛以佐軍尚不知帝意可否割地之請我不敢以聞契丹政事舍人高正始遽前曰我引衆以來圖復故地若止得金帛而歸吾愧吾國人矣利用曰子盍爲契丹熟計使契丹用子言恐連兵結釁不得而息非國利也契丹猶覬關南遣其監門衛大將軍姚東之持書復議帝不許而去利用竟以銀帛三十萬兩匹成約而還甲申契丹使姚東之來獻御衣食物乙酉帝御行營南樓觀河遂宴從官及東之等而成放河南北强壯歸農遣監西京左藏庫李繼昌持誓書如契丹軍稱其太后爲叔母歲輸銀十萬兩絹二十萬匹詔諸將勿出兵邀其歸路丁亥遣使安集河北流民陸縣散契丹遣其閤門使丁振持誓書來以兄禮事帝兩軍解嚴庚寅契丹主引兵歸壬辰赦河北諸州及兵過所死罪以下甲午帝發澶州自是南北罷兵寇準之力也帝至自澶州○契丹太后賜其大丞相韓德昌姓耶律氏進封晉王德昌即德讓也

乙巳

二年契丹統和二十三年春正月大赦正月庚戌朔以契丹講和大赦天下放散河北諸州強壯歸農令有司市耕牛給之罷諸路行營合鎮定兩路爲一省北面部署鈐轄都監使臣二百九十餘員河北戍兵十之五緣邊三之一置霸州安肅軍榷場詔緣邊得契丹馬牛悉縱還之禁入其境掠奪殺邊民鐵禁葺河北城池招流亡廣儲畜由是河北民得安業皆畢士安之謀也契丹主歸次燕京大享將士班賞有差以李允則馬知節孫全照楊延昭知雄定鎮保州畢士安請按邊要選求將易置之故有是命它所擇任各當其才置國信司以與契丹通和則吉凶軍嘉慶弔之使歲月相繼置國信司專主之領以宦者云二月孫僅如契丹賀其太后生辰也夏四月以王欽若爲資政殿學士欽若與寇準不協累表願解政事特置資政殿學士授之而寵其政以馮拯參知政事○六月達旦國九部致貢于契丹○以楊億爲

翰林學士億清忠耿亮，博覽強記，典章法度爲時取正，文章精密有規裁，當時學者宗之，尤喜誨誘後進，因以成名者甚衆，然剛介寡合，王欽若等惡之。趙德明遣使乞降，詔許之。德明以父遺命再遣使歸順，帝遣夏居厚持詔答之，因命河西諸蕃部族各守疆埸。秋七月，復置賢良方正等六科以舉士。賢良方正等三科久不行，至是畢士安請復之，仍增置爲六科，曰賢良方正能直言極諫科、博通墳典明於教化科、才識兼茂明於體用科、詳明吏理可使從政科、識洞韜略運籌帷幄科、軍謀宏遠材任邊寄科，以待京朝官之被舉及被應選之士。歸幣于契丹。自是歲以爲常。冬十月，韓國華如契丹。賀正旦也。畢士安卒。士安晨朝至崇政殿廬，暴疾作，帝步出臨視，已不能言，詔內侍以肩輿送歸第，薨。世謂士安之德端方沉雅，嚴正公亮，人所難及。十一月，契丹使阿里來。賀承天節也。十二月，以王欽若爲資政殿大學士。始置大學士，爲欽若也。

丙午

契丹使合住及盃奴來契丹主使其太保合住太后使其太師盃奴來賀正旦也周漸如契丹賀契丹主生辰也秋詔致仕官給半俸唐制致仕者非特勅則不給俸國初循之至是始有此詔

三年契丹統和二十四年春二月以宋州爲應天府以太祖舊藩也王繼英卒○寇準罷準爲相用人不以次同列頗不悅它日又除官同列因吏持例簿以進準曰宰相所以進賢退不肖也若用例一吏職耳自澶淵還頗自矜其功雖帝亦以此待準甚厚王欽若深嫉之一日會朝準先退帝目送之欽若因進曰陛下敬準爲其有社稷功耶帝曰然欽若曰澶淵之役陛下不以爲恥而謂準有社稷功何也帝愕然曰何故欽若曰城下之盟春秋恥之澶淵之舉是城下之盟也以萬乘之貴而爲城下之盟其何恥如之帝愀然不悅欽若曰陛下聞博乎博者輸錢欲盡乃罄所有出之謂之孤注陛下寇準之孤注也斯亦危矣由是帝顧

通鑑續編卷五　十三

準寢疾竟罷爲刑部尚書出知陝州初張詠在成都聞準入相謂僚屬曰寇公奇材惜學術不足爾及準知陝詠適自成都還準嚴供帳大爲具以待詠詠將别準送之郊問曰何以教準詠徐曰霍光傳不可不讀也準莫諭其意歸取光傳讀之至不學無術笑曰此張公謂我矣以王旦平章事趙安仁參知政事旦拜相帝謂之曰寇準多許人官以爲己恩卿當深戒之旦謝不敢以王欽若陳堯叟知樞密院事韓崇訓馬知節簽署院事○置常平倉于諸州詔京東西河北東陝西江南淮南兩浙皆立常平倉計户多寡量留上供錢自二三千貫至一二萬貫令轉運使司每州擇清幹官主之領於司農寺歲夏秋視市價量增以糴糶三年以上不糴即迴充糧稟易以新粟其後荆湖川陝廣南悉置焉以丁謂爲三司使林特爲副使謂機敏有智謀憸狡過人在三司案牘繁委吏久難解者謂一言判之衆皆釋然特尤善附會而有心計南平王黎桓卒子龍廷嗣

桓宅中子龍鉞立龍鉞兄龍全內庫財而遁其弟龍廷殺龍鉞而自立龍廷兄明護率扶蘭砦攻戰逾月知廣州凌策言桓諸子爭立衆心離叛請發本道兵平之帝以桓素脩職貢豈宜伐喪不許而以邵曄爲緣海安撫使令譬曉之曄至廣上邕州至交阯水陸及控制宜州山川等圖帝曰祖宗闢土廣大唯當慎守不必貪無用之地苦勞兵力命遵前詔安撫不得擅興

秋九月趙德明降冬十月以德明爲定難軍節度使封西平王德明復遣牙將劉仁勗奉誓表請藏盟府且言父有遺命帝嘉之乃以左右班都知張崇貴等充使授德明檢校太師兼侍中充定難軍節度使封西平王賜賚甚厚給奉如內地因貴子弟入質德明謂非先世故事不遣惟獻馳馬以謝恩而已

沙州曹宗壽致貢于契丹

四年契丹統和二十五年春正月帝如西京帝次永安鎮素服詣諸陵詔置永安縣及三陵副使都監二月己巳至洛陽命祭周六廟甲戌幸上清宮録白居易後利用爲河南府助教賜酺三日帝御五鳳樓

觀之召父老五百人賜飲樓下作太祖神御殿于西京復置武成王廟及國子監三月帝至自西京○契丹城遼西爲中京大定府大定秦爲遼西郡漢爲新安平縣漢末步奚居之幅員千里多大山深谷險阻足以自固唐初置饒樂都督府契丹主嘗過七金山土河之濱南望雲氣有郛郭樓闕之狀因議建都擇良工於燕薊倣臨潢置宮掖樓閣府庫市肆廊廡郛郭實之以漢户號曰中京夏四月皇后郭氏崩○五月丙申朔日有食之○增置孔子守塋户九二千户王中正言聖祖降于其家汀州黥卒王捷自言于南京遇道人姓趙氏授以小鐶神劒蓋司命真君也宦者劉承珪以其事聞賜捷名中正是年五月十三日真君降于中正家之新堂是爲聖祖而捧瑞之事起矣六月葬莊穆皇后○秋七月交州黎龍廷來貢詔以爲靜海軍節度使交阯郡王賜名至忠

邵曄曉黎明護以朝廷威德明護懼即奉龍廷主軍事龍廷自稱節度使開明王言于曄欲通貢奉曄令削去僞官龍廷遂稱權安南靜海軍留後遣使入貢帝賜龍廷九經及佛氏書而授以爵命且贈黎桓爲南越王八月以杜鎬爲龍圖閣直學士鎬博聞強記每得異書必手跡本末以聞眷遇甚厚始置是職以鎬爲之韓崇訓罷○三司使丁謂上景德會計錄自乾德中諸州支度經費外凡金帛悉送闕下於是利歸公上而條禁文簿漸爲精密吏不得售其姦太宗尤留意財用淳化初詔準漢制上計之法每歲三司具見管金銀錢帛軍儲等簿以聞每歲天下緡錢總入至一萬五千八十五萬一百而出亦相近之至是丁謂著會計錄以獻因條經費叅吉凶大禮已往者以備參較優詔獎之冬十二月有年淮蔡間麥斗十錢米斛二百錢初詔禮部糊名考校舉人

大中祥符元年契丹統和二十六年春正月有天書見于承天門之

鴟尾大赦改元

帝深以澶州城下之盟爲辱居常怏怏不樂王欽若度帝厭兵因謬進曰陛下以兵取幽薊乃可滌恥帝曰河朔生靈始免兵革朕安能爲此可思其次欽若曰惟有封禪泰山可以鎮服四海誇示外國然自古封禪當得天瑞希世絕倫之事然後可爾既而又曰天瑞安可必得前代蓋有以人力爲之者惟人主深信而崇奉之以明示天下則與天瑞無異也帝沉思曰王旦得無不可乎欽若曰臣喻以聖意宜無不可欽若乃乘間爲旦言旦黽勉從之帝尚猶豫莫與籌之者會幸秘閣驟問杜鎬曰古所謂河出圖洛出書果何事耶鎬老儒不測上旨漫應之曰此聖人以神道設教耳帝由此意決遂召王旦飲歡甚賜以尊酒曰此酒極佳歸與妻孥共之既歸發封則皆美珠也旦悟帝旨自是不敢有異議而封禪之事成矣正月乙丑有黃帛曳左承天門南鴟尾上守門卒塗榮以聞帝因謂羣臣曰朕去年十一月二十七日夜將半方就寢忽室中光曜見神人星冠絳衣告曰來月三日宜於正殿建黃籙道場一月將降天書大中祥符三篇朕悚然起對已復無見命筆識之自十二月朔即齋戒於

朝元殿建道場以竚神貺適覩皇城司奏左承天門屋南
角有黄帛曳鴟尾上帛長二丈許緘物如書卷纏以青縷
三道封處有字隱隱蓋神人所謂天降之書也王旦等皆
再拜稱賀帝即步至承天門瞻望再拜遣二内臣升屋奉
之以下王旦跪奉而進帝再拜受之親奉安輿導至道場
付陳堯叟啓封帛上有文曰趙受命興于宋付于昚居其
器守於正世七百九九定緘書甚密抉以利刀方啓帝跪
受復授陳堯叟讀之其書黄字三幅詞類洪範老子道德
經始言帝能以至孝至道紹世次諭以清净簡儉終述世
祚延永之意讀訖帝復跪奉韞以所緘帛盛以金匱王旦
等稱賀於殿之北廡丙寅群臣入賀于崇政殿賜宴帝與
輔臣皆蔬食遣官奏告天地宗廟社稷丁卯有司設大次
于朝元殿之西廊黄麾仗宫縣登歌文武官陪列帝服鞾
袍升殿酌獻三清天書禮畢步導入内是日紫雲見如龍
鳳覆宫殿戊辰大赦改元群臣加恩賜京師酺改左承天
門爲承天祥符分遣中使六人錫遼臣宴欽若之計既行
陳堯叟陳彭年丁謂杜鎬益以經義附和而天下争言祥
瑞矣獨龍圖閣待制孫奭言于帝曰以臣愚所聞天何言

訓導錢紳

哉豈有書也帝默然

夏四月詔以十月有事于泰山以王旦兼封禪大禮使

三月甲戌兖州父老千二百人詣闕請封禪丁卯兖州并諸路進士等八百四十人復詣闕以請壬午王旦等率文武將校蕃夷耆壽僧道二萬四千三百七十餘人詣闕請東封不允表五上帝意未决召三司使丁謂問以經費謂對曰大計有餘議乃定四月甲午詔以十月有事于泰山遣官告天地宗廟嶽瀆諸祠命翰林太常詳定儀注以王旦爲封禪大禮使王欽若趙安仁爲封禪經度制置使馮拯陳堯叟分掌禮儀丁謂等計度糧草既而契丹遣使請歲幣外別假錢幣王旦曰東封近彼以此探朝廷意耳帝曰何以答之旦曰止當以微物而輕之乃於歲給三十萬物内各借三萬仍諭次年額内除之契丹得之大慙

天書復見于功德閣○以王欽若趙安仁並判兖州○五月泰山醴泉出

王欽若至乾封上言泰山醴泉出錫山蒼龍見

置天書儀衛及扶侍使

置天書儀衛使副扶侍使副都監夾

侍等職凡有大禮即命宰執近臣兼之禮畢罷**六月得天書于泰山群臣遂上帝尊號**王欽若言六月乙未泰山西南垂刀山上有紅紫雲氣漸成華蓋至地而散其日木工董祚於醴泉亭北見黃素帛曳林木上有字不能識言于皇城使王居正居正見其上有御名以告欽若欽若具威儀奉導至社首跪授中使馳捧詣闕帝御崇正殿趣召群臣曰朕五月丙子夜復夢向者神人言來月上旬當賜天書于泰山宜齋戒祗受朕雖荷降告未敢宣露惟密諭王欽若等凡有祥異即上聞朕今得其奏果與夢協上天眷佑惟懼不稱王旦等曰陛下至德動天感應昭著臣等不勝大慶再拜稱賀壬寅乃迎導天書奉安于含芳園之正殿帝齋戒備法駕詣殿再拜受之授陳堯叟啓封其文曰汝崇孝奉吾育民廣福錫爾嘉瑞黎庶咸知祕守斯言善解吾意國祚延永壽歷遐歲讀訖復奉以升殿既而雲五色見少頃黃雲如鳳駐殿上帝再拜祥瑞圖示百僚於是群臣表上尊號曰崇文廣武儀天尊道寶應章感聖明仁孝皇帝**作昭應宮以奉天書**初帝議即宮城乾地營昭

應宮以奉天書左右有諫者帝召三司使丁謂問之謂對曰陛下有天下之富建一宮奉上帝且所以祈皇嗣也群臣有沮陛下者願以此諭之已而王旦密疏諫帝如謂所對答之旦不敢復言乃以謂爲脩昭應宮使官者劉承規副之

秋九月以天書告于太廟王欽若獻芝草八千本趙安仁獻五色金玉丹紫芝八千七百餘本諸州上芝草嘉禾瑞木三脊茅等不可稱紀九月令有司勿奏大辟案甲子奉天書告于太廟悉陳諸瑞物於仗内已乃以天書置于朝元殿建道場扶侍使上香旋中奏法曲擕行禮諸幄殿酌獻訖奉以玉輅中設几褥夾侍立旁周以黃麾仗前後部鼓吹道門威儀扶侍使以下前導自是凡舉大禮皆如之且製行殿供物定儀仗凡千六百人

冬十月帝封泰山禪社首大赦九月乙酉帝習封禪儀于崇德殿十月辛卯車駕發京師扶侍使以玉輅載天書先道丁未至乾符縣奉高宮齋于穆清殿戊申王欽若等獻太山芝草三萬八千餘本庚戌備法駕至山門黃雲覆輦道經險峻降輦步進鹵簿儀衛列于山下卒事享昊天上帝於圜臺陳天

書于左以太祖太宗配帝袞冕奠獻以寧王元偓亞獻舒王元偁終獻命群臣享五方帝及諸神于山下封祀壇帝飲福酒攝中書令王旦跪稱曰天賜皇帝太一神策周而復始永綏兆人三獻畢封金玉匱王旦奉玉匱置于石䃮攝太尉馮拯奉金匱以降將作監領徒封䃮帝登圜臺閱視訖還御幄宰臣率從官稱賀山下傳呼萬歲聲動山谷即日從還奉高宮百官奉迎于谷口帝復齋于穆清殿壬子禪祭皇地祇于社首山如封祀儀禮畢還次奉高宮日重輪五色雲見癸丑帝被袞冕御封禪壇上之壽昌殿受群臣朝賀大赦天下常赦所不原者咸赦除之文武並進秩令開封府及所過州軍考送服勤詞學經明行脩舉人其懷才抱器淪于下位及高年不仕德行可稱者所在以聞賜天下酺三日改乾封縣爲奉符縣大宴穆清殿又宴泰山父老于殿門賜以時服茶帛甲寅發奉符次于太平驛改奉高宮爲會真宮詔王旦撰封祀壇頌王欽若撰社首頌陳堯叟撰朝覲壇頌

十一月帝如曲阜謁孔子加諡爲玄聖文宣王

十一月戊午帝幸曲阜縣謁文宣王廟鞾袍再拜幸

叔梁紇堂近臣分奠七十二弟子遂幸孔林加諡孔子曰玄聖文宣王遣官祭以太牢追封孔子父叔梁紇齊國公母顏氏魯國太夫人妻并官氏鄆國夫人賜錢三十萬帛三百匹以四十六世孫聖佑爲奉禮郎主祀事追諡齊太公望爲昭烈武成王〔立廟青州〕追諡周文公旦爲文憲王〔立廟曲阜〕帝至自泰山。有年〔諸路米斗七八錢〕契丹蕭圖玉伐甘州回鶻降之

己酉

二年〔契丹統和二十七年〕夏五月詔追封玄聖文宣王廟配享從祀者爲公侯伯〔詔封兖公顏回爲兖國公費侯閔損以下九人爲郡公郕伯曾參以下六十二人爲侯命兩制以上文臣爲贊又封先儒左丘明等十九人爲伯〕加號聖祖爲司命天尊以王中正爲左武衛將軍。秋七月以昭應宮爲玉清昭應宮

○冬十月詔天下州軍作天慶觀詔以正月三日爲天慶節命天下立觀以答神貺十二月契丹太后蕭氏卒承天皇太后自中京還臨潢行柴冊禮事畢遂南幸未至燕而殂遣使告哀于宋夏高麗謚曰聖神宣獻皇后后北府宰相思溫之女明達治體聞善必從故群臣咸竭其忠習知軍政凡有大役親御戎車指麾三軍賞罰信明將士用命契丹主遵其教訓遂爲盛主罷賢良方正直言極諫等科上封事者言兩漢賢良多因災變以詢訪闕政今國家受瑞建封不當復設遂詔罷制舉

庚戌

三年契丹統和二十八年春正月王隨王儒如契丹弔祭也二月契丹使蕭合卓來致太后遺物也契丹使蕭虛列來謝弔祭也遣使如契丹會葬也交州李公蘊逐其節度使黎至忠而殺之自稱留後

三月詔以公藴爲靜海軍節度使封交阯郡王至忠年少苛虐國人不附大校李公藴尤爲至忠親任嘗令以李爲姓是年逐至忠出城而殺之併夷其兄弟自稱留後遣使貢奉帝曰黎桓不義而得之公藴又效尤焉雖可惡也然蠻俗何足責哉其用桓故事授以官爵賜之[illegible][illegible]故有是命

夏四月契丹賜其大丞相耶律德昌名曰隆運契丹主既葬太后因賜德昌名曰隆運賜宅及陪葬地于后陵之旁

五月契丹蕭圖玉伐甘州回鶻俘肅州之民而還圖玉破肅州盡俘其民修土隗口故城以實之

高麗康肇弒其君誦而立誦兄詢高麗西京留守康肇弒誦立詢契丹主謂群臣曰康肇弒君誦而立詢因而相之大逆也宜發兵問其罪群臣皆曰可國舅詳穩蕭敵烈曰國家連歲征討士卒抏弊况陛下在諒陰年穀不登創痍未復島夷小國城壘完固勝不爲武萬一失利恐貽後悔不如遣一介之使往問其故彼若伏罪則已不然俟陛下服除歲

豐舉兵未晚也不聽秋七月以杜鎬爲龍圖閣學士始置是職也八月詔明年春有事于汾陰河中府進士薛南及父老僧道千二百人列狀請祠后土于汾陰帝不許寧王元偓率文武官三上表以請帝從之以王旦兼汾陰大禮使王欽若爲禮儀使陳堯叟爲經度制置使儀同封禪旱將有事汾陰而歲旱龍圖閣待制孫奭上疏陳不可者十事且曰陛下才畢東封又議西幸非先王卜征五年重謹之意今國家土木之功累年不息水旱作沴飢饉居多乃欲勞民事神神其享之乎不聽九月契丹册李德昭爲夏國王○冬十一月陜州河清○契丹主伐高麗執康肇誅之王詢奔平州契丹主伐高麗先遣高正韓杞宣問王詢十月詢遣使奉表乞罷師不許十一月乙酉契丹軍渡鴨渌江康肇帥衆禦之戰敗退保銅州契丹進擊肇分兵爲三一營于州西據三水之會肇居其中一營于近州之山一附城而營契丹先鋒耶律盆奴率

詳穩耶律敵魯擊破三水砦擒肇及副將李立追亡數十里獲所棄糧餉鎧仗不可勝計會契丹主軍至斬首三萬餘級銅霍貴寧等州皆降都統蕭排押復大敗高麗于古達嶺王詢遣使上表請朝許之遂禁軍士俘掠以馬保佑為開京留守王八副之遣乙凛將騎兵一千送保佑赴京高麗守將卓思正殺契丹使者韓喜孫等十人帥兵出拒保佑不得入而還契丹主遣乙凛將兵擊之思正出奔西京契丹兵圍之五日不克契丹主次于城外王詢使其禮部郎中渤海陀失請降群臣議皆謂宜納之耶律質曰詢一戰而敗遽求納款此詐耳納之恐墮其計宜待彼勢窮力屈未晚也契丹主乃使蕭排押等進攻開京遇高麗兵敗之王詢棄城走平州契丹遂焚開京宮室府庫民廬俱盡至清江而還契丹師既行諸降城復叛至貴州南峻嶺谷大雨連日馬駝皆疲甲仗多失棄乃得渡鴨淥江十

二月陜州河復清集賢校理晏殊獻頌夏州饑西夏管内饑趙德明表求粟百萬朝議不知所出或言德明新納誓而敢違請以詔書責之王旦請敕有司具粟百萬于京師而詔德明來取德明得詔曰朝

辛亥

廷有人遂止

四年契丹統和二十九年春正月帝祭后土于汾陰大赦正月乙酉帝習祀后土儀丁酉奉天書發京師二月壬子出潼關渡渭河遣近臣祠西嶽癸丑次河中府丁巳至寶鼎縣奉祇宮己未瀵泉涌有光如燭辛酉祀后土地祇禮同東封配以太祖太宗是夜月重輪還奉祇宮命作大寧宮壬戌大赦天下常赦不原者咸赦除之文武進秩建寶鼎縣爲慶成軍賜天下酺三日大宴群臣於穆清殿而還初將祀汾陰龍圖閣待制孫奭上疏諫曰今之奸臣以先帝嘗停封禪故贊陛下以繼承先志先帝欲北平幽朔西取繼遷則未嘗獻一謀畫一策而乃卑辭厚幣求和於契丹蹙國縻爵姑息於保吉謂主辱臣死爲空言以誣下罔上爲已任是陛下以祖宗艱難之業爲姦臣僥倖之資此臣所以長嘆痛惜也時群臣爭奏祥瑞奭上言方今野雕山鹿並形奏簡秋旱冬雷率皆稱賀將以欺上天則上天不可欺將以愚下民則下民不可愚將以惑後世則後世不可惑夫國將興聽

于民將亡聽于神陛下何爲而不思也帝嘉其忠而不能從

三月帝過洛陽遂謁永昌陵○夏四月帝至育入汾陰○召陝州隱士魏野不至野嗜吟咏不求聞達居陝州之東郊手植竹樹清泉環繞旁對雲山景趣幽絕爲草堂彈琴其中好事者多載酒肴從之遊嘯咏終日野每著紗帽白衣見客出則跨白驢爲詩精苦有唐人風格帝自汾陰還次陝州遣使召之不起乃命工圖其所居觀之

契丹大丞相耶律隆運卒隆運重厚鋭智略明治體喜建功立事輔政三十年國以之治強

五月詔州城作孔子廟○秋七月馮拯罷○九月以向敏中爲五嶽奉册使十月帝御朝元殿發五嶽册

壬子

五年契丹開泰元年夏四月以向敏中平章事時寇相出鎮州郡不以吏事爲意寇準雖有重名所至終日遊宴張齊賢倜儻任情惟敏中盡心民事帝由是有復用之意使還遂拜爲相

高麗

王詢乞降于契丹高麗王詢遣蔡忠順奉表如契丹乞稱臣如故契丹主命詢親朝詢復以疾爲辭初契丹伐高麗取其地築六城曰興鐵通龍龜郭州皆生女直鴨淥江東及高麗臣服復以賜之至是契丹主怒詢不朝命復取六州地於是有女真人知高麗事者進言以爲自開京東馬行七日有大砦廣若開京凡旁邑所貢珍異皆在焉其勝羅等州之南亦有二砦所積如之若大軍自女直北渡鴨淥江並大河而上至郭州與大路會高麗可取也

五月賜杭州隱士林逋粟帛逋力學性恬淡好古不趨榮利家貧衣食不足晏如也結廬杭州西湖之孤山二十年足不及城市聞其名賜以粟帛其後逋爲墓於廬側將死賦詩有茂陵他日求遺藁猶喜曾無封禪書之句賜謚和靖先生

秋八月丙申朔日有食之○作五嶽觀以奉五嶽後改曰會靈

九月趙安仁罷爲王欽若所搆也

以王欽若陳堯叟爲樞密使丁謂參知政事馬知節爲樞密副使時天徐

下又安王欽若丁謂導帝以封祀眷遇日隆欽若自以深達道教多所建明而謂附會之與陳彭年劉承珪等蒐講墜典大脩宮宇以林特有心計使爲三司使以幹財利時人目爲五鬼王旦欲諫則業已同之欲去則上遇之厚追忠李沆之先識歎曰李文靖真聖人也欽若狀貌短小項有附疣時目爲瘿相性傾巧敢爲矯誕然智數過人每朝廷有興作能委曲遷就以中帝意以是有寵知節以眾方競言祥瑞深不然之每言于帝曰天下雖安不可忘戰去兵也

冬十月帝言聖祖降于延恩殿

帝語輔臣曰朕夢先降神人傳玉皇之命云先令汝祖趙玄朗授汝天書今令再見汝如唐朝恭奉玄元皇帝可也翌日復夢神人傳天尊言吾坐西斜設六位以候是日即於延恩殿設道場五鼓一籌先聞異香頃之黃光滿殿蔽燈燭覩靈仙儀衛九天司命天尊至朕再拜殿下俄黃霧起須臾霧散由西陛升見侍從在東陛天尊就坐有六人揖天尊而後坐朕欲拜六人天尊止令揖命朕前曰吾人皇九人中一人也是趙之始祖再降乃軒轅黃帝凡世所知少典之子非也母感雷夢天人生於壽丘陵

唐時奉玉帝命七月一日下降總治下方主趙氏之族今已百年皇帝善爲撫育蒼生無怠前志即離座乘雲而去王旦等皆再拜稱賀帝即命旦等至延恩殿歷觀臨降之所遂詔告天下肆赦加恩命丁謂及李宗諤陳彭年等禮官等修崇奉儀注閏月上聖祖尊號閏月己巳上九天司命保生天尊尊號曰聖祖上靈高道九天司命保生天尊大帝聖册懿號曰元天大聖后遂加太廟六室尊號立先天降聖節遣官就南郊設昊天及四位告之丙子群臣上帝尊號曰崇文廣武感天尊道應真佑德上聖欽明仁孝皇帝作景靈宮太極觀于壽丘奉聖祖聖母也且詔天下天慶觀並增建聖祖殿而製二舞文曰發祥流慶武曰降真觀德云十一月享玉皇于朝元殿○以王旦兼玉清昭應宮使○作景靈宮于京師○改謚孔子爲至聖文宣王以玄字犯聖祖諱也契丹改幽都府爲析津府○十二月立德妃劉氏爲皇后

后父通爲虎捷都指揮使太平興國中從征太原道卒后在襁褓而孤鞠于外氏善播鼗蜀人龔美者以鍛銀爲業携之至京師得入襄王邸帝即位自美人進位德妃性警敏曉書史由是專寵後宮郭后崩帝欲立之翰林學士李迪言妃起於寒微不可以母天下帝不從帝欲得翰林學士楊億草制使丁謂喻旨億難之因請三代丁謂曰勉爲此不憂不富貴億曰如此富貴亦非所願也乃命他學士焉后既立以無宗族因以龔美爲兄改其姓爲劉氏聞李迪之諫大恨之后能記憶每聞朝廷事輒言其本末帝退朝閱天下封奏多至中夜后皆預聞宮闈事有問輒傳引故實以對帝深重之由是漸干外政

癸丑

六年契丹開泰二年春正月置玉牒所修屬籍也三月以丁謂兼迎奉聖像使詔於建安軍鑄玉皇聖祖太祖太宗尊像至是成以丁謂爲迎奉使夏五月奉安聖像於玉清昭應宮○秋七月除農器稅○八月詔明年有

甲寅

軍于太清宮以王旦兼大禮使亳州官吏父老三千三百人詣闕請謁太清宮帝許之詔以來春親謁遂命旦兼亳州太清宮大禮使丁謂兼奉祀經度使孫奭上言陛下事事纂效唐明皇豈以明皇爲令德之主耶帝曰東封祀汾謁陵寢尊老子非始于明皇開元禮令世所循用不可以天寶之亂而非其禮作解疑論以示群臣焉上老子尊號加號太上老君混元上德皇帝十二月戊午朔日有食之。獻天書于朝元殿十一月判亳州丁謂獻芝草三萬七千本十二月扶侍使趙安仁等上奉天書車輅鼓吹儀仗士申獻天書于朝元殿遂告玉清昭應宮

七年契丹開泰三年春正月帝謁老子于亳州太清宮正月壬寅車駕奉天書發京師丙午次奉元宮判亳州丁謂獻白鹿一芝九萬五千本戊申王旦上混元上德皇帝冊寶己酉朝謁太清宮是夜月重輪曲赦亳州及車駕所經流以下罪升亳州爲集慶軍節度改奉元宮爲明道宮賜酺三日遂詣亳城

西朝拜聖祖新殿以應天府為南京。作鴻慶宮于應天府奉安太祖太宗聖像二月帝至自亳州大赦辛酉帝至自亳辛未享太廟壬申恭謝天地大赦天下夏四月以曹賢順為歸義軍節度使沙州曹宗壽死子賢順自為留後奉貢請命于朝故有是命沙州自宗壽以來通使契丹五月以王旦兼兗州景靈宮朝修使天書刻玉使王欽若為同天書刻玉使六月王欽若陳堯叟馬知節免知節素薄欽若之為人遇事未嘗少屈欽若不悅會瀘州都巡檢王懷信等上平蠻功欽若久不決知節因面詆其短爭於帝前帝召王旦質之旦至欽若猶譁不已知節流涕曰願與欽若同下御史府旦叱欽若使退帝大怒命付獄旦從容曰欽若等當黜未知坐以何罪帝曰忿爭無禮旦曰陛下奄有天下使大臣坐忿爭無禮之罪或聞外國無以威遠帝曰卿意如何旦曰願至中書召欽若等宣示陛下含容之意且戒約之俟少間罷未晚也帝曰非

卿言朕固難忍遂如旦議月餘始罷欽若知節併及堯叟欽若仍爲刻玉副使以寇準爲樞密使

○契丹伐高麗契丹連歲遣中丞耶律資忠使高麗取六州舊地高麗不從乃遣國舅詳穩蕭敵烈討之秋七月以王嗣宗曹利用爲樞密副使○八月以向敏中兼景靈宮使○高麗來貢高麗爲契丹所阻不通中國者累年至是復遣其御事工部侍郎尹證古入貢詔登州置館于海次以待之冬十一月玉清昭應宮成初議營宮料功須二十五年脩宮使丁謂令以夜繼晝每繪一壁給二燭故七年而成凡二千六百一十楹制度宏麗屋宇少有不中程式雖金碧已具劉承珪必令毀而更造有司莫敢較其費十二月作元符觀○户部獻天下民數户九百五萬五千七百二十九口二千一百九十七萬六千九百六十五折惟昌卒以其弟惟忠知府州事

八年契丹開泰四年春正月帝詣玉清昭應宮上玉皇大天帝聖號大赦正月壬午朔謁玉清昭應宮奉表上玉皇聖號曰太上開天執符御歷含真體道玉皇大天帝遂以所摹刻天書玉版奉安于寶符閣帝容立侍其側還御崇德殿受賀大赦命刻玉使日赴殿行香副使已下日莅事焉帝製誓文刻石寘于閣下又製欽承寶訓述以示中外二月加楚王元佐天策上將軍興元牧賜劒履上殿詔書不名○夏四月寇準罷準以三司使林特附會邪險惡之每事沮抑帝以特能幹財利以佐興造聞之不悅謂王旦曰準剛忿如昔旦曰準好人懷惠又欲人畏威皆大臣所當避而準不能此其所以短也非至仁之主孰能容之然竟以與林特忿爭罷初準數短旦于帝而旦專稱準帝謂旦曰卿雖稱其美彼專談卿惡旦曰理固當然臣在相位久政事缺失必多準對陛下無隱益見其忠直此臣所以重準也帝由是益賢旦中書有事送密院事違詔格準以上聞旦被責第拜謝堂吏皆被罰

不踰月密院有事送中書亦違詔格堂吏欲然呈旦旦令送還密院而已準大慙謝及罷準託人語旦求爲使相旦驚曰將相之任豈可求耶吾不受私請也準深憾之已而除準武勝軍節度使同平章事判河南府準入見謝曰非陛下知臣安能至此帝具道旦所以薦者準愧歎以爲不可及準至鎮生辰造山棚大宴又服用僭侈爲人所奏帝怒謂旦曰寇準每事欲效朕可乎旦徐對曰準誠賢能無如騃何帝意解曰然此正是其騃爾遂不問　以王欽若陳堯叟爲樞密使○五月契丹伐高麗蕭敵烈伐高麗無功而還契丹主復命樞密使耶律世良帥師伐之六月己酉朔日有食之○秋九月吐蕃唃厮囉請伐夏州不許唃厮囉吐蕃贊普之裔生於高昌磨榆國年十二河州羌何郎業賢奇其貌挈之歸吐蕃置于劘心城大姓聳昌厮均又徙詣移公城欲於河州立文法於是宗哥城僧李立遵邈川大首領溫逋奇掠取唃厮囉如廓州尊立之部族寖盛乃徙居宗哥立遵自爲論逋佐之論逋者國相也立遵貪

而喜殺國人不附會與涇原鈐轄曹瑋戰于三都谷而敗復襲西涼府亦不利衆益怨之唃廝囉遂與立遵不協徙居邈川以溫逋奇爲論逋有勝兵六七萬而立遵自居宗哥屢表請贊普之號朝議以贊普乃戎王也立遵位在唃廝囉下不宜妄授止命爲保順軍節度使唃廝囉與西夏接壤每以兵抗趙德明以希朝廷賜予至是唃廝囉始立文法聚衆數十萬上表請討平夏以自效帝以戎人多詐或生他變命周文質益涇原軍曹瑋知秦州以備之王嗣宗罷○知陳州張詠卒詠卒遺表言不當造宮觀竭天下之財傷生民之命此皆賊臣丁謂誑惑陛下乞斬謂頭置國門以謝天下然後斬詠頭置丁氏之門以謝謂帝歎其忠冬十一月种放卒放自還山後數朝京師封岱祀汾莫不預焉帝眷遇有加勞餞備至人或嘲放出處之迹放不答祿賜既豐晚節頗飾輿服廣置良田于長安至強市爭訟門人族屬因依倚恣橫王嗣宗守京兆放嘗乘醉慢罵之嗣宗遂條上其不法事極其醜詆目放爲魑魅會赦恩而止放不自安然居嵩山天封觀側帝聞之詔內侍就與唐觀基起

李順刊

第賜之然猶往來終南按視田畝每行必給驛乘在道或
親詣驛吏規算糧具之直時議寖薄之嘗陪曲宴帝令群
臣賦詩杜鎬誦北山移文以譏放放不之愧及卒
帝甚嗟悼親製文遣內侍祭之特贈工部尚書

丙辰

九年契丹開泰五年春正月以丁謂兼會靈觀使○契丹大敗高
麗于郭州耶律世良蕭屈烈與高麗戰于郭州西破之斬首數萬獲其輜重而還二月詔皇
子壽春郡王益就學于資善堂以張士遜崔遵度爲王友士遜一日謁王旦稱
皇子學書有法旦曰公爲王友職止於是耶士遜愧謝受
益同寢李氏所生皇后養爲己子與淑妃楊氏同撫育之
夏五月以向敏中兼會靈觀慶成使○六月蝗飛蔽空京畿大蝗
帝遣人至郊得死蝗以獻帝信之以示大臣明日執政遂
袖死蝗進曰蝗盡死矣請示于朝率百官賀王旦獨不可
後數日方奏事飛蝗忽蔽天帝顧旦曰使百官方賀而蝗
如此豈不爲天下笑耶帝以頻歲旱蝗問翰林學士李迪

曰旱蝗荐臻將何以濟迪請發內藏庫以佐國用則賦斂寬民不勞矣帝曰朕欲用李士衡代馬元方爲三司使俟其至當出金帛數百萬借之迪曰天子於財無內外願下詔賜之以示恩德何必曰借帝悅迪又言陛下土木之役過甚蝗旱之災殆天意以警陛下也帝深然之

旱○秋八月曹瑋敗吐蕃于伏羌

○九月丁謂陳堯叟免○以陳彭年王曾張知白參知政事張旻任中正爲樞密副使

彭年附王欽若以成天書群祀之事詳練儀典雖前世未有者必推引依據以成就之衆伏其該辨帝甚寵遇之及李宗諤楊億相繼罷彭年獨任翰林事務叢委形神皆耗舉止失措至家人有不記其名者一日謁王旦旦辭不見向敏中爲持所上文字示之旦瞑目不覽曰是不過興建符瑞圖進取耳及視之果然

詔罷諸營建

帝以旱蝗停京城工役禁舉樂罷秋宴督諸路捕蝗遂罷諸營造禁天下貢瑞物甲寅得雨蝗散戊辰青州飛蝗赴海死積海岸百餘里

詔民能賑貧者官

丁巳

之詔民有出私廩振貧乏者三千石至八千石第授助教文學及上佐

天禧元年契丹開泰六年春正月帝詣玉清昭應宮上玉皇及聖祖寶冊大赦正月辛丑朔改元詣玉清昭應宮薦獻上玉皇大天帝寶冊袞服壬寅上聖祖寶冊己酉上太廟謚冊庚戌享六室辛亥謝天地于南郊大赦御天安殿受冊號乙卯宰相讀天書於天安殿壬戌詔以四月旦曰爲天祥節命王旦爲兗州太極觀奉上冊寶使二月進封李公蘊爲南平郡王○陳彭年卒彭年敏給強記尤好儀制沿革刑名之學然性奸諂時號九尾狐夏五月以王旦爲太尉侍中五日一至中書旦固讓許之旦素羸多疾連年求解機務不許至是拜太尉侍中五日一赴起居入中書遇軍國重事不限時日入預參決旦愈畏避上疏求退固辭新命又託同列奏白帝重違其意止加封邑契丹蕭合卓伐高麗不克而還○

秋八月以王欽若平章事帝久欲相欽若王旦曰欽若遭逢陛下恩禮已隆且乞留之樞密兩府亦均臣見祖宗朝未嘗有南人當國者雖古稱立賢無方然須賢士乃可臣爲宰相不敢沮抑人此亦公議也乃止及旦疾欽若遂相欽若語人曰爲王子明遲我十年作宰相九月王曾免王欽若方挾符瑞以固寵位陰排異己者會有詔以曾爲會靈觀使曾以推欽若帝疑曾自異不悅會曾市賀皇后家舊第其家未徙曾令人昇士置門外賀氏訴于朝遂罷以李迪參知政事馬知節知樞密院事曹利用任中正周起同知院事○太尉侍中王旦卒旦爲首相會天下無事愼守祖宗法度無所變改帝久益信言無不從凡大臣有所奏請必問曰王旦以爲如何旦與人寡言笑及奏事群臣異同旦徐一言以定居家貧客恒滿堂察可與言及素知名者數月後召與語詢訪四方利病或使疏其言所獻之觀才之所長密籍其名不復與之相見遇有差除必先密疏四三人姓名以請所用者帝以筆點之

同列不知爭有所用惟旦奏入無不俞允丁謂因是數譖其專而莫知其故也旦凡薦人人未嘗知諫議大夫張師德兩詣旦門不得見意爲人所毀以告向敏中敏中從容爲旦言之旦曰旦貴安得有毀人者但師德後進待我薄耳及議知制誥旦曰可惜張師德敏中問之旦曰累於上前言師德名家子有士行不意兩及吾門狀元及第榮進素定但當靜以守之爾若復奔競使無階而入者當如何也張士遜轉運江西見旦求教旦曰朝廷權利至矣士遜遵其言不求羨利人稱士遜識大體薛奎發運江淮辭行旦無他語但云東南民力竭矣奎退歎曰眞宰相之言也內臣劉承珪以忠謹得幸病且死求爲節度使帝語旦曰承珪待此以瞑目旦執不可曰他日求爲樞密使此其階也遂止自是內臣不過留後旦任事久人有謗之者輒引咎不辨至人有過失雖人主盛怒可辨者辨之必得而後已及疾甚引對滋福殿帝曰朕方以大事託卿而卿疾如此因命皇子出拜旦皇恐走避皇子隨而拜之旦言皇子盛德必任陛下事因薦可爲大臣者十餘人復力求避位帝視其形瘵閔之乃以太尉兼侍中領玉清昭應宮使給

宰相半俸帝謂之曰卿今疾亟萬一有不諱朕以天下付之誰乎旦謝曰知臣莫若君惟明主擇之固問之旦舉笏曰以臣之愚莫如寇準帝曰準性剛褊更思其次旦曰他人臣所不知也因辭退疾益篤帝親臨問手自調藥并薯蕷粥賜之遣內侍問者日至三四及薨帝痛悼不已張旻罷○饑

戊午

二年契丹開泰七年春二月進封壽安郡王受益爲昇王○夏閏四月馬知節罷○作祥源觀○五月契丹以張儉爲政事令儉端慤不事外飾爲雲州幕官故事車駕經行長吏當有所獻契丹主獵雲中節度使進曰臣境無他產惟幕僚張儉一代之寶願以爲獻先是契丹主夢四人侍側賜食人二口及聞儉名始悟因召見容止朴野訪及世務占奏三十餘事皆合上旨由是眷注日隆竟至爲相六月以曹利用知樞密院事○秋八月立昇王受益爲皇太子更名禎赦○冬十月契丹

杞巳

蕭排押伐高麗十二月戰于茶陀二河契丹師敗績○張知白罷

三年契丹開泰八年春正月契丹冊曹順爲燉煌郡王曹順即曹賢順也二月契丹以王繼忠爲南院樞密使○三月戊午朔日有食之○判永興軍寇準得天書于乾佑山詔迎入禁中巡檢朱能所造也中外咸識其詐帝獨信之迎入禁中魯宗道孫奭知能所爲咸諫不聽準由是得召用矣夏六月王欽若免商州捕得道士譙文易畜禁書能以術使六丁六甲神自言皆出入欽若家得欽若所遺詩帝問欽若欽若謝罪遂免以寇準平章事丁謂參知政事謂因準稱譽得致通顯雖同列而事之甚謹嘗會食中書羹污準鬚謂起徐拂之準笑曰參政國之大臣乃爲官長拂鬚邪謂大慚恨遂

成隙儲

秋七月群臣上帝尊號大赦以天書再見也八月大會道釋于天安殿凡萬三千八十六人冬十一月帝朝景靈宮享太廟祀天地于圜丘大赦己巳帝謁景靈宮庚午享太廟辛未祀天地于圜丘大赦天下加恩文武自是每三歲行禮宮廟圜丘必同輦爲永澍向敏中寇準並加僕射麻下帝謂翰林學士李昌武曰朕自即位以來未嘗除左僕射今命敏中應甚喜也賀客必多卿往觀之勿言朕意也昌武往候敏中敏中方謝客門闌悄然及見賀之具叙禮命之異敏中但唯唯卒無一言既退使人瞷其庖中亦寂無一人明日昌武入對具以白上上大笑曰向敏中大耐官職

十二月以曹利用丁謂爲樞密使任中正周起爲副使○高麗乞貢方物于契丹契丹許之

庚申

四年契丹開泰九年春正月以曹瑋簽書樞密院事瑋沉勇有謀馭軍嚴明自

少捍禦西陲熟知羌情每以奇計用兵所向克捷善撫士卒能綏懷邊人羌戎畏懷之三月帝有疾不視朝○三月向敏中卒敏中性端厚愷悌多智知人善處繁劇時以重德目之帝深倚信雖老恒疾不得謝事而薨夏四月兩月並見于西南○復以楊億為翰林學士億去翰林六年而復入是歲卒高麗求成于契丹契丹許之王詢上表請稱藩納貢如故事且歸所拘人只剌里契丹遣使報許之六月寇準罷時帝得風疾事多決于皇后寇準李迪以為憂一日準請間曰皇太子人所屬望願陛下思宗廟之重傳以神器擇方正大臣羽翼之丁謂錢惟演佞人也不可以輔少主帝然之準密令楊億草表請太子監國且欲援億輔政已而準被酒漏言丁謂謂之曰即日上體平朝廷何以處此李迪曰太子監國古之制也何不可之有準竟以是罷為太子太傅封萊國公[illegible]七月以李迪平章事馮拯為樞密使迪時為太子賓客制下固辭帝不允會皇

太子見帝拜曰陛下用賓客爲相取謝帝顧謂迪曰尚可辭耶迪乃受命以丁謂平章事○內侍周懷政伏誅貶太子太傅寇準知相州入內副都知周懷政失寵懼誅素附寇準以帝疾而準罷因謀奉帝爲太上皇而傳位太子殺丁謂而復相準客省使楊崇勳內殿承制楊懷吉以其謀告丁謂謂即微服夜乘犢車挾崇勳詣曹利用計議明日以聞詔命曹瑋訊之懷政具服帝怒甚欲責及太子群臣莫敢言李迪從容奏曰陛下有幾子乃欲如是帝悟乃止誅懷政丁謂與皇后謀逐貶寇準爲太常卿知相州而罷翰林學士錢惟演樞密直學士王曙他日帝問左右曰吾目中何久不見寇準群臣畏謂威莫敢對

八月以任中正王曾參知政事錢惟演爲樞密副使○周起曹瑋罷○貶知相州寇準爲道州司馬丁謂請再貶準帝意欲謫諸江淮間謂退竟除道州司馬同僚莫敢言王曾獨以帝語質之謂顧曰居停主人勿復言蓋指曾嘗以第舍假準也

九月

帝疾瘳○冬十一月李迪丁謂罷翌日詔謂復視事翰林學士劉筠請罷從之丁謂擅權用事至除吏不以聞迪憤然謂同列曰迪起布衣至宰相有以報國死猶不恨安能附權倖爲自安計耶會議二府皆進秩兼東宮官迪以爲不可謂又欲引林特爲樞副迪復沮之謂積怨既而謂加門下侍郎兼太子太傅迪加尚書左丞依前兼太子少傅故事宰相無爲左丞者及入對于長春殿内出制書置榻前帝謂輔臣曰此卿等兼東宮官制也迪進曰東宮官屬不當增置臣不敢受命丁謂固上弄權私林特錢惟演而嫉寇準特子殺人事寢不治準無罪遠謫惟演以皇后兄姻家使預朝政曹利用馮拯相爲朋黨臣願與謂俱罷付御史臺劾正帝怒留制不下左遷迪户部侍郎知鄆州謂户部尚書知河南府明日謂入謝帝詰所爭狀謂對曰非臣敢爭乃迪詈臣爾願復留遂賜坐左右欲設墩謂顧曰有旨復平章事乃更以杌進遂自出傳口詔復入中書視事時翰林學士刘筠已草迪謂同罷制既而謂復留命別草制筠不奉詔乃更召學士晏殊

草之筠自院出遇殊於樞密院南門殊皇恐側面不敢與揖謂既復位益擅權專恣筠曰姦人用事安可一日居此力請補外遂知廬州筠初爲楊億所識拔景德以來竟與億同居文翰之府時人號爲楊劉

詔太子決事于資善堂詔自今軍國大事仍舊親決餘皆委皇太子同宰相樞密等參議引決太子固讓不允進丁謂太子少師馮拯少傅曹利用少保十二月太子開資善堂親政皇后裁決于內而丁謂用事中外以爲憂王曾謂錢惟演曰太子幼非中宮不能立中宮非倚太子則人心亦不附后若加恩太子則太子安太子安則劉氏安矣惟演秉間言之后深納焉

以馮拯平章事。作天章閣藏御集也

十二月帝有疾

辛酉

五年契丹太平元年

春正月帝疾瘳。以張士遜爲樞密副使。二月以孔聖祐襲封文宣公。秋七月甲戌朔日有食之

○九月吐蕃唃厮囉來降○冬十一月貶王欽若為司農卿分司南京欽若在河南有疾表乞就醫京師丁謂使人紿之曰上甚思一見君也欽若信之即輿疾至京謂因言欽若擅去官守無人臣禮故貶契丹立梁王宗真為太子宗真字夷不菫小字只骨宮人蕭耨斤所生齊天皇后蕭氏無子取而養之愛同己出耨斤不悅焉高麗致貢于契丹

乾興元年契丹太平二年春二月群臣上帝尊號○帝崩于延慶殿皇太子即位尊皇后為皇太后權處分軍國事淑妃楊氏為皇太妃帝崩王曾奉遺詔入殿廬草制命皇后權處分軍國事輔太子聽政丁謂欲去權字曾曰皇帝冲年太后臨朝斯已國家否運稱權猶足示後且增減制書有法表則之地先欲亂之耶謂遂止太子即位年十三

矣尊皇后爲皇太后淑妃爲太妃兩府定議太后與帝五日一御承明殿垂簾聽政太后坐右帝居左丁謂欲擅權不欲同列與聞機政潛結入内押班雷允恭請太后降手書云帝朔望見群臣大事則太后召對輔臣決之非大事則令允恭傳奏禁中畫可以下學士草制辭允恭先持示謂閲訖乃進王曾曰兩宫異處而柄歸宦官禍端兆矣

於是允恭恃勢專恣而丁謂權傾中外衆莫敢抗獨王曾正色立朝時倚爲重

赦○薛貽廓如契丹告哀也**夏四月薛由如契丹**告即位也**貶故相寇準爲雷州司户參軍李迪爲衡州團練副使**丁謂怨準而太后憾迪之肯諫立已也遂誣以朋黨貶之凡與二人親善者皆逐故曹瑋亦謫知萊州學士呈制草謂改曰當醜徒干紀之際屬先帝違豫之初羅此震驚遂致沉劇且使人迫迪行或語謂曰迪若貶死公如士論何謂曰異日諸生記事不過曰天下惜之而已謂必欲令二人死遣中使齎敕就賜以錦囊貯劍揭于馬前至道州準即行因閲圖經見州東南至海岸十里歎曰吾少時

嘗有詩云到海只十里過山應萬重人生得喪豈偶然耶在雷踰年病薨

六月契丹使耶律僧隱等來

契丹使都點檢耶律僧隱充祭奠使林牙蕭日新充太后弔慰使金吾耶律諧充帝弔慰使復爲飯三京僧數萬人

內侍雷允恭伏誅丁謂任中正免

丁謂爲山陵使雷允恭爲都監判司天監邢中和言于允恭曰今山陵上百步法宜子孫類汝州秦王墳允恭曰何不就之中和曰恐下有石與水耳允恭曰上無他子若如秦王墳何不可中和曰山陵事重踏行覆按動經月日恐不及七月之期耳允恭曰第移就上穴我走馬入見太后言之允恭素貴橫人不敢違即改穿上穴入白其事后曰此大事何輕易如此允恭曰使先帝宜子孫何惜不可后意不然曰出與山陵使議可否允恭出與丁謂言之謂唯唯而已允恭入奏曰山陵使亦無異議矣乃命夏守恩領工徒數萬穿地土石相半繼之以水衆議日喧懼不能成功中作而罷奏請待命謂此允恭依違不決內侍毛昌達自陵下還以其事奏之詔問謂謂始請遣使按視既而咸請復用舊地乃詔馮拯曹利用

等就謂第議還王曾覆視曾還請獨對因言謂包藏禍心令允恭移皇堂於絕地太后大驚怒甚欲併誅謂馮拯進曰謂固有罪然帝新即位亟誅大臣駭天下耳目謂豈有逆謀哉第失奏耳后怒稍解遂止誅允恭等越二日太后召宰相諭曰丁謂為宰輔乃與宦者交通因出謂嘗託允恭令後苑匠所造金酒器及允恭嘗干求管勾皇城司并三司衙司狀因曰謂前附允恭奏事皆言已與卿等定議故皆可之且營奉先帝陵寢而擅有遷易幾誤大事馮拯等對曰自先帝登遐政事皆謂與允恭同議稱得聖旨禁中臣等莫辨虛實賴聖神察其姦此宗社之福也任中正獨進曰謂被先帝顧託雖有罪請如律議功王曾曰謂以不忠得罪宗廟尚可議耶乃降授謂太子少保分司西京中正為太子賓客出知鄆州故事黜宰相皆降制時欲亟行止令拯等即殿廬召舍人草詞仍榜朝堂布諭天下以拯為山陵使

秋七月以王曾平章事呂夷簡魯宗道參知政事錢惟演為樞密使曾方嚴持重每進見言利害事審而中理多所薦拔尤惡僥倖帝嘗問曾曰比

臣僚請對多求進者曾對曰惟陛下抑奔競而崇恬靜庶幾有難進易退之人矣初真宗祀汾陰過洛陽皆幸呂蒙正第謂之曰卿諸子孰可用蒙正對曰諸子皆不足用有姪夷簡任潁州推官宰相材也夷簡由是進用畢摧知開封府嚴辨有聲真宗識其姓名于屏風將大任之不果而崩太后知真宗眷之遂擢居政府宗道嘗爲右正言諭列無所畏避真宗嘗書殿壁曰魯直蓋思念之也及入中書太后嘗問曰唐武后何如主宗道對曰唐之罪人也幾危社稷太后默然

丁謂有罪貶爲崖州司戶參軍

初女道士劉德妙嘗以巫師出入丁謂家謂敗還繫德妙內侍鞫之德妙言謂嘗教之曰汝所爲不過巫事不若託老君以言禍福足以動人於是即謂家設神像夜醮于園中雷允恭數至請禱及真宗崩引入禁中又因穿鑿得龜蛇令德妙持入內紿言出其家山洞中仍覆教云上即問君所事何知爲老君第云相公非凡人當知之謂又作頌題曰混元皇帝賜德妙語涉妖誕遂貶謂崖州司戶參軍籍其家得四方賂遺不可勝紀謂過崖州道出雷州寇準使人以一蒸羊逆諸境上謂請

與準相見準固辭之準聞家僮謀欲報仇乃杜門使群僮縱博毋得出候謂行遠乃已謂機敏有智謀憸狡過人文字累數千百言一覽輒誦尤善爲詩至於圖畫博弈音律無不洞曉每休沐會賓友盡陳之聽人人自便而謂從容應接於其間莫能出其意者祥符天禧間營宮觀奏祥瑞多謂與王欽若發之及居崖州專事浮屠因果之說家寓西京嘗爲書自克責叙國厚恩戒家人毋輒怨望遣人致于洛守劉燁祈付其家戒使者伺燁會衆僚時達之燁得書不敢私即以上聞太后與帝見之感惻遂徙雷州亦出其揣摩也八月帝及皇太后初同御承明殿垂簾聽政從丁謂之謀也冬十月契丹使耶律僧隱來賀即位也葬永定陵以天書殉十一月錢惟演罷初惟演見丁謂當國權勢薰灼因附之與爲婚姻寇準之斥惟演有力焉及序樞密使題名[illegible]刋去準名曰逆準削而不書御史中丞蔡齊言于帝曰寇準忠義聞天下社稷之臣豈可爲姦黨所誣哉帝遽令磨去之丁謂得罪惟演慮禍及己因擠謂以自解馮拯由

是惡其為人，上言惟演以妹妻太后兄劉美，則是外戚姻家，不可與機政，以隳祖宗之法，請罷之。乃以保大節度使知河陽府。逾年入朝，意圖柄政，御史鞠詠上疏論之。太后遣內侍持奏示惟演，惟演猶顧望不行。詠語右司諫劉隨曰：若相惟演，當取白麻廷毀之。惟演始亟去。惟演出於勳貴，文辭清麗，名與楊億、劉筠相上下，於書無所不讀，尤喜獎勵後進。嘗曰：吾平生不足者，惟不得於黃紙上押字耳。蓋切切求入中書，為時議所鄙。吐蕃李立遵來附。以張知白為樞密副使。初賜兗州學田。判國子監孫奭上言：知兗州日，建立學舍，以延生徒，至數百人。臣雖以俸賜之，然常不給，乞給田十頃以為學糧。從之。諸州給學田始此。以孫奭、馮元兼侍講。王曾以帝初即位，宜近儒者，乃請於崇政殿西閤召侍講孫奭、馮元講論語。帝在經筵，或左右瞻矚及容體不正，奭即拱立不講。由是帝每竦然聽之。十二月，高麗王詢卒，子欽立。加馮拯昭文館大學士、監修國史，王曾集

賢殿大學士自是上相必加昭文監史次相加集賢若上相罷免則以次而升仍除三相則分監脩國史於次相云

通鑑續編卷第廿五

通鑑續編卷第六

仁宗皇帝天聖元年契丹太平三年春三月行崇天曆司天役人張奎運所造也

罷榷茶行貼射法初榷茶之法擇要害之地置榷貨務會給交鈔往還而不積其貨其准南蘄黃廬舒光壽六州官自爲場置吏謂之山場凡十三所六州采茶之民皆隸焉謂之園戶歲課作茶輸租餘則官悉市之其售于官者皆先受錢而後入茶謂之本錢又民歲輸稅願折茶者謂之折稅茶其出鬻皆就本場而官所收茶則送六榷貨務鬻之茶出境則給券商賈貿易入錢帛京師榷貨務以射六務十三場茶給券隨所射與之其州既傳商賈爭轉致于西北天禧末乃禁茶出境凡民茶折稅外匿不送官及私販鬻者沒入之計直論罪園戶由是輒毀敗茶樹是歲命李諮等較鹽茶礬稅歲入登耗更定其法遂置計置司以張士遜呂夷簡魯宗道總之請行貼射法于淮南其法以十三場茶買賣本息併計其數罷官給本錢使商人與園戶自相交易一切定爲中估而官

收其息且如淝舒州羅源場茶斤售錢五十有六其本錢二十有五官不復給但使商人輸息錢三十有一而已然必犨茶入官隨商人所指予之給券爲驗以防私售其處課貼射不盡則官市之如舊園户過期而輸不足者計所負數如商人入息其入錢以射六榷貨務茶著如舊制豪商大賈不能有所輕重反爭言其不便矣

夏五月

行陝西河北入中芻糧見錢法初雍熙中用兵西北艱於饋餉乃令商人入芻糧塞下酌地之遠近而爲其直取市價而厚增之授以要券謂之交引至京師給以緡錢又移文江淮荆湖給以茶及顆末鹽官私便之至道初楊允恭爲江淮兩浙制置茶鹽使始禁淮南十二州軍鹽官自粥之商人先入金帛京師及揚州折博務者悉償以茶自是粥鹽得實錢而茶無滯積然商人急於得鹽而鹽不可猥得其輸邊粟者持交引詣京師坐賈置鋪隸名榷貨務之家轉粥茶貨而去及西北邊好罷兵邊儲稍緩物價差減而交引虛錢未減既以茶代鹽而買茶所入不補其給交引停積故商旅所得茶指期于數年之外京師收引者價愈賤商人病之景德中鹽

鐵副使林特崇儀副使李溥上茶法二十三策令商人有舊引千貫者令輸入新引二百候两歲則新舊皆給足諸榷貨務所受茶皆均第配給場務以交引至者後為次大商刺知精好之處日夜走僮使齎券詣官率多先焉初禁淮南鹽小商已困至是益不能行既而商利浸薄陝西交引益賤入中者日少邊備不給茶法亦壞是歲改行貼射法令商人入芻粟塞下者隨所在實估度地里遠近量增其直給券至京一切以緡錢償之謂之見錢法虛估之弊稍革

秋九月馮拯罷拯氣貌嚴重而乏風節議論多迎合上意然自奉侈靡外示儉陋人不能知也至是以疾罷

以王欽若平章事○冬十一月置益州交子務初唐憲宗令商賈至京師委錢諸道富家以輕裝趨四方合券乃取號曰飛錢太祖因其制許民入錢京師於諸州便換太中祥符四年張詠知益州患蜀人鐵錢重不便貿易設質劑之法一交一緡以三年為一界而換之六十五年為二十二界謂之交子使富民十六戶主之後富民稍衰不能償所負爭訟不息轉運使薛田張若谷請置交子務以

權其出入禁私造者帝從其議立務于益州界以百二十五萬六千爲額作奉真殿于景靈宮奉安真宗御容也

二年契丹太平四年春二月契丹改鴨子河爲混同江○秋八月帝臨國子監謁孔子○冬十一月立郭氏爲皇后后平盧節度使崇之孫女也時張美人有寵帝欲立之太后不可而止故后雖立而頗見踈

三年契丹太平五年秋九月契丹主如燕契丹雖立五京而往來無恒月至是次南京宴于內果園燕人聚觀爭以土物來獻契丹主禮高年惠鰥寡賜酺至夕六街燈火如晝士庶嬉遊焉求進士得七十二人命賦詩第其工拙以張昱等十四人爲太子校書郎韓欒等五十八人爲崇文館校書郎冬十月以晏殊爲樞密副使○十一月復榷茶罷貼射法商賈以貼射利薄而

丙寅

論者謂邊糴償見錢恐京師所藏不足以繼爭言不便會江淮計置司言茶有滯積壞敗者請一切焚棄朝廷疑陵法之弊下書責計置司而遣官行視茶積李諮具言新法之便庫有增緡邊餉儲備二府亦言滯積之茶乃累年壞敗者新法之利功緒已見蓋積年侵蠹之源一朝閉塞商賈利於復故欲以動搖而論者不察其實助為游說願力行之毋為流言所易詔翰林侍講學士孫奭與莘同究利害奭等言貼射之法善者歸商惡者入官故人莫肯售且園戶貧弱力不能給故歲輸不足今使入息頃擾蓋甚不可不革遂罷貼射法官復給本錢市茶商人入錢以售之茶法復壞

王欽若卒帝謂輔臣曰欽若久在政府觀其所為真姦邪也王曾對曰欽若與丁謂林特陳彭年劉承珪同惡時稱五鬼姦邪險偽誠如聖諭

十二月以張知白平章事張耆為樞密使耆即張旻也太后微時嘗寓旻家旻事之甚謹后深德之故長樞府

四年契丹太平六年春三月契丹阻卜叛契丹西北恒為党項阻卜諸部侵擾至是益甚

夏六月京師大水大雨震雷平地水數尺壞京城民舍溺死者數百人詔宰執方議朝幸入有言放朝王曾附中使奏曰天變甚異乃臣等燮理無狀豈可退安私室丞請入見陳所以儆懼之道同列有先歸者皆[illegible]服秋九月以周後柴元亨為三班奉職元亨世宗從孫也冬十二月甲戌朔日有食之

五年契丹太平七年春正月壬寅朔帝率群臣上皇太后壽于會慶殿遂御天安殿受朝先是帝白太后欲元日先上太后壽乃受朝太后不可王曾奏曰陛下以孝奉母儀太后以禮全國體請如太后令帝不從晏殊免殊從太后幸玉清昭應宮從者持笏後至殊怒以笏撞之折齒為御史所論出之宣州尋改應天自五代以來天下學校廢壞殊始興建為諸州倡且延范仲淹以教生徒仲淹敦尚風節每論朝廷利害感激思奮殊深器之薦為秘閣校理以夏竦為樞密

副使諫明敏博學文章典雅材術過人但急於進取喜交結任數傾側由是世以姦邪目之龍圖閣學士孫奭上無逸圖奭侍講久每至前世亂君亡國必反覆規諷因畫書無逸爲圖以進帝命施于講讀閣下

六年契丹太平八年春二月張知白卒知白爲相慎名器每以盛滿爲戒雖貴顯清約如寒士然體素羸是晨日侵在中書得疾感風眩輿歸第帝臨問疾已不能言三月丙申朔日有食之○以張士遜平章事晏殊爲樞密副使○夏五月楚王元佐卒○趙德明使其子元昊襲甘州拔之元昊小字嵬理性雄毅多大略善繪畫能創製物始圓面高準曉浮圖學通蕃漢文字按上置法律野戰歌太乙金鑑訣德明雖臣事中國及契丹然於本國則稱帝由是立元昊爲皇太子焉

七年。契丹太平九年春正月，曹利用罷。時太后臨朝，中人與貴戚稍能軒輊爲禍福，而利用以勳舊自處，不恤也。凡內降恩，力持不予，左右怨之。太后亦嚴憚利用，稱曰侍中而不名。利用奏事簾前，或以指爪擊帶鞓，左右指示太后曰：「利用在先帝時何敢爾耶？」太后頷之。會利用從子汭爲兵馬監押於趙州，被酒衣黃衣，令人呼萬歲。事聞，汭坐死。內侍羅崇勳、江德明請并罪利用。后問諸執政，衆顧望未有對者。張士遜曰：「此獨不肖子爲之，利用大臣，宜不知狀。」后大怒。王曾復爲力辯，后曰：「卿嘗言利用強橫，今何解也？」曾曰：「利用素恃恩，故常以理折之。今加以大惡，則非臣所知也。」后意少釋，乃罷爲衛將軍。二月，魯宗道卒。時有小臣方仲弓上書，請太后依武后故事立劉氏七廟。后問諸輔臣，衆不敢對。宗道獨進曰：「若立劉氏七廟，如嗣君何？」乃止。后嘗與帝同幸慈孝寺，欲乘大安輦先帝而行。宗道曰：「夫死從子，婦人之道也。」后遽命輦後乘輿。時執政多任子於館閣讀書，宗道曰：「館閣育天下英才，豈紈袴子弟得以恩澤處耶？」曹利用恃權驕橫，宗道屢於帝前折之。輔政七年，剛正疾惡，遇事敢言貴戚用事者皆憚之目為魚頭參政因其姓且言骨鯁也張士遜罷士遜在政府無所可否時人以和鼓目之至是以救曹利用罷以呂夷簡平章事夏竦參知政事陳堯佐為樞密副使○以薛奎參知政事初奎知開封府時真宗數宴大臣至有沾醉者奎諫曰陛下宜勤精萬幾而簡宴幸令天下識無事然宴樂無度大臣數被酒失儀非所以重朝廷也帝深納之及拜參政入謝帝曰先帝嘗以卿可大任今用卿先帝意也他日帝諭輔臣曰臣事君鮮有克終者奎對曰保終之道匪獨臣不然也因歷數唐開元天寶時事以聞安置衛將軍曹利用于房州行至襄陽自殺內侍等必欲報利用以快志故取內侍楊懷敏送之至襄陽驛懷敏以語侵之利用遂投繯而死利用性悍梗少通力裁撓倖而其親舊或有因緣以進者故及於禍然居位忠藎有守終始一致死非其罪聞者寃之復賢良方正等科詔復賢良方正等六科增置書判拔萃科以待選人之應書者高蹈丘園

科沂淪草澤科茂材異等科以待布衣之被舉者其法先以藝業上之有司有司較之然後試秘閣中格進帝而親策焉

夏四月南平王李公蘊卒以其子德政爲交阯郡王追封公蘊南越王

六月大雨震電玉清昭應宮災丁未夜中宮内火起大雨震電至曉宮屋盡燬詔繫守衛者于御史獄太后泣對大臣曰先帝尊天奉道故竭力成此宮今一夕延燎幾盡惟長生崇壽二小殿存亦何以稱遺旨哉范雍抗言曰不若悉燔之也先朝以此竭天下之力遽爲灰燼非出人意如因其所存又將葺之則民不堪命矣非所以祗天戒也中丞王曙亦言玉清昭應宮之建非應經義災變之來若有警者願除其地罷諸禱祠以應天變右司諫范諷復言此實天變不當置獄窮治太后與帝感悟遂減守衛者罪而下詔不復繕修以二殿爲萬壽觀

王曾罷初太后受册將御大安殿曾執不可及長寧節上壽又止供帳便殿太后已不悦曾復以太后左右姻家稍通請謁多裁抑之太后滋不能堪會玉清昭應宮災曾以首相免

秋七月

罷諸宮觀使○八月丁亥朔日有食之○以陳堯佐王曙參知政事夏竦爲樞密副使○契丹大延琳據遼陽以叛冬十月契丹蕭孝穆帥師討之自神册以來遼東無榷酤鹽麴之征馮延休韓紹勳相繼爲戶部使以燕法繩之民不堪命會燕地饑戶部副使王嘉獻計造船使其民諳海事者漕粟以振之水路艱險多至覆沒雖言不信鞭朴榜掠民怨思亂東京舍利軍詳穩大延琳因之爲變遂囚留守蕭孝先及其妻南陽公主殺韓紹勳王嘉等以快衆情國號興遼改元天慶副留守王道平踰城走報契丹主於燕黃亦變契丹主徵諸道兵命南京留守燕王蕭孝穆爲都統以討之延琳嬰城固守○十一月癸亥日南至帝朝皇太后于會慶殿遂同御天安殿以受朝十一月癸亥冬至帝率百官上太后壽于會寧殿遂同御大安殿以受朝帝之將朝會寧也祕閣校理范仲淹上疏切諫曰奉親于內自有家人禮顧與百官

同列北面而朝之可乎非所以垂法後世也帝不納既又
上疏請太后還政亦不報遂乞補外出爲河中府通判
以周後柴詠爲三恪奉職詠復授其氏子姪二十一人官及賜錢帛因命自今三年郊祀録周
世宗後一人著爲令
八年契丹太平十年春二月詔梁唐晉漢周朝三品以上官子孫
依律敘蔭若身不存者不預御史臺主簿衣介上疏以爲不可坐罷夏五月賜信州龍
虎山道士張乾曜號澄素先生後漢張道陵之後也秋八月罷榷鹽
法復通商自諸國降附天下鹽利皆歸縣官其解池引水而成者曰顆鹽淮浙蜀閩濱海井或鹵成者曰
末鹽初皆通商賈易歲平中洪鼎新特請自榷解鹽未幾以
公私擾擾復舊商販帝初即位置計置司議茶鹽利害茶
法廢爲賦射而驗則官自榷官得利微而民不便解池積
鹽爲阜其上生木合抱數莫可較於是詔翰林學士盛度

御史中丞王隨等議更其制度上通商五利曰方禁商時伐木造船輦運兵民不勝疲勞今去其弊一利也陸運既差帖頭又役車戶貧人懼役連歲逋逃今悉罷之二利也船運有沉溺之患綱吏侵盜雜以泥沙硝石其味苦惡疾生重腿今皆得食真鹽三利也錢幣國之貨泉欲使通流富家多藏鏹不出民用益蹙今歲得商人出緡錢以助經費四利也歲減監官兵卒畦夫傭作之給五利也於是詔罷三京二十八州軍榷法聽商人入錢若金銀于京師榷貨務給鈔受鹽于解池而中私販鬻之禁

契丹蕭孝穆執大延琳以歸○九月姜遵卒○以趙稹為樞密副使

時政出宮掖稹厚結劉美家婢以干進用命未下有馳告者稹曰東頭西頭蓋意在中書也聞者以為笑談

初置武舉

其法先閱騎射而試之以策為去留弓馬為高下每遇制舉則試焉

高麗來貢

九年 契丹太平十一年六月興宗宗真景福元年

夏六月契丹主隆緒卒太子

宗真立其母蕭耨斤自爲太后治國事三月契丹主如長春河有疾六月殂于大福河之北太子宗真立其母蕭耨斤自立爲皇太后聽政聖宗理冤滯舉才行察貪殘抑奢僭録勲勞振貧乏罷兵以息民設科以取上政令平壹國以富强契丹之賢主也契丹太后耨斤遷其主母齊天后蕭氏于臨潢初聖宗疾革元妃蕭耨斤詈齊天后曰老物寵亦有既耶令左右扶后出官於是護衛馮家奴喜孫等希耨斤旨誣齊天后弟北府宰相蕭浞卜詳穩蕭匹敵謀逆耨斤令物治連及齊天后契丹主聞之曰皇后侍先帝四十年撫育朕躬當爲太后今不果反罪之可乎耨斤曰此人若在恐爲後患契丹主曰皇后無子而老雖在無能爲也耨斤不從遷之上京秋七月王隨等如契丹王隨致祭王鬷梅詢弔慰范諷賀即位孔道輔賀其太后冊禮契丹宴使者優人以文宣王爲戲道輔艴然徑出主客者固邀道輔還坐且令謝契丹主道輔正色曰中國與北朝通好以禮文相接今俳優之徒慢侮先聖而不之禁北朝之過

也道輔何謝契丹君臣默然因酌大卮謂曰天寒飲此可致和氣道輔曰不和固無害冬十月罷翰林學士宋綬時太后專政綬以爲言故罷之契丹使耶律翥等來耶律翥謝弔慰高德順致遺物耶律遜元謝賀即位及太后冊禮十二月契丹封李德昭子昊爲夏國公以女歸之

明道元年契丹重熙元年春正月契丹主帥群臣朝其母契丹太后專決國事契丹主不得預聞至是御正殿受契丹主及群臣朝二月以張士遜平章事○尊真宗婉儀李氏爲宸妃是日卒婉儀杭州人實生帝太后既耶帝爲巳子與楊太妃保護甚至帝亦盡孝道所以奉太后太妃者無不備而婉儀默然處先朝嬪御中未嘗自異人畏太后亦無敢言者以是帝雖春秋長不自知爲婉儀所出也至是疾革乃自順容進位宸妃是日薨太后欲以宮人禮治喪于外呂夷

謝導鍾紳

簡時爲首相奏禮宜從厚太后遽引帝起有頃后復獨立簾下召夷簡問曰一宮人死相公云云何也夷簡對曰臣待罪宰相事無内外皆當預也后怒曰相公欲離間吾母子耶夷簡對曰陛下不以劉氏爲念臣不敢言尚念劉氏則喪禮宜從厚后悟乃以一品禮殯于洪福院夷簡又謂入内都知羅崇勲曰宸妃當以后服殮用水銀實棺異時勿謂夷簡不道及也崇勲如其言

三月契丹太后耨斤弑其主母齊天后蕭氏于臨潢太后慮契丹主懷齊天后鞠育之恩因其蒐于雪林遣人馳至臨潢賜齊天后死后曰我實無辜天下共知待我浴而後就死可乎使者退比復至則后已殂矣謚曰仁徳

秋七月王曙罷○八月以晏殊參知政事楊崇勲爲樞密副使○以吐蕃唃廝囉爲寧遠大將軍○宮中火詔求直言癸亥大内火延及八殿帝移御延福宮百官晨朝而宮門不啓輔臣請對上御拱宸門退班百官拜樓下吕夷簡不拜上使人問其故曰宮中

有變群臣願一見清光上舉簾見之乃詔有司究火所起多引宮人屬吏御史蔣堂言火起無迹安知非天意陛下宜修德應變有司乃欲歸咎宮人是重天譴也程琳亦以爲言上爲罷獄詔群臣直言闕失丁卯大赦殿中丞滕宗諒秘書監劉越請太后還政以答天譴不報

九月復作受命寶帝寶冊爲宮火所焚故也

冬十一月夏王趙德明卒以其子元昊爲定難節度使西平王德明卒贈太師尚書令兼中書令卽遣楊吉授元昊三使封西平王初元昊數諫其父毋臣宋德明輒戒之曰吾用兵久疲矣吾族三十年衣錦綺此宋恩也不可負元昊曰衣皮毛事畜牧蕃性所便英雄之生當霸王耳何錦綺爲既襲位朗號令以兵法勒諸部始衣白窄衫氈冠紅裏冠頂後垂紅結綬自號嵬名吾祖凡六日九日則見官屬倣中國置文武班立蕃學漢學自中書令宰相樞密使以下皆分命蕃漢人爲之以衣冠衆色別士庶貴賤每舉兵必率部長與獵有獲則下馬環坐飲割鮮而食各問所見擇取其長避父諱改明道爲顯道稱於國中謚德明爲

太宗光聖皇帝葬號嘉陵追尊繼遷爲太祖廟號武宗契丹冊李元昊爲夏國王○以楊崇勳爲樞密使

二年契丹重熙二年春二月皇太后有事于太廟太后欲被服天子袞冕以享太廟薛奎力諫且曰必御此若何爲拜后不聽服儀天冠袞衣去劍爲初獻皇太妃爲亞獻皇后爲終獻禮畢群臣上太后尊號曰應元齊聖顯功崇德慈仁保壽皇太后帝耕籍田大赦○三月皇太后劉氏崩太后有疾帝爲大赦天下甲午后崩帝見左右泣曰太后疾不能言猶數引其衣若有所屬何也薛奎曰其在袞冕也服之豈可見先帝於地下帝悟遂止以后服斂謚曰莊獻明肅舊制后皆二謚稱制加四謚自此始后稱制十二年雖政出宮闈而號令嚴明恩威加天下左右近習少所假借宮掖間未嘗妄改作內外賜予有節賜族人御食必易以釦口曰尚方器勿使入吾家也常服絁繻練裙侍者見帝左右簪珥珍麗欲效之后戒曰彼皇帝

嬪御飾也汝安得學三司使程琳獻武后臨朝圖后擲于地曰吾不作此負祖宗事漕使劉綽還京西言在庾有出賸糧千餘斛乞付三司后問曰卿識王曾張知白呂夷簡魯宗道乎此四人者豈因獻羡餘進哉晚年稍進外家而任宦者羅崇勳江德明等訪外事崇勳由此勢傾中外

尊皇太妃楊氏為皇太后

太后遺誥尊太妃為皇太后與皇帝同議國事閤門趣百僚賀御史中丞蔡齊目臺吏毋追班而入白于執政曰上春秋富習知天下情偽今宜躬攬朝政豈可使女后相踵稱制乎右司諫范仲淹復上疏曰太后母號也自古無因保育而代立者今一太后崩又立一太后天下且疑陛下不可一日無母后之助矣殿中侍御史龐籍請下閤門取垂簾儀制盡焚之由是止尊大妃為皇太后而削去同議軍國事

帝始親政

帝親政罷創修寺觀裁抑僥倖召宋綬范仲淹而黜內侍江德明等中外大悅劉太后愛帝踰于已出帝亦盡孝故終始無毫髮間隙之可議及帝親庶務言者多追詆太后時事范仲淹言于帝曰太后受遺先帝調護陛下者十餘年今宜掩其小故以全后德帝

曰此亦朕所不忍聞也遂下詔戒飭中外毋得輒言皇太后垂簾日事曹琮等如契丹曹琮告哀章得象致遺物吐蕃唃厮囉徙居青唐温逋奇囚唃厮囉于寃中而出兵救不附已者守寃人出之唃厮囉因集部衆討殺温逋奇而徙居青唐夏四月呂夷簡張耆夏竦陳堯佐范雍趙稹晏殊罷帝與呂夷簡謀以張耆等皆附太后得居政府欲悉罷之夷簡以爲然帝退以語皇后后曰夷簡獨不附太后耶但多機巧善應變耳由是夷簡亦罷制下夷簡方押班聞唱名大駭不知其故因令素所厚内侍都知閻文應詗之乃知事由郭后也於是深憾后思有以傾之矣以李迪平章事王隨參知政事李諮爲樞密副使王德用簽書樞密院事○追尊生母宸妃李氏爲皇太后荆王元儼爲帝言陛下乃李宸妃所生妃薨以非命帝始知爲宸妃子因號慟累日下詔自責追尊爲皇太后謚莊懿幸洪福寺祭告易梓宫親啓視妃以

水銀故王色如生冠服如皇后帝歎曰人言其可信哉待劉氏加厚陪葬于永定陵契丹使耶律壽寧等來壽寧來祭奠耶律卿寧耶律嵩弔慰帝及皇太后六月甲午朔日有食之○秋七月旱蝗詔求直言○八月以宋綬爲端明殿學士復文明爲端明置學士在翰林侍講學士之上以侍學士之久次者首以綬爲之冬十月葬莊獻明肅皇后○張士遜楊崇勳免士遜爲首相無所建明會群臣詣洪福院上莊懿太后冊退而尉士遜與同列過楊崇勳園飲日中期不至中丞范諷劾之坐免以呂夷簡平章事宋綬參知政事王曙爲樞密使王德用蔡齊爲副使初德用爲殿前都虞候有求太后內降補軍吏者德用曰補吏軍政也不可與太后固欲與之德用卒不奉詔帝親政閱太后閤中得德用所奏事奇之以爲可大用遂拜簽樞德用謝曰臣武人幸得以馳驅自效賴陛下威靈待罪行間足矣

且臣不學不足以當大事帝遣使者趣入院由是眷注益隆

詔自今宰相不得進擬臺臣帝曰宰相自用臺官則宰相過失無敢言者矣故有是詔

十一月贈寇準中書令○

十二月薛奎罷奎謀議正直或志不伸歸輒嘆咤不食家人笑曰何必如是奎曰吾仰慙古人俯愧後世爾

廢皇后郭氏爲淨妃玉京冲妙仙師居長寧宮黜御史中丞孔道輔等十人于遠州時尚美人楊美人俱得幸數與皇后忿爭一日尚氏於上前有侵后語不勝忿批其頰上自起救之誤批上頸上大怒内侍閻文應因與上謀廢后且勸帝以爪痕示執政帝以示吕夷簡且告之故夷簡有憾于后遂主廢黜之議帝猶疑之夷簡曰光武漢之明主也郭后止以怨懟坐廢况傷陛下頸乎帝意遂决將廢后夷簡敕有司毋得受臺諫章奏於是中丞孔道輔率諫官孫祖德范仲淹宋庠劉涣御史蔣堂郭勸楊偕馬絳段少連十人詣垂拱殿伏奏皇后天下之母不當輕議黜廢願賜對盡所言帝使内

侍諭道輔等至中書令呂夷簡以皇后當廢狀告之道輔語夷簡曰大臣之於帝后猶子事父母也父母不和可以諫止柰何順父出母乎夷簡曰廢后有漢唐故事道輔復曰人臣當道君以堯舜豈得引漢唐失德爲法邪夷簡不荅即奏言伏閤請對非太平美事詔黜道輔等皆知遠州明日道輔等趨朝欲留百官揖宰相廷爭至待漏院聞詔乃退道輔鯁挺特達遇事彈劾無所避天下皆以直道許之至是名益重

景祐元年（契丹重熙三年）春正月以賈昌朝等爲崇政殿說書（侍講學士孫奭年老乞外因薦賈昌朝趙希言王宗道楊安國等自代遂特置說書四人日輪二員祗候爲昌朝誦說尤爲明析帝多所質問）二月罷書判拔萃科○夏五月契丹太后蕭氏有罪遷于慶州契丹主始親政立重元爲太弟（契丹太后耨斤陰召諸弟議欲立少子重元重元以其謀白于契丹主遂收太后符璽而迁之於慶州七括宮始親决國事立重元爲皇

太弟閏六月毀無額僧舍○秋八月王曙卒曙方嚴簡重有大臣體居官深自損抑然溺於浮圖法恒齋居蔬食云以王曾為樞密使○詔淨妃郭氏出居瑤華宮詔淨妃出居瑤華宮廢美人尚氏為道士居洞真宮安置美人楊氏于別宅尋賜淨妃號金陵教主沖靜元師帝頗念之遣使存問賜以樂府后和答之辭甚悽惋帝益悔恨焉九月立曹氏為皇后彬之孫女也趙元昊反寇環慶州元昊改元開運或告以石晉敗亡之號也乃改廣運

二年契丹重熙四年春正月作邇英及延義閣詔蔡襄寫無逸篇于邇英閣之屏二月育汝南郡王允讓子宗實于宮中允讓太宗之孫父商王元份也帝未有儲嗣取宗實入宮命皇后撫鞠之生四年矣李迪罷○以王曾平章事蔡齊盛

參知政事王隨李諮知樞密院事王德用韓億同知院事○趙元昊寇慶州慶州柔遠砦蕃部巡檢嵬通攻後橋諸砦破之元昊遂以報仇為名入寇慶州緣邊都巡檢楊遵與戰敗績環慶都監齊宗矩援之次節義峰伏兵發執宗矩去久之始放還秋九月

李照進新雅樂初判太常寺燕肅乞以王朴所造律準考定樂器帝乃命[illegible]朴律準視古樂高五律視[illegible]坊[illegible]高二律[illegible]爲[illegible]神瞽協其中聲然後[illegible]鳳鳴此不刊之法[illegible]神瞽律法試鑄編鐘一簴可使度量權[illegible]之乃下[illegible]州求上黨羊頭山秬黍懷州河内[illegible]以[illegible]黍累尺制律呂以定樂樂成進之雖律應古音而[illegible]磬才中大簇樂與器自相矛盾議者非之乃復命官較焉而詔天下有深達鐘律音者所在以聞於是知杭州鄭向薦鎮東推官阮逸知蘇州范仲淹薦布衣胡瑗矣冬十一月

廢后郭氏薨竄內侍閻文應于嶺南后居瑤華宮帝嘗密遣人召之后辭曰若冊

訓導錢紳

見召者須百官立班受册方可乃止屬小疾帝遣入內都知閤文應挾醫診視數日言后暴崩中外疑文應進毒而不得其實帝深悼之追復后號以禮斂葬而停謚册祔廟之禮知開封府范仲淹劾奏文應之罪竄之

十二月加嗢厮囉保順軍留後○詔孔宗愿襲封文宣公 自文宣公聖佑卒無子除襲封者且十年衛真令顏太初言于蔡齊齊白于帝故有是命宗愿聖佑弟也

丙子

三年 契丹重熙五年 春二月詔胡瑗阮逸較定鐘律 瑗逸極言李照樂穿鑿帝命改作之瑗以横黍累尺及成則律圍徑與古不合猶以瑗爲校書郎逸知城父縣而遣之詔太常仍用和峴所定樂而罷李照所製者

三月罷榷茶復行貼射法 自貼射茶法廢而河比入中虛估之弊益甚李諮既居政府請復行見錢法乃訪利害於商人遂罷河北入中虛估以實錢償芻粟實錢售官茶皆如天聖元年之制又以北商持券至京舊必得交引鋪爲之保任并得三司符驗然後給錢以是京師坐賈率多邀求三司吏

稽留爲姦令悉罷之命商持券徑趍榷貨務驗實立償之而三説之法壞縣官自此省費矣三説法者募商人入中芻粟於邊給以券以茶償之又益以東南緡錢及香藥犀齒也

夏五月貶權知開封府范仲淹及集賢校理余靖館閣校勘尹洙歐陽脩于外詔戒群臣越職言事

范仲淹以呂夷簡執政進用者多出其門上百官圖指其次第曰如此爲序遷如此爲不次如此則公如此則私況進退近臣凡超格者不宜全委之宰相夷簡不悅他日論建都之事仲淹進曰洛陽險固而汴爲四戰之地太平宜居汴即有事必居洛陽當漸廣儲蓄繕宮室帝以問夷簡夷簡對曰仲淹迂闊務名無實仲淹聞之乃爲四論以獻一曰帝王好尚二曰選賢任能三曰近名四曰推委大抵譏切時弊且曰漢成帝信張禹不疑舅家故有新莽之禍臣恐今日亦有張禹壞陛下家法夷簡訴曰仲淹越職言事離間陛下君臣所引用皆朋黨也仲淹對益切由是落職知饒州集賢校理余靖上言曰仲淹以刺譏大臣重加譴謫儻其言未合聖慮在

陛下聽與不聽耳安可以爲罪乎汲黯在廷以平津爲多詐張昭論將以魯肅爲麤疎漢皇吴主熟聞譽毀兩用無猜豈損令德陛下自親政以來屢逐言事者恐鉗天下口請改前命跡入靖坐落職監筠州酒稅館閣校勘尹洙上疏曰仲淹忠亮有素臣與之義兼師友則是仲淹之黨也今仲淹以朋黨被罪臣不可苟免夷簡怒斥監處州酒稅館閣校勘歐陽脩貽書責司諫高若訥不能救謂其不復知人間有羞恥事若訥怒上其書脩坐貶夷陵令館閣校勘蔡襄作四賢一不肖詩以譽仲淹靖洙脩而譏若訥人士傳寫鬻書者市之得厚利契丹使適至買以歸張於幽州館殿中侍御史韓瀆希夷簡旨請書仲淹朋黨揭之朝堂以戒百官越職言事者從之

秋七月置大宗正司

○八月班民間車服之令

○冬十月契丹主試進士于元和殿

九月契丹主獵黃華山獲熊三十六十月幸燕京御元和殿以日射三十六熊賦幸燕詩試進士于廷賜馮立趙徽四十九人及第以立爲右補闕徽以下皆爲太子中舍賜緋衣銀魚遂大宴契丹御試進

士自比始丞相張儉等又請奉禮郎貢院歡飲至暮而罷十一月皇太后楊氏崩諡曰莊惠祔葬永定陵李諮卒諮明辨知務在樞府慎靜貴抑僥倖號爲稱職以王德用知樞密院事章得象同知院事○折惟忠卒以其子繼宣權知府州事○遼中書令張儉致仕儉居相位二十年清約謙慎裨益弘多契丹主深重之

四年契丹重熙六年也春二月祠赤帝于宮中祈嗣夏四月呂夷簡王曾宋綬蔡齊罷初夷簡事曾甚謹曾亦力薦其才遂至宰相及曾復入中書位反居下而夷簡任事久多所專決曾不能堪議論間有異同遂力求罷帝疑之問曾曰卿亦有所不足耶時外傳王繼明納賂夷簡曾因及之帝以問夷簡夷簡乞置對遂與曾交論帝前曾語屈求去益力夷簡亦乞罷時曾與蔡齊善宋綬惟盛度不得志於二人而性猜險每有所議齊間有異綬惟夷簡之是而度依違其間事多不決及是帝問度曰

曾夷簡力求退何也度對曰二人心腹之事臣不得而知陛下詢二人以孰可代者則其情可察矣帝從之曾薦齊夷簡薦綬於是四人俱罷而度獨留曾性資端厚在朝廷進止皆有常憲平居寡言笑人不敢干以私進退士人莫有知者范仲淹嘗問曾曰明揚士類宰相任也公之盛德獨少此耳曾曰夫執政而欲使恩歸己怨將誰歸耶仲淹服其言帝之初即位也少太后將有專制之患曾正色危言以立于朝由是宦官近習不敢窺覦而帝德日就太后亦全令名曾可謂社稷之臣矣

以王隨陳堯佐平章事韓億程琳石中立參知政事盛度知樞密院事王鬷同知院事○趙元昊侵吐蕃遂取瓜沙肅州元昊遣其令公蘇奴兒將兵攻唃廝囉敗死略盡奴兒被擒元昊聞之乃自帥衆攻貓牛城一月不下既而詐約和城開乃大縱殺戮又攻青唐安二宗哥帶星嶺諸城唃廝囉部將安子羅以兵絕歸路元昊晝夜角戰二百餘日子羅敗元昊乘勝遂取瓜沙肅三州元昊既悉有夏銀綏宥靜靈鹽會勝甘

涼瓜沙肅而洪定威龍皆即堡鎮號爲州仍居興州阻河依賀蘭山爲固地方萬里地饒五穀宜稻麥始大建官置十二監軍司委豪右分統其衆自河北至午臘蒻山七萬人以備契丹河南洪州白豹安鹽州羅落天都惟精山等五萬人以備環慶鎮戎原州左廂宥州路五萬人以備鄜延麟府右廂甘州路三萬人以備吐蕃回紇賀蘭駐兵五萬靈州五萬興州興慶府七萬人爲鎮守總勝兵五十餘萬而苦戰倚山訛山訛者橫山羌平夏兵不在其數也選豪族善弓馬五千人迭直號六班直分鐵騎三千爲十部設十六司于興州以總庶政改元大慶元昊自製蕃書形體方整類八分而畫頗重複以教國人紀事

冬十二月并代忻州地震吏民壓死者二萬二千三百人傷者五千六百人畜牲死者五萬餘

戊寅

寶元元年契丹重熙七年○夏景宗元昊天授禮法延祚元年

春三月王隨陳堯佐韓億石中立免隨爲相無所建明而數與堯佐億中立爭事會忻代地震右司諫韓琦言隨堯佐中

立非輔弼才億子綜爲群牧判官不當自請以兄綱爲代遂皆免琦遇事敢言切而不迂在諫垣前後凡七十餘疏云

以張士遜章得象平章事王鬷李若谷參知政事王博文陳執中同知樞密院事得象爲翰林學士時莊獻太后臨朝每遣內侍至學士院得象必正色待之或不交一言帝聞而器之至是謂曰向者太后垂簾群臣邪正朕皆默識卿清忠無所阿附又未嘗干請今日用卿職由此也

夏四月王博文卒○以張觀同知樞密院事

○冬十月詔戒百官朋黨中外論薦范仲淹者衆帝謂張士遜曰向貶仲淹爲其密請建立皇太弟故也今朋黨稱薦如此柰何乃下詔戒敕百官毋得朋黨

趙元昊稱帝國號曰夏元昊遣使請五臺供佛以窺河東道路既還遂與諸酋歃血約先攻鄜延欲自靖德塞門砦赤城路三道並入遣使奉表略曰臣祖宗本出帝胄當東晉之末運創後魏之初基遠祖思恭當唐季率兵拯難受封賜姓祖繼遷心

知兵要手握乾符大舉義旗悉降諸部臨河五郡不旋踵而歸沿邊七州悉差肩而克父德明嗣奉世基勉從朝命臣偶以狂斐制小蕃文字改大漢衣冠衣冠既就文字既行禮樂既張器用既備吐蕃塔塔張掖交河莫不從服稱王則不喜朝帝則是從遂以十月十一日郊壇備禮為世祖始文本武興法建禮仁孝皇帝國稱大夏伏望許以西郊之地冊為南面之君敢竭庸愚常敦歡好謹奉表以聞

十二月以夏竦為涇原秦鳳路安撫使知永興軍范雍為鄜延環慶路安撫使知延州備元昊也

加唃厮囉保順軍節度使邈川大首領自西涼為李繼遷所陷潘羅支舊部往往歸唃厮囉回紇降者復數萬唃厮囉居青唐西有臨谷城通青海高昌諸國商人皆趍之以貿易由是富强朝廷欲使背擊元昊以披其勢因授節鉞唃厮囉約盡力無負然終不能立大功

二年契丹重熙八年夏四月募河東陝西民入粟實邊○五月壬

德用罷趙元昊反德用請自將討之不許德用狀貌雄毅面黑頸以下白晳人皆異之言者論其貌類藝祖且得士心不宜久典機密遂罷又有言其市馬府州者上其券乃市於商人言者猶不已乃降知隨州家人惶懼德用舉止言笑自若惟不接賓客而已

六月詔削趙元昊官爵屬籍正月元昊表至群臣皆曰元昊小醜也請出師討之旋即誅滅矣諫官吳育獨進曰元昊雖稱藩臣其尺賦斗租不入縣官且數服不常請置之示不足責且已僭輿服勢必不能自削宜援國初江南故事稍易其名可以順附而收之不報而下詔削奪元昊官爵絕互市揭榜于邊募人能擒之者即授定難節鉞已而元昊又遣賀永年齎嫚書納旌節及所授敕告置神明匣留歸孃孃族而去朝廷乃遣使體量安撫陝西

以夏守贇知樞密院事

○秋七月以夏竦知涇州兼涇原秦鳳經略安撫使朝廷遣轉運使龐籍就竦計事竦上奏曰繼遷當繼捧入朝之後曹光實掩襲之餘遁逃窮蹙而太宗累歲不能勦滅先皇帝鑒追討之弊戒

彊吏謹烽候嚴卒乘來即逐之去無追捕也然拓跋之境自靈武陷沒之後銀綏割棄以來假朝廷威靈其所役屬者不過河外小羌爾況德明元昊相繼倔強以繼遷窮蹙比元昊富實勢可知也以先朝累勝之士較當今關東之兵勇怯可知也以興國習戰之師方今沿邊未試之將工拙可知也繼遷竄伏平夏元昊窟穴河外地勢可知也若分兵深入糗糧不支師行賊境利於速戰儻進則賊避其鋒退則敵躡其後老師費糧深可虞也若窮其巢穴須涉大河長舟巨艦非倉卒可具也若浮囊挽綆聯絡而進我師半濟賊乘勢掩擊未知何謀可以捍禦臣以為不較主客之利不計攻守之便而議追討者非良策也因條上十事一教習強弩以為奇兵二羈縻屬羌以為藩籬三詔唃厮囉父子并力破賊四度地勢險易遠近砦柵多少勇怯而增減屯兵五詔諸路互相應援六募土人為兵以代東兵七增置弓手壯丁獵户以備城守八並邊小砦毋積芻糧賊攻急則棄小砦入保大砦以完兵力九關中民坐罪若過誤者許入粟贖罪以贍邊計十損並邊冗兵冗官及減騎兵以紓饋餉朝廷多采用之然是時邊臣多議征討

反以竦爲怯

契丹主迎其太后于慶州太后居慶州五年契丹主悔之乃親御奉迎還京事之益謹而后常不懌

冬十一月盛度程琳免時有告開封府吏馮士元姦利事知府鄭戩窮治之於是度坐令士元強取其鄰所賃官舍琳坐令士元市材木買婦女等事初張遜有第在武成坊遜曾孫偦宗室女所出也年十七歲家貧不自給乳媼擅出券鬻第琳欲得之使士元密諭媼以偕紛宜得御寶許粥乃售媼以宗室女故入宮見太后得御寶琳遂市取之於是士元流海外度知揚州琳知潁州而御史中丞孔道輔天章閣待制龐籍等十餘人皆坐朋黨免官補外初張士遜惡琳而疾道輔之不已附也欲去之會士元獄起士遜謂道輔曰上顧程公厚今爲小人所誣盍見上辨之道輔不悟入言于帝曰琳罪薄不足深治也帝怒道輔始知爲士遜所賣至鄆州發憤而卒

以王曙知樞密院事宋庠參知政事天聖中曙使契丹過真定時曹瑋爲總管曙見之瑋從容謂曰君異日當柄用願留意邊防曙曰何以教之瑋曰吾聞趙德明嘗使

人以馬摧易漢物不如意欲殺之少子元昊年才十餘諫曰我戎人本從事鞍馬而以資鄰國易不急之物已爲非策又從而殺之失衆心矣德明從之吾嘗使人覘元昊狀貌異常他日必爲邊患駿未以其言爲然及在樞府帝數訪以邊事駿不能對始歎瑋之明識

折繼宣有罪貶爲楚州都監以其弟繼閔權領府州事繼宣苛虐掊克種落嗟怨故也

种世衡帥師城青澗鄜州判官种世衡言延安東北二百里有故寬州請因其廢壘而興之以當寇衝右可固延安之勢左可致河東之粟北可圖銀夏之舊朝廷從之命世衡董其役夏人屢來爭世衡且戰且城然處險無泉議不可守鑿地百五十尺始至石石工辭不可穿世衡命屑石一畚酬百錢卒得泉以濟城成賜名青澗以世衡知城事

庚辰

康定元年契丹重熙九年春正月丙辰朔日有食之除越職言事之禁正旦日食知諫院富弼請罷宴徹樂就館賜北使酒食執政不可弼曰萬一契丹行之豈不爲朝廷羞既

而聞契丹果罷宴帝深悔之時禁臣僚越職言事猶因言應天變莫若通下情遂除其禁元昊寇延州執副總管劉平石元孫以歸二月貶范雍知安州延州當夏人出入之衝地闊而砦柵疎土兵寡弱又無宿將至是先遣人通款于范雍雍信之不設備既而元昊盛兵攻保安軍鄜延環慶副都總管劉平鄜延副都總管石元孫屯慶州雍以書召之平與元孫趍土門元昊既破金明砦執都監李士彬父子乘勝至延州城下守城兵才數百雍閉門堅守平元孫聞之督騎兵晝夜倍道而前明日至萬安鎮平先發步兵繼進夜至三川口西十里止營遣騎兵先趍延州爭門時鄜延都監黃德和巡檢万俟政郭遵各將所部兵分屯外境范雍皆召還爲援平與之合步騎萬餘結陣東行五里許與賊遇平與賊皆爲偃月陣相向有頃敵兵涉水爲橫陣郭遵擊退之敵復蔽盾爲陣官軍復擊却之奪盾殺獲及溺死者近千人平左耳右脛皆中流矢日暮戰士上首功及其獲馬平曰戰方急爾各誌之皆當重賞汝語未已敵以輕兵薄戰官軍引却二十步黃德和居陣後

望見軍部卒塞下走保西南山衆從之皆潰平遣其子宜孫馳追德和執轡語曰當勒兵還并力抗敵柰何先奔德和不從縱馬遁赴甘泉平遣軍校杖劒遮留得千餘人轉鬬三日敵退還水東平率餘衆保西南山立七栅自固敵夜使人叩栅問大將安在士不應復使人僞爲戍卒送文移平平殺之夜四鼓敵環營呼曰如許殘兵不降何待平旦敵酋舉鞭麾騎自山四出合擊絕官軍爲二平遂與元孫等皆被執會大雪敵退延州得不陷詔殿中侍御史文彦博即河中置獄問狀黃德和腰斬范雍貶官知安州而贈平元孫官雍爲治尚恕好謀而少成故及於敗

詔陝西轉運使明鎬募強壯備邊○以夏守贇爲陝西馬步軍都總管經略安撫招討使○以韓琦爲陝西安撫使時益利等州饑琦爲體量安撫使琦至蜀逐貪殘不職吏寬賦調上供物活饑民百九十萬而還適元昊反琦上疏論西師形勢甚悉即命安撫

詔改元許中外臣庶言事西事日擾甲午括畿內京東西淮南

陝西馬丁酉詔樞密院同宰臣議邊事辛丑出內藏緡錢八十萬陝西市糴軍儲訪知邊事者丙午降德音釋寇所至州縣罪及夏稅是日改元去尊號寶元二字許中外臣庶上封章言事三月丙子大風晝暝
詔中外言闕政○王鬷陳執中張觀免時邊事大急而鬷等無所建明每有議事又多不合故免以晏殊宋綬知樞密院事王貽永同知院事○
夏四月遣使籍陝西強壯及增補河北強壯軍○五月張
士遜致仕初西事方劇因簡輦官為禁軍輦官攜妻子遮宰相樞密院喧訴士遜將朝馬驚墜地士遜移告家居諫官韓琦論士遜既不能有建明政府又非養病之地士遜不自安上章請老至是以太傅鄧國公致仕宰相得謝自士遜始以呂夷簡平章事○以夏竦為陝西招討使韓
琦范仲淹為副使○元昊陷塞門安遠承平等砦執塞門砦主高

延德以去六月以夏守贇同知樞密院事○增置陝西河東北京東西五路弓手○秋七月郭禎如契丹告將伐夏也八月劉渙如邈川命唃厮囉以兵助討夏也以夏守贇罷○以杜衍同知樞密院事○九月以宋綬晁宗愨參知政事鄭戩同知樞密院事○以晏殊為樞密使王貽永杜衍鄭戩為副使○李若谷罷○以范仲淹兼知延州延州諸砦多為元昊所陷仲淹請自行詔命兼知延州先是詔分邊兵總管領萬人鈐轄領五千人都監領三千人寇至禦之則官卑者先出仲淹曰將不擇人以官為序取敗之道也由是大閱州兵得萬八千人分六將領之將三千人日夜訓練量賊衆寡使更出禦賊敵人聞之相戒曰無以延州為意今小范老子腹中有數萬甲兵不比大范老子可欺也仲淹大興營田且聽民得互市以通有無又以民

遠輸勞苦請建鄜城為軍以河中府同華州中下户租税
就輸之春夏從兵就食可省糴什之三他所減不與詔以
為康定軍仲淹又修承平永平等砦稍招還流亡
定堡砦通斥堠城十二砦於是羌漢相踵歸業元昊寇
三川等砦
元昊寇三川砦都巡檢楊保吉死之又圍師子
定川堡戰士死者五千人遂陷乾溝乾河趙福
堡冬十二月宋綬卒
綬清介博學言動有常
朝廷大議論多所裁决鑄當十錢
詔
出
内藏緡百萬及常平緡錢助糴軍儲又命倣
淳化二年鑄當十錢法以銅為之權助邊費
慶曆元年
契丹重
熙十年
春正月加唃厮囉河西節度使○詔鄜
延涇原會師討元昊未行而罷
帝以元昊勢益猖獗遣翰
林學士晁宗慤即陝西問
攻守之策夏竦具二說令副使韓琦判官尹洙詣闕奏之
帝取攻策執政以為難琦言元昊雖傾國入寇衆不過四
五萬吾逐路重兵自守勢分力弱遇敵輒不支若併出一
道鼓行而前乘賊驕惰破之必矣杜衍曰儌倖而成功非

萬全計也帝不聽詔鄜延涇原同出兵進討琦遣洙趨延州謀之期以正月會師同進范仲淹言正月塞外大寒我師暴露不如俟春深入則賊馬瘦人飢勢易制也且鄜延密邇靈夏西羌必由之地第按兵不動以觀其釁許臣稍以恩信招徠之不然情意阻絶臣恐偃兵無期矣經略判官田况亦請嚴設邊備若有侵掠即出兵邀擊或賊界謹自守備不必先用輕舉如此則全威制勝有功無患也帝從二議由是中國之師卒不出塞尋詔陝西諸路總管司嚴邊備毋輒入賊界賊至則禦之

元昊遣人議和于延州范仲淹以書諭之

元昊遣陷將高延德還延州與范仲淹約和仲淹不聞諸朝自爲書反覆戒諭令其去帝號盡臣節以報累朝厚待之恩韓琦聞之曰無約而請和者謀也命諸將戒嚴而自行邊

二月元昊寇渭州任福敗績于好水川貶韓琦知秦州

韓琦行邊至高平元昊果遣衆寇渭州薄懷遠城琦乃趨鎮戎軍盡出其兵又募勇士萬八千人命環慶副總管任福將之以耿傅參軍事涇原都監桑懌爲先鋒朱觀

武英王珪各以所部從福節制將行琦令福併兵自懷遠趨德勝砦至羊牧隆城出敵之後諸砦相距才四十里道近糧餉便度勢未可戰即據險置伏要其歸路戒之再三且曰苟違節制有功亦斬福引輕騎數千趨懷遠捺龍川遇鎮戎軍西路巡檢常鼎劉肅與敵戰于張家堡南斬首數百敵棄馬羊槖駝佯北桑懌引騎趨之福踵其後諜傳敵兵少福等頗易之薄暮與懌合軍屯好水川川與能家川隔在隴山外觀英屯籠絡川相距隔隴山五里約明日會兵川口必使夏人匹騎無還然不知已陷其伏中矣路既遠芻餉不繼士馬乏食者三日追奔至籠竿城北時元昊自將精兵十萬營于川口候者言夏人有砦數不多兵乃益進福與懌循好水川西行出六盤山下距羊牧隆城五里與夏軍遇遂結陣諸將方知墮敵計勢不可留遂前格戰於道傍得數銀泥合封襲謹密中有動躍聲疑莫敢發福至發之乃懸哨家鴿百餘自合中起盤飛軍上於是夏兵四合懌馳犯其鋒福陣未成列賊縱鐵騎突之自辰至午陣動衆傳山欲據勝地俄而夏人陣中忽樹鮑老旗長二丈許懌等莫測及旗左麾左伏兵起右麾右伏兵起

自山背下擊士卒多墜崖塹相覆壓懌肅戰死敵分兵數千斷官軍後福力戰身被十餘矢有小校劉進勸福自免福曰吾為大將兵敗以死報國耳揮四刃鐵簡挺身決鬭槍中左頰絕其喉而死敵乃併兵攻觀英戰歘合王珪自羊牧隆城引屯兵四千五百應于觀軍之西渭州駐泊都監趙律將瓦亭騎兵二千繼至珪屢出略陣陣堅不可破英被重傷不能視軍敵兵益至官軍大潰英律珪傳皆死内殿崇班訾賡西頭供奉官王慶侍禁李簡李禹亨劉鈞及任福子懷亮與軍校死者又數十人士卒死者萬三百惟觀以兵千餘保民垣四向縱射會暮敵引去得還關右六震時元昊傾國入寇福臨敵受命所統皆非素撫之兵又分出趨利是以甚敗奏至帝震悼為之旰食夏竦使人收散兵得琦檄於福衣帶間言罪不在琦琦亦上章自劾猶奪一官徙知秦州

三月元昊復遣人至延州貶范仲淹知耀州元昊得仲淹書復遣使持答書至語多不遜仲淹對其使焚之朝議以仲淹不當輒通書又不當輒焚之宋庠請斬仲淹杜衍曰仲淹志在招納蓋忠於朝廷也何可深罪帝悟乃

止降爲户部員外郎徙知耀州夏四月以夏竦判永興軍陳執中知永興軍○五月宋庠鄭戩罷庠天資忠厚練習典故遇事輒分别是非戩果敢任氣皆與呂夷簡不合罷凡庠與善者夷簡悉指爲朋黨斥之以王舉正參知政事任中師任布爲樞密副使○詔夏竦師屯鄜州陳執中師屯涇州竦與執中議事多異同詔令互出巡邊於是竦屯鄜州敎中屯涇州竦雖意在朝廷及任以西事頗依違顧避又數請觧兵柄不見從及出巡邊嘗置侍婢中軍帳下幾至兵變元昊命募得竦首者與錢三千其見輕侮如此秋七月置萬勝軍凡二十指揮元昊寇麟府州折繼閔敗之○八月元昊陷豐州冬十月招討使夏竦免元昊寇金明寧遠二砦破之遂圍豐州豐孤城無援故陷元昊遣兵分屯要害以絶麟州餉道管勾麟府軍馬事張亢破之于栢子又破之于兎毛川築

十[illegible]捫河外賊固知諫院張方平言豐州之陷將校俱被弃而諸將主帥銜不加罪非刑賞之公也乃改判河中

分陝西爲四路以陳執中知永興軍兼永興軍路經略安撫招討使龐籍知延州兼鄜延路經略安撫招討使韓琦知秦州兼秦鳳路經略安撫招討使范仲淹知慶州兼環慶路經略安撫招討使自元昊反延州城砦焚掠殆盡龐籍至稍葺治之戍兵十萬無壁壘皆散處城中畏籍莫敢犯法籍命部將狄青帥師築招安砦於橋子谷旁以斷寇出入之路又使周美襲取承平王信築龍安砦復於要害築十一城境內所亡地悉復之延民以安○初元昊陰誘屬羌爲助而環慶酋長六百餘人約爲鄉導事覺范仲淹以其反覆不常至部即奏行賞以諭書犒賞諸羌閱其人馬爲立條約諸羌皆受命自是始爲中國用矣羌人親愛之呼爲龍圖老子仲淹以慶州西北馬鋪砦當後橋川口在賊腹中欲城之度賊必爭密遣

其子純祐與蕃將趙明先據其地引兵隨之諸將不知所
向行至柔遠版築皆具旬日城成即大順城也賊覺以三
萬騎來戰佯北仲淹勿追已而果有伏大順既成而白豹
金湯皆不敢犯環慶自此寇益少仲淹在邊純祐年方
冠與將卒錯處鈎深擿隱得其材否由是仲淹任人無失所向有功十一月置涇原強壯弓
箭手〇有事于南郊大赦西方用師帝爲旰食然元昊亦困弊亦有自悔之意會將有事
于南郊知諫院張方平言曰陛下猶天地父母也豈與犬豕豺狼較乎願因郊赦引咎示信開其自新之路帝喜曰
是吾心也乃於敕文通其善意十二月行崇天萬年歷〇詔天下立義
倉
二年契丹重熙十一年春正月復京師榷鹽法自元昊反聚兵西鄙並邊入中芻粟
者寡縣官急於兵食調發不足因聽入中芻粟予券趨京師榷貨務受錢若金銀入中它貨予券償以池鹽由是

羽毛筋角膠漆鐵炭瓦木之類一切以鹽易之謂商貪吏表裏爲姦至入椽木二估錢千給鹽一大席爲鹽二百二十斤歷費池鹽不可勝計鹽直益賤販者不行公私無利至是復京師榷法凡商人慮估受券及已受鹽未鬻者皆計直輸虧官錢内地州軍民間鹽悉收市入官官爲置場增價出之復禁永興軍路十一州商鹽官自輦運以備前主之又禁商鹽私入蜀置折博務於永興鳳翔聽人入錢若蜀貨易鹽趣蜀中以售已而東南末鹽悉復禁榷云

二月初置義勇軍詔選河北河東强壯及民丁爲軍刺手背爲義勇字各營于其州給以奉廩分番訓練

三月晁宗慤罷○契丹使蕭特末來言關南之地契丹主年漸長國内無事户口蕃息慨然有南侵之意會元昊反中國旰食欲乘釁取宋舊割瓦橋關以南十縣及晉陽之地乃集群臣議南院樞密使蕭惠曰兩國强弱聖慮所悉宋人西征有年師老民疲陛下親帥六軍臨之其勝必矣南院樞密使蕭孝穆曰我先朝與宋和好無罪伐之其曲在我況勝負未可逆料願熟察之契丹主從惠言乃遣

南院宣徽使蕭特末翰林學士劉六符使宋取故地且問興師伐夏及河東沿邊疏濬水澤增益兵戍之故而令諸部會師幽州命太弟重元及蕭惠將之以臨宋境聲言伐宋

夏四月富弼如契丹

蕭特末至呂夷簡奏知制誥富弼爲接伴使與中使迎勞之特末託疾不拜弼曰昔使北病臥車中聞命輒起今中使至而子不拜何也特末蹶然起拜弼開懷與語特末感悅亦不復隱其情密以其主所欲得者告曰可從從之不然以一事塞之足矣弼具以聞帝唯許增歲幣仍以宗室女嫁其子且令夷簡擇報聘者夷簡素不悅弼因薦之集賢校理歐陽脩引顏真卿使李希烈事上疏乞留之不報弼得命即入對叩頭曰主憂臣辱臣不敢愛其死帝爲動色遂進弼樞密直學士弼辭曰國家有急義不憚勞奈何逆以官爵賂焉遂往

五月以大名府爲北京

朝廷聞契丹聚兵幽薊聲言南下議者請城洛陽呂夷簡曰此子囊城郢計也使契丹得渡河雖高城深池何益我聞契丹畏壯侮怯景德之役非乘輿濟河則未易服也宜建都大名示將親征以伐其謀帝從之建大名爲北京即

真宗駐蹕之所城焉秋七月任布罷。以呂夷簡章得象兼樞密使帝聞契丹將見侵命河北河東皆爲邊備出内藏銀絹三百萬助軍資置北平軍知諫院張方平以西北用師乞合樞密之職於中書以通謀議帝以爲然欲以宰相兼判樞密院事王舉正曰判名重不可不避乃改兼樞密使置宣毅及保捷軍呂夷簡請調諸道弓手刺其壯者爲宣毅保捷軍聚于西北張方平乃爭之夷簡不聽既而兩軍合二十餘萬皆市人不可用而大爲國費富弼還自契丹六月弼至契丹見契丹主言曰兩朝人主父子繼好垂四十年一旦求割地何也契丹主曰南朝違約塞鴈門增塘水治城隍籍民兵將以何爲群臣請舉兵而南吾謂不若遣使求地求而不獲舉兵未晚弼曰北朝忘章聖皇帝之大德乎澶淵之役苟從諸將言北兵無得脫者且北朝與中國通好則人主專其利而臣下無所獲若用兵則利居臣下而人主任其禍故勸用兵者皆爲身謀耳契丹主驚曰何謂也弼曰晉高祖欺天叛君末帝昏亂土宇狹小上下離叛故契丹全師獨克然壯士健馬物故太半今中國提封萬里精兵百萬法令脩明上下一心北朝欲用兵能保其必勝乎就使其勝所亡士馬群臣當之歟抑人主當之歟若通好不絕歲幣盡歸人主群臣何利焉契丹主大悟首肯者久之弼又曰塞鴈門者備元昊也塘水始於何承矩事在通好前城隍皆脩舊民兵亦補闕非違約也契丹主曰微卿言吾不知其詳雖然吾祖宗故地當見還耳弼曰晉以盧龍賂契丹周世宗復取關南地皆異代事若各求地豈北朝之利哉既退劉六符曰吾主恥受金幣堅欲十縣何如弼曰本朝皇帝言爲祖宗守國豈敢妄以土地與人北朝所欲不過租賦爾朕不忍多殺兩朝赤子故屈已增幣以代之若必欲得地是志在敗盟假此爲辭耳澶淵之盟天地鬼神其可欺乎明日契丹主召弼同獵引弼馬自近謂曰得地則歡好可久弼反覆陳其不可狀且言北朝既以得地爲榮南朝必以失地爲辱兄弟之國豈可使一榮一辱哉獵罷六符曰吾主聞公榮辱之言意甚感悟今惟有結姻可議耳弼曰婚姻易生嫌隙本朝長公主出降齎送不過十萬緡豈若歲幣無窮之利哉契丹主諭弼使還曰俟卿再至當

擇一事受之卿其遂以誓書來弼乃還入對具以白帝

富弼復如契丹帝復使弼持和親增幣二議及誓書往契丹且命受口傳之詞于政府既行次樂壽謂副使張茂實曰吾為使者而不見國書脫書詞與口傳異吾事敗矣啟視果不同馳還都以晡時入見易書而行

九月富弼暨契丹耶律仁先來弼至契丹不復議昏專欲增幣且曰南朝既增我歲幣其遺我之辭當曰獻弼曰南朝為兄豈有兄獻於弟乎契丹主曰然則為納字弼曰亦不可契丹主曰南朝既以厚幣遺我是懼我矣則於一字何有若我擁兵而南得無悔乎弼曰本朝兼愛南北故不憚更成何名為懼或不得已而至於用兵則當以曲直為勝負非使臣之所知也契丹主曰卿勿固執古有之矣弼曰自古唯唐高祖借兵於突厥當時贈遺或稱獻納其後頡利為太宗所擒豈復有此禮哉聲色俱厲契丹主知不可奪乃曰吾當自遣人議之乃留增幣誓書而使其北院樞密副使耶律仁先漢人副行宮部署劉六符持誓書與弼偕來且議獻納二字弼至入對因曰二字臣以死拒之彼氣折矣可勿許也帝用

晏殊議竟以納字與之於是歲增銀絹各十萬與前共五十萬匹兩歲送至白溝和好復定

元昊寇鎮戎軍葛懷敏會師禦之次于定川砦葛懷敏走死元昊遂大掠渭州而去

元昊數入寇掠雖勝而死亡創痍者相半國人困於點集財用不給爲十不如之謡以怨之知延州龐籍上疏言夏境鼠食稼且旱元昊思納款詔命知保安軍劉拯諭元昊親信野利剛浪唛遇乞兄弟言公方持靈夏兵黨内附當以西平茅土分册之剛浪唛令浪埋賞乞娟娘等三人詣青澗城种世衡乞降世衡知其詐曰與其殺之不若因以爲間留使監税出入騎從甚寵而遣王嵩以棗及畫龜爲書置蠟丸中遺剛浪唛喻以早歸之意欲元昊得之而致疑剛浪唛笑曰种使君年亦長矣何兒戲尚尒因萬寳中知渭州王沿涇原副總管葛懷敏亦使僧法淳持書往剛浪唛乃使其教練使李文貴持書至青澗報世衡言用兵以來資用困乏人情便於和籍曰此詐也乃屯兵青澗留文貴不遣已而元昊果大舉入寇攻鎮戎軍懷敏會諸將兵禦之保于定川元昊以

鐵騎薄之懷敏輕率昧於應變由是大潰懷敏與諸將戰馬東南馳至長城濠路已斷敵周圍之懷敏及將校十四人死焉餘軍九千四百馬六百皆爲敵所得元昊乘勝直抵渭州幅員六七百里焚蕩廬舍屠掠民畜自涇邠以東皆閉壘自守范仲淹自將慶州蕃漢兵援之元昊乃還初陳執中安撫京東與賓佐論當今名將共推懷敏獨駐泊將郭逵曰懷敏易與爾喜功徼倖徒勇無謀他日必敗朝廷事至是執中始嘆服其言

冬十月梁適如契丹契丹遣知制誥梁適持誓書與耶律仁先等如契丹契丹亦遣使再致誓書且報撤兵自是通好如故

十一月復置陝西路安撫經略招討使以韓琦范仲淹龐籍爲之罷置司涇州罷諸路經略使初翰林學士王堯臣爲陝西體量安撫使上疏論兵因言韓琦范仲淹皆忠義智勇不當置之散地及葛懷敏敗死中外震懼帝思堯臣之言會仲淹附王懷德入奏乞與韓琦同經略涇原並駐涇州琦兼秦鳳臣兼環慶涇原有警臣與琦合秦鳳環慶之兵犄角而進若秦鳳環

慶有警亦可率涇原之師爲援臣當與琦練兵選將漸復横山以斷賊臂不數年間可期平定矣願詔龐籍兼領環慶以成首尾之勢委文彦博秦州滕宗諒慶州總之孫沔亦可辦集渭州一武臣足矣帝采用其策乃復置陝西路安撫等使總四路之事置府涇州發定州禁軍二萬二千益屯于涇以琦仲淹籍分領陝西之地復以尭臣爲體量安撫使從文彦博帥秦滕宗諒帥慶張亢帥渭州尭臣復言琦等既爲陝西四路經略等使則四路當稟節制不當復帶使名各置司行事使所稟不一於是四路並罷經略使琦與仲淹在兵間久名重一時人心歸之朝廷倚以爲重二人號令嚴明愛撫士卒諸羌來者推誠撫接咸感恩畏威不敢輒犯邊境天下稱爲韓范

以泰山處士孫復爲國子監直講

復晉州平陽人舉進士不第退居泰山著春秋尊王發微十二篇國子直講石介有名山東師事之四語人曰孫先生非隱者也於是范仲淹富弼皆言復有經術宜在朝廷故有是命

以富弼爲翰林學士固辭不拜弼始受命使契丹聞一女卒再往聞一男生皆不顧

得家書未嘗發輒焚之曰徒亂人意故能成兩國之好帝復申樞密直學士之命弼辭又除翰林學士弼懇辭曰增歲幣非臣本意特以方討元昊未暇與爭故忍死爾敢要賞乎

三年契丹重熙十二年春正月元昊更名曩霄上書請和西鄙用兵日久

帝心厭之欲招懷元昊詔龐籍還李文貴還以通意元昊復使文貴與王嵩以野利剛浪唆書至延州議和然猶倔強不肯削僭號且云如日方中止可順天西行安可逆天東下籍以其言未服乃令自請而詔籍復書許之使呼剛浪唆爲太尉籍曰太尉三公非陪臣所得稱使剛浪唆當之則元昊不得臣矣今其書自稱寧令或謨寧令皆其官名也於義無嫌朝廷從之元昊知朝廷許和有緒乃遣其六宅使賀從勗與李文貴至延州上書闕下自稱男邦泥定國兀卒上書父大宋皇帝更名曩霄而不稱臣兀卒卽吾祖也如可汗號籍不敢聞從勗曰子事父猶臣事君也若得至京師天子不許更歸議之籍送使者闕下籍因陳便宜言羗久不通和市國人愁怨今辭理寖順必有改事

中國之心請
遣使諭之
二月立四門學○三月以呂夷簡爲司空平章軍國重事夷簡感風眩詔拜司空平章軍國重事疾稍愈命數日一至中書裁決可否夷簡力辭帝降手詔曰古謂髭可療疾今剪以賜卿因御延和殿召見敕乘馬至殿門命內侍取兀子輿以前夷簡辭避久之詔給扶毋拜改授司徒監修國史軍國大事與兩府同議以晏殊平章事兼樞密使賈昌朝參知政事○召判蔡州夏竦爲樞密使○以蔡襄歐陽脩王素知諫院余靖爲右正言時增置諫官以蔡襄等四人爲之襄喜言路開而慮正人難久立也乃上疏曰任諫非難聽諫爲難聽諫非難用諫爲難脩等三人忠誠剛正必能盡言臣恐邪人不利正諫必造爲禦之之說其禦之不過有三曰好名好進彰君過耳願陛下察之毋使有好諫之名而無其實脩每入對帝必延問執政咨所宜行既多所張弛小人翕翕不便脩慮善人必不務數爲帝分別言之初范仲淹之貶

饒州脩及尹洙余靖皆以直仲淹見逐群邪因目之曰黨人於是朋黨之論起及仲淹自爲參政乃進朋黨論以爲君子以同道爲朋小人以同利爲朋皆自然之勢也然小人無朋惟君子則有之蓋小人所好者利祿所貪者財貨當其同利之時暫相黨引以爲朋者僞也及其見利而爭先或利盡而反相賊害雖兄弟不能相保君子則不然所守者道義所行者忠信所惜者名節以之脩身則同道而相益以之事國則同心而共濟終始如一故爲君子但當退小人之僞朋用君子之真朋則天下治矣脩論事切直人視之如仇帝獨奬其敢言顧侍臣曰如歐陽脩者何處得來

夏四月邵良佐如夏州

賀從勗至都帝采龐籍言命保安軍判官邵良佐及張士元張子奭王正倫等更往議且許封冊元昊爲夏國主歲賜絹十萬匹茶三萬斤富弼言元昊臣契丹而不臣我朝則是契丹爲無敵於天下矣須令稱臣乃可許和蔡襄亦言元昊改吾祖爲兀卒特以侮玩朝廷使朝廷賜之詔而亦曰吾祖是何等語耶不可許其請皆不聽邵良佐至夏州元昊亦遣如定聿捨張延壽等來議和及歲幣以人

韓琦范仲淹爲樞密副使以元昊請和故召還時元昊倚契丹邀索無厭晏殊等厭於用兵將一切從之琦力陳其不可帝多納之夏竦至京師罷知亳州以杜衍爲樞密使諫官歐陽脩蔡襄等交章論竦在陝西畏懦不肯用力兼之挾詐任數姦邪傾險陛下孜孜政事首用懷詐不忠之臣何以求治中丞王拱辰亦言竦經畧西師無功而歸今置諸二府何以厲世因對極論之帝未省遽起拱辰前引裾帝乃悟會竦已至國門言者論甚力乞毋令入見右正言余靖言竦累表引疾及聞召命即兼驛而馳若不早決竦必堅求面對敘恩感泣復有左右爲之地者則聖聽惑矣章累上即日詔竦歸鎮而拜杜衍爲樞密使竦亦自請還節鉞徙知亳州竦至亳上書萬言自辯乃徙判并州蔡襄言於帝曰陛下罷竦而用琦仲淹士大夫賀于朝庶民歌于路至飲酒叫號以爲歡且退一邪進一賢豈能關天下輕重哉蓋一邪退則其類退一賢進則其類進衆邪並退衆賢並進海內有不泰乎雖然臣竊憂之天下之勢譬猶病者陛下既得良醫矣信任不疑非徒愈病

而又壽民醫雖良術不得盡用則病且日深雖有和扁難責效矣國子監直講石介篤學尚志樂善嫉惡喜聲名遇事奮然敢爲以章得象晏殊賈昌朝韓琦范仲淹杜衍同時登用而歐陽脩蔡襄余靖王素並爲諫官夏竦既拜即罷因大喜曰此盛事也歌頌吾職其可已乎作慶曆聖德詩以頌諸賢而指夏竦爲大姦詩且出其師孫復聞之曰介禍始于此矣

司徒呂夷簡致仕

夷簡以疾罷議軍國大事固請老遂以太尉致仕朝朔望踰年薨帝見群臣曰安得憂國忘身如夷簡者自章獻太后臨朝十餘年開天下晏然夷簡之力爲多及西夏用師契丹求地夷簡擇將命使二邊以寧當國既久頗務收恩避怨以固權利數爲言者所詆帝眷倚不衰反斥言者故能於天下之事屈伸舒卷動有操術爲世名相獨加帶契丹聚兵西北爲後日之患又以私憾成郭后之廢逐孔道輔范仲淹于外爲可罪也

自正月不雨至于是月帝禱于西太一宮是日雨

自正月不雨至于四月遣使祠禱於嶽瀆群臣請帝親禱于郊帝曰太史言月二日當雨今將以旦日出禱王

素曰臣非太史然案是日必不雨帝問其故素對曰陛下知其且雨而禱之應天不以誠故也帝曰然則明日請醴泉觀素曰醴泉之近猶外朝耳豈憚暑不遠出耶帝悚然更詔請西太一宮諫官故不在屬車間特命素扈從日甚熾埃氛翳空比車駕還未薄城天大雷電而雨時王德用進二女素論之帝曰朕真宗皇帝子卿王旦子也有世舊非他人比德用實進女然已事朕左右奈何素曰臣之憂正恐在左右耳帝動容立命遣二女出宫而賜素以銀緋焉

五月丁卯朔日有食之○詔諸路轉運兼按察使知諫院歐陽脩言天下官吏既多朝廷無由遍知其賢愚善惡乞立按察之法於内外朝官丞郎中選強幹廉明者爲之使至州縣遍見官吏其公廉無狀皆以朱書於名之下其中材之人以墨書之歲具官吏能否以聞詔從之

秋七月王舉正罷御史臺舉李徽之爲御史舉正友婿也格不行徽之訟曰舉正妻悍不能制如謀國何諫官歐陽脩余靖亦論舉正懦默不任事范仲淹有相材請罷舉正而用仲淹帝然之舉正遂罷

八月詔諫

官日赴內朝從知制誥田況之請也以范仲淹參知政事富弼爲樞密副使帝以歐陽修之言拜仲淹參知政事仲淹曰執政可由諫官而得乎固辭不拜帝不許乃受命帝方銳意太平數問當世事仲淹對曰上用我至矣事有先後久安之弊非朝夕可革也帝再賜手詔又爲之開天章閣引輔臣入對給以筆札俾條陳其所欲爲者仲淹皇恐退而上十事曰明黜陟抑僥倖精貢舉擇長官均公田厚農桑脩武備推恩信重命令減徭役天子方信向仲淹悉采用之宜著令者皆以詔書畫一頒下○弼見帝言曰契丹既結好議者便謂無事萬一敗盟臣死且有罪願陛下思其輕侮之耻坐薪嘗膽不忘脩政以詔納帝前帝使宰相諭之曰此朝廷特用非以使遼故也弼乃受命時帝以平治責成輔相命弼主北事仲淹主西事弼上當世之務十餘條及安邊十三策大略以進賢退不肖止僥倖去宿弊欲漸易監司之不才者使澄汰所部吏於是小人始不悅之矣詔韓琦宣撫陝西時二府合班奏事琦必盡言雖事屬中書亦指其失同列或不悅帝獨識

之曰韓琦性直時條所宜先行者七事曰清政本念邊計擢材賢備河北固河東收民心營洛邑繼又陳救弊八事曰選將帥明按察豐財利遏僥倖進能吏退不才謹入官去冗食謂數者之舉謗必隨之願委計輔臣聽其注措帝嘉納之命宣撫陝西琦討平群盜張海郭邈山等禁卒蕭老不任用者悉汰之盡脩鄜延城障須敵悉歸所侵地乃許和且陳西北四策以爲今當以和好爲權宜戰守爲實務請繕甲厲兵營脩洛都密定討伐之計

九月任中師罷○冬十月以張昷之王素沈邈爲都轉運按察使

富弼范仲淹請詔中書樞密二府通選逐路轉運按察使既得人即委使自擇知州不任事者罷之知州擇知縣候政績有聞一二年考眞授之故有是命

更定磨勘百官法

初太祖以舊制文武常參官各以曹務閑劇爲月限考滿即遷非循名責實之道乃罷之而置審官院考課中外職事受代京朝官引對磨勘非有勞績不得進秩其後立法文臣五年武臣七年無贓私罪始得遷秩若犯贓罪則文臣七年武臣十年中書樞密取旨其

七階選人則考第資歷無過犯或有勞績者遞遷謂之循資淳化四年始置磨勘司然每遇恩慶百僚多得序進真宗即位始罷之惟郊祀恩許加勳階爵邑至是范仲淹富弼以官冗由磨勘巫易至高位故獲蔭者衆乃令待制以上自遷官後六歲無過則復遷之有過益展年至諫議大夫止京朝官四歲磨勘至前行郎中止少卿監限七十員有闕乃補少卿監以上遷官聽旨其法始密于舊矣

契丹北院樞密使蕭孝穆卒孝穆位高益畏與人交始終如一所薦拔皆忠直嘗語人曰樞密選賢而用何事不濟若自親煩碎則大事凝滯矣自蕭合卓以吏才進位宰相其後轉效不知大體孝穆歎曰不能移風易俗偷安爵位臣子之道若是乎時稱爲國寶臣

十一月上清宮火○更定蔭子法太祖初定任子之法臺省六品諸司五品登朝嘗歷兩任然後得請太宗即位諸州進奏者錄以試銜及三班職尋特定選人七等凡誕聖節及三年南郊皆聽奏一人而特恩不預焉由是奏薦之恩廣至是范仲淹富弼始裁損其制凡選人遇郊赴銓試不試者來不預選且罷

聖節奏蔭恩自是
任子之恩殺矣　十二月契丹改政事省爲中書省

通鑑續編卷第六

通鑑續編卷第七

四年（契丹重熙十三年）春三月詔天下州縣立學（詔曰儒者通天地人之理明古今治亂之原可謂博矣然學者不得騁其說而有司務先聲病章句以拘牽之則吾豪儁奇偉之士何以奮焉士以純明朴茂之美而無敎學養成之法使與不肖並進則夫懿德敏行何以見焉此取士之甚敝而學者自以爲患夫遇人以薄者不可責人以厚也今朕建學興善以尊子大夫之行更制革弊以盡學者之才有司其務嚴訓導精察舉以稱朕意學者其進德脩業無失其時其令州若縣皆立學本道使者選部屬官爲教授貢不足取於鄉里宿學有道業者由是州郡奉詔興學而士有勸服儒術者不可勝數矣）更定科舉法（科舉進士明經諸科之外又有特奏名別頭試之目特奏名者始於晉天福中以士之貢于鄉而屢絀於禮部或廷試所不錄者積前後舉數參其年而差等之遇親策士則別籍其名以奏徑許赴試至咸平三年是科至九百餘人焉別頭試者士有親

戚仕本州或爲發解官及侍親遠宦距本州二千里令轉運司類試以十率之取三人以貢焉宋之取才唯進士諸
科名卿鉅公皆由此選帝自即位以來元嚮用之登上第者不數年輒赫然顯貴范仲淹參知政事意欲復古勸學
數言與學校本行實詔近臣議宋祁等言教不本於學校士不察于鄉里則不能覈名實有司束以聲病學者專於
記誦則不足盡人材參攷衆說擇其便于今者莫若使士皆土著而教之于學校然後州縣察其履行則學者脩飭
矣乃詔州縣立學士須在學三百日乃聽預秋賦舊嘗充賦者百日而止試于州者令相保任有匿服犯刑虧行冒
名等禁三場先策次論次詩賦通考爲去取而罷帖經墨義士通經術願對大義者數十道契丹党項
諸部叛附于夏元昊侵党項契丹遣延昌宮使高家奴讓之元昊不聽命党項等部及夾山部落呆
兒族八百户與山西部族節度使屈烈皆叛契丹降于元昊夏四月作太學五月帝謁
孔子判國子監王拱辰田況王洙余靖等言漢太學二百四十房千八百室生徒三萬人唐學舍亦千二百間

今取才養士之法盛矣而國子監才二百楹制度狹小不足以容詔以錫慶院爲太學置內舍生二百人講殿既備帝謁孔子故事止肅揖帝特再拜賜直講孫復五品服初海陵人胡瑗爲湖州教授訓人有法科條纖悉備具以身率先雖盛暑必公服坐堂上嚴師弟子之禮視諸生如其子弟諸生亦信愛如其父兄從之游者常數百人時方尚詞賦湖學獨立經義治事齋以敦實學及興太學詔下湖州取其法著爲令式云　契丹伐党項夏人救之○曩霄來降元昊遣使上誓表言兩失和好遂歷七年立誓自今願藏盟府其前日所掠將校民户各不復還自此有邊人逃亡亦毋得襲逐臣近以本國城砦進納朝廷其栲栳鐮刀南安承平故地及他邊境蕃漢所居乞畫中爲界於內聽築城堡凡歲賜銀綺絹茶二十五萬五千乞如常數臣不復以他相干乞頒誓詔蓋欲世世遵守永以爲好儻君親之義不存或臣子之心渝變當使宗祀不永子孫罹殃　六月詔范仲淹宣撫陝西河東初仲淹以忤呂夷簡放逐者數年帝以其士望所屬拔起而大用之倚

爲治中外想望其功業仲淹亦以天下爲已任與富弼同心輔政裁削倖濫考覆官吏日夜謀慮興致太平然更張無漸規摹闊大論者籍籍及按察使出多所舉劾衆心不悅任子之恩薄磨勘之法密僥倖者不便由是謗毁稍行夏竦既怨石介因與其黨造爲黨論目杜衍歐陽脩及仲淹爲黨人且爲作介爲富弼撰廢立詔草飛語上聞弼與仲淹懼適聞契丹伐夏遂請行邊仲淹既去朝攻者益急帝心不能無疑矣

契丹命耶律谷欲耶律庶成等修國史○秋七月契丹使耶律高家奴來契丹主以夏援党項之故徵諸道兵將討元昊遣延昌宮使高家奴告于宋曰請爲中國討賊慎無與和也帝疑契丹與元昊同謀以見欺欲調發爲備富弼曰契丹實有怨于元昊耳保無他也乃止

八月詔富弼宣撫河北從弼請也弼及范仲淹既去不介不自安亦請外得濮州通判

余靖如契丹時朝廷欲加元昊封冊而契丹之使適至帝召群臣議之知制誥余靖言契丹挾詐不可輕許乃命靖致牘禮目覘其誠否而留夏

國封冊不發

九月晏殊罷殊平居好賢及爲相務進人材故當院臺閣皆極一時之選至是歐陽脩出爲河北都轉運使諫官奏留之殊獨不許孫甫蔡襄因上言殊爲李宸妃碑不言生帝又役官兵治僦舍以規利乃降授工部尚書出知潁州殊剛簡清儉善於知人博學洽聞文章贍麗應用不窮爲世推重

以杜衍平章事兼樞密使賈昌朝爲樞密使陳執中參知政事衍在樞密每有內降率寢格不行積詔旨至十數輒納帝前帝嘗語歐陽脩曰外人還有知杜衍封還內降耶凡有求於朕每以衍不可告之而止者皆所封還也

契丹主伐夏冬十月曩霄誘而敗之契丹及夏平九月契丹主會師于九十九泉遣太弟重元將騎七千爲先鋒出南路樞密使蕭惠將騎六萬出北路契丹主自帥騎兵十萬繼進濟河長驅入夏境四百里不見敵據得勝寺南壁以待蕭惠與元昊戰于賀蘭山北敗之元昊見契丹兵盛乃上表謝罪退師十里請收叛黨以獻且進方物契丹主遣樞密副使蕭革使之而進

軍次于河曲元昊親率党項三部以待罪契丹命華誥其納叛背盟之故賜之酒許其自新蕭惠以爲大軍旣集宜加討伐不可許和契丹主猶豫未決元昊以未得成言又退師三十里以俟凡三退將百里每退必赭其地契丹馬無所食因許之和元昊乃遷延以老之度其馬飢士疲因縱兵急攻蕭惠營敗之乘勝攻南壁契丹主大敗從數騎走得免元昊入樞密使蕭孝友砦執駙馬蕭胡覩以去已而遣使歸其先所俘獲契丹亦遣所留夏使還之十一月契丹主班師還十二月胡覩歸契丹

遣使如夏州

遣使賜元昊誓詔曰朕臨制四海廓地萬里西夏之上世以爲胙今乃納忠悔咎表於信誓質之日月要之鬼神及諸子孫無有渝變申復懇至朕甚嘉之俯閱來誓一皆如約

十一月詔戒朋黨相訐○契丹城雲州爲西京大同府

雲州即雲中也於是契丹境内凡五京六州軍城百五十六縣二百九部族五千二屬國六十東至于海西至金山暨于流沙北至臚朐河南至白溝幅員萬里契丹之至盛也

十二月余靖還自契丹

○冊曩霄爲夏國主余靖還知契丹已與夏和帝乃遣書貟外郎張子奭充冊禮使仍賜對衣黄金帶銀鞍勒馬銀二萬兩絹二萬匹茶三萬斤冊以漆書竹冊冊籍以天下樂錦金塗銀印方二寸一分文曰夏國主印錦紱約稱臣奉正朔改所賜敕書爲詔而不名許自置官屬使至京就驛貿賣宴坐朶殿使至其國相見用賓客禮歲賜銀絹茶綵共二十五萬五千置榷場於保安軍及高平寨第不通青鹽命國子博士高良夫等會夏人書疆界然宋使從此留館宥州終不復至興慶而元昊帝其國中自若也

乙酉　五年遼重熙十四年春正月范仲淹富弼罷仲淹内剛外和政尚忠厚汎愛樂善及其未也成惜其當朝不文莫能成先憂後樂之志性至孝好施予置義莊里中以贍宗族海内之人無不欽慕其德焉杜衍罷衍好薦引賢士而沮止僥倖群小咸怨御史中丞王拱辰之黨尤嫉之衍壻蘇舜欽易簡子也慷慨有大志能文章論議稍侵權貴衆不能容時監進奏院循前例祠神以妓樂娛賓集賢校理王益柔曙之子也

於席上戲作澂歌拱辰聞之以二人皆范仲淹所薦而舜
欽又衍懿親故因是以傾衍及仲淹乃諷御史魚周詢劉
元瑜舉劾其事疏上拱辰及張方平列狀請誅益柔章得
象晏殊不可否賈昌朝陰主之韓琦言于帝曰益柔狂語
何足深計方平等皆陛下近臣今西陲用兵大事何限一
不爲陛下論列而同狀攻一王益柔此其意可見矣帝感
悟乃止黜益柔監復州酒稅而除舜欽名同席被斥者十
餘人皆知名之士拱辰喜曰吾一舉網盡矣舜欽既得罪
衍由是不安求去不許而拱辰遂見譏於公議及諫官錢
明逸論范仲淹富弼帝欲罷二人而衍獨左右之帝不悅
二人既罷翰林學士丁度有憾於衍因置書指衍與二人
爲朋比衍竟坐是出知兗州衍清介有大節其去也君子
惜之　以賈昌朝平章事兼樞密使王貽永爲樞密使宋庠參
知政事吳育龐籍爲樞密副使○罷磨勘蔭子新法○三
月韓琦罷　范仲淹富弼罷去琦不能獨居上疏辨析不報　初陝西四路總管鄭戩遣靜邊砦主劉滬著作

佐郎董士廉城水洛以通秦渭援兵知渭州尹洙以爲前
此屢困於賊者正由城砦多而兵勢分也今又益城不可
奏罷其役會戩罷而滬等督役如故洙不平召滬等還滬
又不至洙以張忠代之滬不受代洙乃諭禆將狄青往械
滬及士廉下吏而罷水洛之役戩論奏不已琦是洙而朝
議右戩竟徙洙知慶州釋滬等獄而復城水洛琦乃請外
遂出知揚州河東轉運使歐陽修上疏曰杜衍范仲淹韓
琦當世稱天下皆知其有可用之賢而不聞其有可罷之罪
正士在朝群邪所忌謀臣不用敵國之福也竊爲陛下惜
之群邪益忌修因其孤甥張氏獄傳致修罪左遷知滁州
洙博學有識度以爲自唐以來文格卑弱至柳開始爲古
文而世未知尚乃與穆修復振起之爲文簡而有法元
昊反洙未嘗不在兵間故
於西事尤爲練習未幾卒

罷科舉新法

巳仲淹既去執政
以新定科舉入學
預試爲不便且言詩賦聲病易考而策論汗漫難知祖宗
以來莫之有改且得人嘗多矣天子下其議有司請如舊
法乃詔曰科貢舊條皆先朝所定也
宜一切如故前所更令莫悉罷之

夏四月丁亥朔日有

食之○章得象免時帝欲盡天下事遂用群賢使同得象經畫當世諸務得象無所建明御史孫抗數論之得象不得已乃上章求去以陳執中平章事兼樞密使吳育參知政事丁度爲樞密副使○冬十月罷轉運兼按察使○罷宰相兼樞密使

六年契丹重熙十五年春三月辛巳朔日有食之日食帝謂宰相曰謫見于天願歸罪朕躬御宣救民疾苦思所以利安之賈昌朝對曰陛下此言足以弭天變臣敢不效孜孜以奉陛下帝曰人主懼天而脩德猶人臣畏法而自新也昌朝頓首謝秋八月以吳育爲樞密副使丁度參知政事育在政府遇事敢言至是知永靜軍向綬疑通判江中立諫已因誣以罪迫令自殺育欲坐綬死賈昌朝不可遂爭議帝前左右皆失色育論辨不已乃請曰臣所辨者職也顧力不勝願罷臣職知審刑院高若

丁亥

訥附昌朝議緩竟減死一等帝亦以昌朝故徙育樞密而謂近臣曰吳育剛正可用第嫉惡太過耳冬十月不雨○高麗王欽卒子徽嗣

七年契丹重熙十六年春二月募人中糧于秦州詔取益州交子三十萬於秦州募人入中糧粟大旱帝避正殿詔言闕失三月賈昌朝吳育免時大旱帝避正殿減膳許中外臣僚實封條陳失政賈昌朝引漢冊免三公故事乞罷御史中丞高若訥上言曰大臣喧爭爲不肅故雨不時若於是賈昌朝以使相出判大名吳育歸給事中班未幾以育判尚書都省因侍讀帝謂曰臣下毀譽多出愛憎御所由情也育對曰知而形之言不若察而行之事要主之行如日月之明進一人使人皆知其善出一人使人共見其惡則雖罪不能搆害公正可以自立而王之要道也乙未以夏竦平章事丁酉改授樞密使竦制下諫官御史交章言大臣和則政事脩竦前在關中與首相陳執中

論議不合令不可使共事故改命以文彥博參知政事高若訥爲樞密副使○壬寅帝禱于西太一宮是日雨夏四月甲辰帝御正殿○秋八月分河北爲四路○冬十一月貝州宣毅卒王則據城中以叛以明鎬爲河北體量安撫使初涿人王則以歲饑流至貝州自賣爲人牧羊後隸宣毅軍爲小校貝冀俗尚妖幻相與習五龍滴淚等經及諸圖讖書言釋迦佛衰謝彌勒佛當持世則之與母訣也嘗刺福字於背以爲記妖人因妄傳則字隱起爭信事之州吏張巒卜吉主其謀黨與連德齊諸州約以明年正旦斷澶州浮梁作亂會其黨潘方淨以書謁北京留守賈昌朝事覺被執則故不待期冬至日知貝州張得一方與官屬謁天慶觀則率其徒劫庫兵執得一囚之殺通判董元亨司理王獎判官李浩清河令齊開主簿王亟等兵馬都監田斌以從卒巷戰不勝而出城扉闔提刑田京任黃裳持印棄其家縋城出保南關入

戊子

驍健營撫士卒凡有欲應賊者京以計盡誅之由是營兵二十六指揮在外者皆儞服不敢叛南歸得不陷則借稱東平郡王以張巒爲丞相卜吉爲樞密使建國曰安陽牓所居門曰中京居室廐庫皆立名號改元得聖以十二月爲正月民年十二以上七十以下皆涅其面曰宜軍破趙得勝旗幟號令率以佛爲稱城以一樓爲一州書州名補其徒爲知州每面置一總管然縋城下者日衆於是令民伍伍爲保一人縋餘悉斬事聞以知開封府明鎬爲體量安撫使而詔貝州有能引致官兵獲賊者授諸衛上將軍鎬至貝州民汪文慶等自城上繫書射鎬帳約爲內應夜垂絙以引官軍入城者數百人賊覺率衆拒戰不利乃與文慶等復縋而出初官軍先登者欲專其功斷絙以絕後來者及賊來拒衆寡不敵故敗

八年契丹重熙十七年春正月以文彥博爲河北宣撫使明鎬副之閏月執王則歸于京師誅之鎬以貝州城峻不可攻乃爲距闉將成爲賊所焚鎬

乃即南城爲地道日攻其北以牽制之朝廷以則未下命彥博宣撫鎬爲之副彥博至貝鎬穿道適通遂選壯士夜半由地道入城衆登城賊縱火牛官軍以槍中牛鼻牛還攻賊賊大潰開東門遁總管王信追則擒之餘衆保村舍者皆被焚死檻送則京師磔于中市則擄城中凡六十六日而敗改貝州爲恩州張得一以降賊伏誅

以文彥博平章事

衛士作亂伏誅

帝將以閏月望夕復張燈皇后諫止之越三日親從官顏秀等四人夜入禁中越屋叩寢殿皇后方侍帝聞變遽起帝欲出后閉閤擁持趣召都知王守忠使引衛卒入賊傷宮嬪殿下聲徹帝所宦者以乳嫗毆小女子紿奏后叱之曰賊在近殺人敢妄言邪陰遣人挈水踵後賊果舉炬焚簾水隨滅之是夕所遣宦侍后皆親剪其髮曰以是徵賞故爭盡死力守忠兵至賊就擒滅詔領皇城司者皆坐斥事連副都知楊懷敏夏竦與懷敏相結欲曲庇之乃請御史與宦官同鞫于禁中不可滋蔓俾及側不安丁度曰宿衛有變事關社稷請付外臺窮治因爭于帝前帝從竦議由是懷敏止降官領內職如故

二月 夏國

何漢判

主曩霄卒子諒祚立元昊卒年四十六子諒祚立生十月矣養于國舅沒訛龐訛龐遂與其三大將分治國政遣使告哀于宋契丹謚元昊曰武烈皇帝廟號景宗墓曰泰陵詔遣開封府判官曹穎叔祭奠六宅使鄧保弔慰之契丹亦遣永興宮使耶律褭里慰奠焉夏四月冊諒祚爲夏國主朝議請因諒祚幼弱母族專國以節鉞啖其三大將使各有所部分以披其勢可以得志陝西安撫使程琳曰羌人之喪非所以柔遠人不如因而撫之帝乃遣刑部員外郎任顓往冊諒祚為夏國主議者深惜朝廷之失機罷丁度爲觀文殿學士度以與夏竦議事不合求解政事罷爲紫宸殿學士御史何郯言紫宸非官稱所宜乃改延恩爲觀文殿置學士以授之度性淳質在翰林十五年數論天下事未嘗及私帝雅重之以明鎬參知政事文彥博數推鎬貝州之功且薦其才可大用故也五月無雲而震夏竦免殿中侍御史何郯論竦姦邪不可任樞要會京師同日無雲而震者五帝方坐便殿趣召翰林學士張方平至

謂曰夏竦姦邪以致天變如此宜免之乃出知河南竦在樞府深怨石介之識已欲報之而介已卒會徐州狂人孔直溫謀反搜其家得介書竦因言介詐死北走契丹耳請發棺驗之詔下兗州訪介存亡杜衍知兗與其僚以闔族保介必死提刑呂居簡亦言無故發棺何以示後始獲免然猶錮介子孫而貶孫復監虔州稅

以宋庠爲樞密使龐籍參知政事○六月明鎬卒鎬沉鷙有謀能斷大事其卒也帝深惜之

河北京東大水

己丑

皇祐元年契丹重熙十八年夏英宗諒祚延嗣寧國元年春正月甲午朔日有食之○夏五月加知青州富弼禮部侍郎固辭不受河北京東大水民流就食青州富弼勸所部民出粟益以官廩得公私廬舍十餘萬區散處其人以便薪水官吏自前資待缺寄居者皆賦以祿使即民所聚選老弱病瘠者廩之仍書其勞約他日爲奏請受賞率五日輒遣人持酒肉飯糗慰

藉出於至誠人人爲盡力山林陂澤之利可資以生者
民擅取死者爲大家葬之目曰叢冢及麥大熟民各以遠
近受糧而歸凡活五十餘萬人募爲兵者萬計前此救災
者皆聚民城郭中爲粥食之蒸爲疾疫及相蹈藉或待哺
數日不得粥而仆名爲救之而實殺之自弼立法簡便周
盡天下傳以爲式帝聞遣使褒勞加拜禮部侍郎弼曰此
臣職也敢受賞乎固辭不受

六月以賈昌朝爲觀文殿大學士兼判尚書都省初置觀文殿大學士自是宰相求閒即命是職以寵之

秋七月契丹主伐夏不見敵而還○八月陳執中罷○以宋庠平章事高若訥參知政事龐籍爲樞密使梁適爲副使○九月廣源州蠻儂智高寇邕州儂氏自唐初即雄於西原與黃氏周氏據州十有八而儂氏尤强世爲廣源州首領唐末交阯强盛廣源服屬之及儂全福爲交人所殺其妻改適商人生智高冒姓儂氏既壯與其母據儻猶州建國

曰大曆交人攻而執之釋其罪使知廣源州智高怨交阯乃乘間襲據安德州僭稱南天國改元景瑞因招納亡命貢獻中國以求内附朝廷不許智高復奉金函書以請亦不報智高怨與廣州進士黄師宓等謀據廣南乃數出弊衣易穀食給言洞中飢饉部落離散知邕州陳拱信之不爲設備智高得以肆志一夕忽縱火焚其居因給衆曰平生積聚今爲天火所焚無以爲生計窮矣當取邕廣以自王否則兵死衆從之遂率衆五千沿江東下攻邕州横江寨守將張日新等戰死詔江南福建等路發兵備之

罷武舉○夏人襲契丹蕭惠敗之

契丹北院樞密使韓王蕭惠爲河南行營都統師師自河南進以伐夏戰艦糧艘綿亘數百里既入敵境偵候不遠鎧甲載于車軍士不得乘馬諸將請備不虞惠曰諒祚必自迎車駕何暇及我無故設備徒自弊耳契丹主既還惠師尚進未立營柵夏人奄至惠與麾下不及甲而走追者射之惠幾不得脫士卒死傷者不可勝計

冬十月契丹耶律敵魯古獲夏主嫡母于賀蘭以歸

二年契丹重熙十九年夏天祐垂聖元年春二月夏人侵契丹。三月契丹蕭蒲奴伐夏。詔即大慶殿爲明堂秋九月大享天地赦

自太祖以來未嘗親享明堂惟命有司攝事而已是歲帝謂輔臣曰今年冬至日當親祀圜丘欲以季秋行大享明堂之礼然自漢諸儒論議駁而不同夫明堂者布政之宮朝諸侯之位天子之路寢乃今大慶殿也今之親祀不當尚於郊壝寓祭也其以大慶殿爲明堂分五室於內仍詔有司詳定儀注以聞於是新作明堂禮神玉製樂八曲九月己酉朝享景靈宮庚戌享太廟辛亥大享天地于明堂以太祖太宗真宗配儀如圜丘大赦百官進秩一等自是凡享明堂皆寓於大慶殿

折繼閔卒以其弟繼祖領府州軍事。冬十月夏主諒祚請平于契丹契丹不許

諒祚毋沒藏氏遣使乞依舊稱藩于契丹契丹因其使還詔別遣信臣至當徐啚之十二月諒祚毋復遣使上表乞依舊臣屬契丹主乃遣北院都監蕭友括

辛卯

等使夏索党項叛户沒藏氏乞代党項權進馳馬牛羊等物而求唐隆鎮及罷所建城邑契丹主不許而安置所獲元昊妻屬于蘇州

十一月詔外戚毋得任二府○閏月置詳定大樂局于秘閣召太子中舍致仕胡瑗同定雅樂瑗與作雅樂其法下李照一律由是黃鍾律短而所奏樂音高又其鍾弇而直聲鬱不發著作佐郎劉羲叟曰此謂害金帝將感心腹之疾乎已而果然

契丹主策進士于金鑾殿

三年契丹重熙二十年

春正月分淮南爲東西路○三月宋庠免庠天資忠厚人稱爲長者然在政府無所建明會張貴妃叔越國夫人曹氏客張彦方僞造敕牒爲人補官事覺論死庠弟龍圖閣學士祁之子與彦方游諫官包拯吳奎等言庠不戢子弟庠遂求去以劉沆參知政事○夏六月詔州郡自今毋得獻瑞物知無爲軍茹孝標獻芝草帝命免孝

標罪而戒州郡自今勿復獻

以張堯佐爲宣徽等使知河陽府貶殿中侍御史裏行唐介爲英州別駕文彥博免時張貴妃寵冠後廷堯佐其伯父也以故驟除宣徽節度景靈群牧四使殿中侍御史唐介與知諫院包拯吳奎等力爭之且請中丞王舉正留百官班廷論奪其二使無何堯佐復除宣徽使知河陽命下衆以爲朝廷眞欲用堯佐于外介謂同列曰是欲與宣徽而假河陽爲名耳不可但已也而同列依違介獨抗言之帝謂曰除擬本出中書時文彥博爲首相介遂劾彥博知益州日造間金奇錦緣閤侍通宮掖以得執政今顯用堯佐益州自困結請罷之而相富弼弼甚切直帝怒卻其奏不視且曰將遠竄介徐讀畢曰臣忠憤所激鼎鑊不避何辭於謫帝急召執政示之曰介論事是其職至以彥博由妃嬪致宰相此何言也進用冢司豈應得預而乃薦弼時彥博在帝前介責之曰彥博宜自省即有之不可隱彥博拜謝不已帝怒益甚梁適叱介使下殿修起居注蔡襄趨進救之貶春州別駕正言王贄言其太重帝亦悟明日取其

疏入改英州而羅崇勳許洲亦以介黨出知密州帝慮介或遁死有殺貢西名命中使護之搜兗臣李師中皆賦詩激羨由是介直藻動天下士大夫稱真御史必曰唐子方冬十月以龐籍平章事高若訥為樞密使梁適參知政事王堯臣為樞密副使○十一月以房庶為校書郎以益州鄉貢進士房庶嘗著樂書補亡一卷其說以為嘗得古本漢志云度起於黃鍾之長以子穀秬黍中者一黍之起積一千二百黍之廣度之九十分黃鍾之長一為一分今文脫之起積一千二百黍八字故誤以一黍為一分其法非是當以秬黍中者一千二百實管中黍盡得九十分為黃鍾之長九寸加一為尺則律定矣直祕閣范鎮是之時胡瑗等製樂已定故授官而遣之

壬辰

四年契丹重熙二十一年夏五月資政殿學士范仲淹卒謚文正儂智高陷邕橫貴藤梧封康端龔潯等州遂圍廣州詔余靖楊畋

等討之智高攻陷邕州執知州陳珙等即州建大南國自稱仁惠皇帝改元啓曆置官屬時天下久安廣南州郡無備智高所向輒下遂陷八州乃進圍廣知州魏瓘拒之事聞命知桂州陳曙討之六月以余靖爲廣西安撫使知桂州與同提刑李樞及陳曙經制賊盜事復以楊畋體量安撫廣南提舉經制盜賊事發廣東鈐轄司兵赴之

户部員外郎范鎮上書議樂鎮言陛下制樂三年有司紛然未決蓋由不議其本而爭其末也樂者和氣也發和氣者聲音也聲音生於無形故古人以有形之物傳其無形之聲音得而和氣可道也今有形之物皆與古不合則無形之聲音不可得而和也必得真黍然後可爲尺鎮自謂得古法司馬光不以爲然數與論難竟不能決

帝觀款器于邇英閣帝出款器陳于邇英閣論丁度等曰日中則昃月滿則虧[illegible]以小[illegible]天下常與列辟共守此道度等拜曰臣亦願無縱滿以[illegible]陛下因言太宗嘗作此器真宗嘗著論帝遂製後述以賜度等

以狄青爲樞密副使青初以善騎射爲騎御散直元昊反

擇衛士從軍以青為三班差使時士卒畏怯獨青每臨敵被髮帶銅面具出入賊中無不披靡以是數立奇功尹洙與談兵善之薦於韓琦范仲淹曰此良將材也二人待之甚厚仲淹授以左氏春秋曰將不知古今匹夫勇耳青由是折節讀書悉通秦漢以來將帥兵法累進馬軍副指揮使青起行伍十餘年而貴面涅猶存帝嘗敕青傅藥除之青指其面曰陛下以功擢臣不問門地臣所以有今日由此涅耳臣願留以勸軍中不敢奉詔帝益重之至是自知延州召升副使臺諫王舉正等諫其不可帝不聽

秋七月契丹主追帝其遠祖追尊耨里思為玄祖簡獻皇帝薩剌的為德祖宣簡皇帝妣皆為后復加謚太祖以下帝后

儂智高自廣州寇昭州陷之智高圍廣兩月知不可拔乃引衆去鈐轄張忠與知英州蘇緘邀擊于白田忠敗死智高遂攻賀州不克乃攻昭州鈐轄王正倫戰死州遂陷

九月以孫沔為湖南江西安撫使余靖參廣南兵甲經制賊盜事○以狄青為荊

湖宣撫使提舉廣南經制盜賊事智高寇擾日甚嶺外騷動楊畋等久無功帝以爲憂智高移書行營求邕桂節度使帝將受其降梁適曰若尓則嶺表非朝廷有矣會狄青上表請行遂以爲宣撫使明日青入對自言曰臣起行伍非戰伐無以報國願得蕃落騎數百益以禁兵羈賊首致闕下帝壯其言諫官韓絳言青武人不宜專任帝以問龐籍籍對曰青起行伍若用爲主帥以文人副之則號令不專不如不遣乃詔嶺南諸軍皆受青節度

以范祥爲陝西轉運使制置解鹽事罷榷法復通商自復榷法兵民輦運不勝其苦州郡騷然所得鹽利不足以佐縣官之急並邊務誘人入中芻粟皆爲虛估騰踊至數倍大耗京師錢幣帑藏益虛太常博士范祥關中人也熟其利害嘗謂兩池之利甚博而不能少助邊計者公私侵漁之害也儻一變法歲可省度支緡錢數十百萬乃畫策以獻遂命制置其事使推行之於是舊禁鹽地一切通商聽鹽入蜀罷九州軍入中芻粟令入實錢償以鹽授以要券即池驗券按數而出盡弛兵民輦運之役

以商所入緡錢糴粟輸並邊九州軍而悉留榷貨務錢幣以實中都由是黠商貪賈無所僥倖關内之民得安其業公私便之冬十月知制誥王洙上新雅樂詔詳定之洙等上樂而議者以爲鍾磬皆不合古遂復命詳定而當議者各安所習久而不決乃命諸家作鍾律以獻然終無所成焉以孫復胡瑗爲國子監直講翰林學士趙槩言通判陵州孫復經爲人師乃命復與胡瑗同爲直講瑗既居太學其徒至不能容取旁官舍處之禮部所得士瑗子弟十常居四五隨材高下喜自脩飭衣服容止往往相類人遇之不問可知爲瑗弟子也復教養不及瑗而治經過之然二人論見不合常相避不見儂智高陷賓州復入于邕○十一月壬寅朔日有食之○十二月陳曙帥師討儂智高敗績于金城驛狄青執曙誅之狄青至廣南合孫沔余靖之兵進次賓州廣西鈐轄陳曙乘青未至輒以步兵八千犯賊潰于崑崙關指使袁用等皆遁青曰

令之不齊兵所以敗晨會諸將堂上揖曙起并召用等三十二人按以敗亡狀驅出軍門斬之沔靖相顧愕眙諸將股栗莫敢仰視

雨雪 時冬無雪帝責躬減膳每見輔臣憂形于色龐籍等言臣等不能燮理上煩聖心願守散秩以避賢路帝曰是朕誠不能感天而惠不能及民非卿等之過也是夕大雪

五年 契丹重熙二十二年 夏福聖承道元年 春正月會靈觀災○狄青大敗儂智高于邕州智高走大理廣南平 青既誅陳曙因按兵止營令軍士休十日智高遣人覘之以爲軍未即進覘者去青明日乃整軍騎一晝夜絕崑崙關出歸仁鋪爲陣賊既失險悉出逆戰前鋒孫節搏賊山下賊氣銳甚孫沔等懼失色青執白旗麾騎兵縱左右翼出賊不意大敗之追奔五十里斬首數千級賊黨黃師宓儂建中智中及僞官屬死者百五十七人生擒賊五百餘死者萬計智高夜縱火燒城遁去由合江口入大理遲明青按兵入城獲金帛鉅萬雜畜數千招復老壯七千二百嘗爲賊所俘脅者慰遣之梟師宓等于城

下欽屍築京觀于城北隅時賊屍有衣金龍衣者衆謂智高已死欲以上聞青曰安知其非詐耶寧失智高不敢誣朝廷以貪功也於是廣南悉平捷至帝喜曰青破賊龐籍之力也又曰向非梁適言南方安危未可知也詔余靖經制廣西與都監蕭注等追捕智高而召青還朝後二年余靖遣注入特磨道生獲智高母及其弟智光子繼宗繼封歸于京師伏誅智高不知所終　夏五月高若訥罷○以狄青爲樞密使孫沔爲副使賞平廣南功也龐籍臺諫朝士皆論青不可長宥府帝不聽　秋七月龐籍罷籍姻屬道士趙清貺與堂吏皇甫渊受賂事覺刺配遠州道死諫官韓絳因論籍陰諷吏杖殺清貺以滅口覆按無實言者猶不已罷知鄆州籍長於吏事持法深峭士卒畏服及爲相聲名减於治鄆時　以陳執中參知政事○九月夏及契丹平諒祚遣使進降表于契丹契丹主使其林牙高家奴持詔撫諭之自是貢獻如常時　冬十月丙申朔日有食之○作鎮國神

寶時奉宸庫有良玉廣尺厚半之帝以爲希世之珍不欲爲服玩之器命龐籍篆文作寶 十二月以曹陳許滑鄭州爲輔郡

至和元年契丹重熙二十三年春正月貴妃張氏薨追謚爲溫成皇后 二月孫沔罷自郭后廢楊尚二美人斥貴妃寵傾後宮至贈其父堯封爲郡王世父堯佐仕至太師姻戚莫不顯貴及卒帝憂悼甚至輟朝七日禁京城舉樂而追册爲皇后治喪皇儀殿知制誥王洙鈎摭非禮陰與內侍石全斌附會欲令孫沔讀册宰相護葬帝從之沔曰此翰林學士職也陛下若以臣沔讀册則可以樞密副使讀册則不可遂求罷乃知杭州時陳執中爲首相奉行唯謹且引洙爲員外翰林學士全斌領觀察使士論由是爭咎執中 以田況爲樞密副使○三月王貽永罷貽永尚真宗女鄭國公主自以宗來無外姻輔政者恒懼寵祿過盛故在樞府十五年能遠權勢帝由是益加尊禮至是以疾罷 以王

德用爲樞密使德用時以太子太師致仕會乾元節上壽立班廷中契丹使語譯者曰黑王相公乃復起耶帝聞之遂拜樞使夏四月甲午朔日有食之用牲于社是日雷雨至申時見所食九分之餘宰相率百官稱賀秋七月以程戩參知政事○立溫成園○梁適免契丹嘗欲易國書稱南北朝適曰宋之爲宋受之於天不可改也契丹亦其國名自古豈有無名之國哉乃止適曉暢法令臨事有膽量而多挾智數貪黷怙權不戢子弟御史中丞孫抃御史馬遵吳中復論之出知鄭州八月以劉沆平章事○冬十月葬溫成皇后丙午祔于太廟且製樂章焉

二年契丹道宗洪基清寧元年春三月改封孔子後文宣公世愿爲衍聖公太常博士祖無擇言祖諡不可加後嗣乞更定美號乃改封焉仍令世襲及知仙源縣如故夏四

月契丹來致其先世繪像以求帝容契丹主嘗謂近臣曰朕與宋主約為兄弟歡好歲久欲見其繪像可諭其使至是因遣使來賀乾元節持其三世畫像來致其主命以求御容定衙前五則法初太祖因唐制定諸州戶為九等上四等給役下五等免之以衙前主官物里正戶長鄉書手課督賦稅耆長弓手壯丁逐捕盜賊承符人力手力散從官給使令後有貧富不均隨時升降淳化末始令諸縣以第一等戶為里正第二等戶為戶長里正督稅衙前運官物陪償折耗役為至重民多破產者蔡襄韓絳嘗為帝言之乃立五則法令相替易然猶不能堪以趙抃為殿中侍御史抃為御史彈劾不避權倖聲稱凜然京師目為鐵面御史其言務欲朝廷別白君子小人以為小人雖小過當力遏而絕之君子不幸詿誤當保全愛惜以成就其德進拜殿中侍御史時吳充鞠真卿刁約馬遵呂景初吳中復呂溱蔡襄吳奎韓絳皆以直言居外抃言近日正人端士紛紛引去者以正色立朝不能諂事權要傷之者衆耳由是悉得召還六月陳執

中免知諫院范鎮論執中無學術非宰相器會執中嬖妾笞小婢出外舍死中丞孫抃殿中趙抃等論之不報至是以旱錄囚范鎮言執中為相不病而家居陛下欲拜災變宜速退執中以快天下之望今臺臣不以陰陽不和財匱民困盜賊滋熾獄犴充斥以責宰相而捨大索小暴揚燕私若用此為進退是因一婢逐一相非所以明等級辨堂陛也孫抃復與其屬郭申錫毋湜范師錫等合班論奏執中過失繳令論日入對執中竟免然執中在中書八年人莫敢干以私云以文彥博富弼平章事彥博與弼同召至郊詔百官迎之范鎮言曰陛之以盛禮不若推之以至誠及宣制士大夫相慶于朝帝遣小黃門覘知之語翰林學士歐陽脩曰古之命相或得諸夢卜今朕用二相人情如此豈不賢于夢卜哉脩頓首賀會契丹使者耶律防至王德用與射于王津園防曰天子以公典樞密而用富公為相將相皆得人矣秋八月契丹主宗真卒子燕趙國王洪基立復以重元為皇太叔契丹主如秋山次于南崖之北峪有疾召長子燕趙

國王洪其諭以治國之要因大赦縱五坊鷹鶻焚釣魚之具翌日而殂洪基即位於柩前以皇太弟重元爲皇太叔免拜不名大赦改元尊皇太后爲太皇太后遣使告哀于宋夏高麗洪基字涅鄰小字查剌沉静嚴毅有君人之容興宗早年居位不能制其母致有殺逆專擅之事既又不善處謀遂有慶州駘悔之舉然能感富弼之言申南北之好許諒祚之盟息忿報之師於是政治內脩條教宣明使無饑荒之失則何讓於聖宗焉

九月遣使弔祭于契丹帝聞契丹主殂發哀成服于內東門幕次遣使祭奠弔慰及賀即位

冬十月下溪蠻彭仕羲反知辰州宋守信帥師討之不克而還北江蠻酋最大者曰彭氏世有溪州州有三曰上中下溪又有龍賜忠順保静感化天賜永順六州及懿安遠新給富來寧南順高十一州爲二十州馬氏有湖南溪州刺史彭士愁等以溪錦蔣氏歸之馬氏立銅柱爲界建隆末彭允林以其地內附於是二十州悉置刺史命其土酋世襲之而下溪州則無都誓主以統十九州焉謂之誓下州將世襲則都誓主

率其群酋議子孫若弟姪親黨之當立者具名移辰州爲保證申鈐轄司以聞乃賜敕告印符受命者隔江北望拜謝恩下溪州則自彭允殊文勇儒猛仕端四世相繼爲刺史及仕端死復命其弟仕義累加檢校尚書右僕射至是仕義子知上溪州師寶怨父取其妻乃赴辰州訴之仕義嘗殺誓下十三州將奪其印符而并其地貢奉賜予悉專之自號如意大王補置官屬將起爲亂知辰州宋守信聞之乃以師寶爲鄉導帥兵數千深入討伐仕義深入他洞不可得俘其孥及銅柱而官軍戰死者十八九守信等皆坐貶自是蠻獠數入寇掠邊吏不能制矣

十一月南平王李德政卒子日尊嗣詔贈德政侍中南越王

葬契丹興宗

○十二月契丹初置五經博士助教契丹主自即位以來求直言者并親御清涼殿策進士張孝傑等四十四人復詔設學養士頒五經傳疏置博士助教各一員

詔李仲昌脩六塔河河入中國行太行西曲折山間不能爲大患既出大伾東走赴海更平地二千餘里禹迹既湮河并爲一

特以隄防爲之限夏秋霖潦百川衆流所會不免決溢而大名鄆澶滑孟濮齊淄滄棣濱德博懷衛鄭等郡及開封往往受其害於是詔諸州長吏兼河隄使通判兼判官蓋以謹力後而重水患也防塞之法甚備而決溢之患時有說者以河隨時漲落自立春後凍解候人量水初至凡一寸則夏秋當至一尺頗爲信驗謂之信水二三月桃花始開冰泮雨積川流猥集波瀾盛長謂之桃華水春末蕪菁花開謂之菜花水四月麥芒變色謂之麥黃水五月瓜實延蔓謂之瓜蔓水盛夏朔地堅冰消釋沃蕩山石水帶礬腥併流于河謂之礬山水七月豆秀謂之豆花水八月菼亂華謂之荻苗水九月重陽謂之登高水十月水落復道謂之復槽水十一月十二月斷冰雜流乘寒復結謂之蹙凌水水信有常率以爲準非時暴漲謂之客水隨決隨塞瀕河苦之至是河決大名館陶之郭固詔發丁塞之而河勢猶壅殿中丞李仲昌請自澶州商胡河穿六塔渠入橫隴故道以披其勢富弼是其策詔發三十萬丁脩六塔河以回河道以知澶州李璋爲總管李仲昌提舉河渠內侍張懷恩爲都監王從善爲鈐轄龍圖閣直學士施昌言總領

丙申

其事翰林學士歐陽脩三上
疏力諫其不可行帝不聽

嘉祐元年 契丹清寧二年 春正月帝有疾文彦博帥宰相宿衛禁中二月帝疾瘳乃罷 甲寅朔帝御大慶殿受朝未罷疾暴作扶入禁中文彦博呼内侍史志聰問狀對曰禁密不敢漏言彦博叱曰尓曹出入禁闥不令宰相知天子起居欲何爲耶自今疾勢增損必以告不尓當行軍法又與劉沆富弼謀啓醮于大慶殿因留宿殿廬志聰白無故事彦博曰此豈論故事耶復命近臣禱于寺觀諸州長吏禱于嶽瀆蠲天下被災田租而降赦死罪以下罷上元張燈令輔臣禱天地宗廟社稷知開封府王素夜叩宫門上變彦博不使入明旦有言禁卒告都虞候欲爲亂劉沆欲捕治彦博召都指揮使許懷德問都虞候何如人懷德稱其愿可保彦博曰然則卒有怨誣之耳當亟誅之以靖衆乃請沆判狀尾斬卒于東門北京留守賈昌朝素惡富弼陰結内侍武繼隆令司天官二人俟執政聚時於殿廷言國家不當穿河于北方致上體不安彦博知

其意有所在然未有以制之後數日二人又上言請皇后同聽治亦繼隆所教也史志聰以其狀白執政彦博視而懷之不以示同列而有喜色徐召二人詰之曰汝今日有所言乎曰然彦博曰天文變異汝職所當言也何得輒預國家大事汝罪當族二人懼色變彦博曰觀汝直狂愚耳未忍治汝罪自今無得復然二人退乃出狀示同列同列皆憤怒曰奴敢爾僭言何不斬之彦博曰斬之則事彰灼於中宮不安衆乃曰然既而議遣司天官定六塔方位復使二人往繼隆白請留之彦博曰彼本不敢妄言有教之者耳繼隆黙不敢對二人至六塔恐治前罪更言六塔在東北非正北也二月甲戌帝疾愈御延和殿彦博等還私第當是時京師業業賴彦博獨持重衆心乃安已而劉沆白帝曰陛下違豫時彦博斬告反者彦博以[illegible]列[illegible][illegible]帝乃解閏三月以王堯臣參知政事程戡爲樞密副使[illegible]以文彦博親[illegible]政事[illegible]使知諫院范鎮請建太子詔罷鎮諫職[illegible]仁宗[illegible]書贊爲邀許鎮知諫[illegible]體非關朝廷安危生民利

疾則未嘗言[illegible]矣雖育宗實宮中而
未有建儲之意[illegible]言者文彥博因請
于帝帝許之會[illegible]然曰天下事尚有大
於此者乎即上疏曰置諫官者爲宗廟社稷計也諫官而
不以宗廟社稷計事陛下是愛死嗜利之人臣不爲也方
陛下不豫海内皇皇莫知所爲陛下獨以祖宗後裔爲念
是爲宗廟社稷之慮至深且明也昔太祖舍其子而立太
宗天下之大公也真宗以周王薨養宗子于宫中天下之
大慮也願以太祖之心行真宗故事拔近屬之尤賢者優
其禮秩置之左右與圖天下以繫億兆人心疏奏文彥博
使客問何所言鎮以實告客曰如是何不與執政謀鎮曰
自分必死故敢言若謀於執政或以爲不可豈得中輟乎
章累上不報執政諭之曰奈何效希名干進之人鎮貽書
曰比天象見變當有急兵鎮義當死職不可死亂兵之下
此乃鎮擇死之時尚何顧希名干進之嫌哉因復上疏言
之愈切聞者股栗除兼侍御史知雜事鎮以言不從固辭
執政諭之曰今間言已入爲之甚難鎮曰事當論其是非
不當問其難易諸公謂今日難於前日安知異日不難於

今日乎凡見帝面陳者三因泣下帝亦泣謂曰朕知卿忠卿言是也當更俟三二年鎮退復上疏以請前後章凡十九上待命百餘日鬚髮皆白朝廷知不可奪乃改鎮糾察在京刑獄同脩起居注時并州通判司馬光亦言建儲事且勸鎮以死争之翰林學士歐陽脩殿中侍御史包拯呂景初趙抃知制誥吳奎等皆上疏力請於是宰輔文彦博富弼王堯臣等相繼勸帝早定大計皆不見聽

以唐介知諫院

御史吳中復請召還唐介文彦博因言于帝曰介頃爲御史言臣事多中臣病其間雖有風聞之誤然當時責之太深請如[illegible]復奏乃召介知諫院時稱彦博長者

夏四月河决六塔[illegible]仲昌于英州罷回河役

四月壬子李仲昌等命塞商胡北流入六塔河不能容是夕復决溺兵夫漂芻藁不可勝計詔三司判官沈立往行視內侍劉恢遂奏六塔之役水死者數千萬人穿土干禁忌且河口乃趙征村於國姓御名有嫌而大興重役非便詔罷其役而令御史吳中復內侍鄧保吉置獄于澶劾仲昌等違詔旨不俟秋冬塞北流而擅進約以致决潰於是張懷恩

流潭州仲呂[illegible]州[illegible]大雨水注
呂言李𡋯等殺諸[illegible]安[illegible]屋壞江河溢安上門門
關折壞官私廬舍[illegible]萬區[illegible]
路言江河決溢河[illegible]尤[illegible]雨社稷壇壞詔求直言
六月乙亥雨壞太社太稷壇[illegible]實封言闕失而分遣
使賑卹被傷者於是[illegible]陽脩知制誥吳奎侍御
史呂景初皆以帝未[illegible]八月庚戌朔日有食之
言而知制誥劉敞言[illegible]
○狄青罷青在樞密每出入士卒輒指目以相矜誇至壅
馬足不得行又其家數有光恠會京師大水青
避于相國寺行止殿上人情頗疑知制誥劉敞出知揚州以
陛辭言曰陛下幸愛青不如出之以全其終帝然之乃以
使相判陳州青爲人慎密寡言其計事必審中機會而後
發行師先正部伍明賞罰與士卒同饑寒勞苦雖敵猝犯
之無一士敢後先者故數有功未以韓琦爲樞密使○九
嘗專賞蔽下故人皆樂爲之死
月命宰臣攝事于太廟大赦○冬十二月王德用罷德用將家

子習知軍中情僞善以恩遇下故多得士心雖屢臨邊境未嘗親矢石督攻戰而名聞四夷閭閻婦女小兒亦呼爲黑王相公云

以賈昌朝爲樞密使○十二月劉沆免沆初以附張貴妃得進由是數爲御史范師道趙抃等論列沆深疾之因上言自寶曆後臺諫官用事朝廷命令之出事無當否悉論之必勝而後已專務抉人陰私莫辨之事以中傷士大夫執政畏其言進擢尤遽請行御史遷次之格滿二歲者與知州帝從之既又陰欲出師道抃于外中丞張昪曰天子耳目之官而宰相挾私斥之可乎上疏極言于帝沆遂出知應天沆長於吏事然任數善刺譏權近畏之陰持之以對詰衆事

以曾公亮參知政事○

以包拯權知開封府拯性峭直剛毅惡吏苛刻爲政務敦厚雖嫉惡如仇而未嘗不推以忠恕與人不苟合不僞辭色以悅人平生無私書及知開封貴戚宦官爲之斂手聞者皆憚之童稚婦女亦知其名呼曰包待制京師爲之語曰關節不到有閻羅包老以笑比黃河清

丁酉

二年契丹清寧三年夏奲都元年春三月親試舉人帝切於求士進士諸科一舉而獲選者至千三百餘人士爭習爲險怪奇澀之文號太學體張方平嘗言文章之弊與政而參設科選才專取辭藝士惟道義積于中英華發于外然則以文取士所以叩諸外而質其中之蘊也言而不度則何觀焉邇來文格日失其舊各出新意相勝爲奇朝廷惡其然屢下詔書戒敕而學者樂于放逸罕能自還今賦或八百字論或千餘字策或置所問而妄肆胸臆漫陳他事驅扇浮薄重虧雅俗豈取賢斂才備治具之意耶其增習新體澶漫不合程式悉已考落雖爲下詔揭示而士習不改是年翰林學士歐陽修知貢舉痛抑新體仍嚴禁挾書者凡爲時所推譽善文者皆被黜榜出澆薄之士候修晨朝聚譟于馬首街司邏卒不能禁止至爲祭文投修家求其主名卒不能得然自是場屋之習遂爲之變奇險之辭始革矣三月癸卯帝御殿親試舉以及第出身者凡八百七十七人舉人殿試免黜落自此年始契丹使耶律防來初興宗以其先世繪像來求御容會殂事乃已至是復使耶律防陳

辭求求以成先志張昇如契丹報使也秋八月置廣惠倉于諸州初天下沒入戶絕田官自鬻之至是韓琦請留勿鬻募人耕而收其租別爲倉貯之以給州縣郭內之老幼貧疾不能自存者謂之廣惠倉以提刑領其事歲終具出納之數上三司戶十戶留田租百石以是爲差戶寡而田有餘則鬻如舊

九月契丹使蕭偕來求御容也胡宿奉齎御像如契丹○冬

十二月詔間歲貢舉置明經科登進士諸科待試京師者恒六七千人一不幸有故不應詔往往沉淪十數年以此毀行干進者不可勝數王洙侍邇英閣講周禮至三年大比考州里以贊鄉大夫廢興帝曰古者選士如此今率四五歲一下詔故士有抑而不得進者孰若歲貢數而屢擇能下有司議或請易以間歲之法則無滯才之歎兼與舉數減半主司易以詳較得士必精且入少則有司易於致察冒濫自不能容與寒苦藝學之人得進於是下詔間歲貢舉進士諸科悉解舊額之半增設明經試法凡明兩經或三經五經各問大義十

戊戌

脩兩經遇八三經遇六五經遇五爲合格無以論語孝經業時務三藝出身唯上第兩經詩書舉人契丹

太后蕭氏卒壽行卒謚欽哀

三年契丹清寧四年夏六月文彥博賈昌朝罷彥博以老求罷以度使判河南封潞

國公知諫院陳升之等忌昌朝每代爲摘乃京僚屬上言

昌朝建大第別營密位以待宦官宮有禧制者樞密院

釋不治昌朝竟出判許州昌朝在侍從中以韓琦平章事

多得名譽及執政始不爲人所與云

宋庠田況爲樞密使張昇爲副使時帝春秋高且以疾不能御殿中外惴恐而儲

嗣未建范鎮雖解言職請之益切每入對未嘗不言冀以

感動帝意而帝依違不決琦既相乘間進曰皇嗣者天下

安危之所係自昔禍亂之起皆由策不早定陛下何不擇

宗室之賢者以爲宗廟社稷計帝曰後宮將有就館者姑

待之已而又生女琦懷漢書孔光傳以進曰成帝無嗣立

弟之子彼中材之主猶能如是況陛下乎願以太祖之心

為心則無不可者帝不荅○昇爲中丞指切時政無所避畏帝謂之曰朕孤立乃能如是昇對曰臣仰託聖主致位侍從是爲不孤今陛下之臣持禄養望者多而赤心謀國者少竊以爲陛下乃孤立耳帝爲感動　秋八月乙亥朔日有食之○王堯臣卒○下溪蠻彭仕羲降　仕羲復乞内附奉朝貢歸連歲所掠甲仗士卒詔辰州還其孥及銅柱自是復通中國然桀驁益甚　冬閏十二月詔伎吏毋得知州軍及提點刑獄○詔定制科進士遷次之格　時間歲舉士登第者衆驟致顯擢欲稍裁抑之下詔曰朕惟國之取士與士之待舉不可曠而冗也故立間歲之期以勵其勤約貢舉之數以精其選著爲定式申敕有司而高第之人嘗不次而用若循舊比終至濫官甚亡謂也自今制科入第三等與進士第一人除大理評事簽書兩使幕職官代還升通判再任滿試館職制科入第四等與進士第二第三除兩使幕職官代還改次等京官制科入第五等與進士爲四第五除試銜知縣代還遷兩

訓導錢紳

使職官躐歷人視此若夫高才異行施於有政而功狀較然者當以異恩擢焉帝之世十有三舉進士四千五百七十人其甲第之三人凡三十有九官不至公卿者五人而巳

四年契丹清寧五年春正月丙申朔日有食之用牲于社帝避殿不受朝○二月罷榷茶自茶爲官榷民私蓄盜販皆有禁歲報刑辟不可勝計園户困於征取官司並緣侵擾因陷罪戾至破產逃匿者歲比有之又茶法屢變歲課日削官茶所在陳積縣官獲利無幾論者皆謂宜弛其禁帝曰茶鹽民所食而强設法以禁之致犯法衆顧經廢尚廣未能弛禁爾既而葉清臣請令通商收稅以免輦運之勞弭刑辟之濫又茶與鹽均爲人用宜以口定賦三司議以爲不可行於是著作佐郎何鬲三班奉職王嘉麟皆上書請罷給茶本錢縱園户貿易而官收租錢與所在征筭歸榷貨務以償邊糴之費可以蹟利源而寬民力富弼韓琦曾公亮然其策請于帝行之下三司議三司言茶課給本收利所獲甚微而煩擾爲患園户輸納

侵害日甚小民趨利犯法益繁宜約歲入息錢之數均賦茶民恣其買賣所在收筭而不給本錢遂下詔曰自唐建中始有茶禁上下規利垂二百年民困誅求官積濫惡犯法者繁情所不忍是以江湖數千里爲穽以害民也其弛舊禁俾通商利以休吾民凡歲輸緡錢三十三萬八千有奇謂之租錢與諸路本錢悉儲以待邊糴自是惟臘茶禁如舊餘茶肆行天下矣論者猶謂朝廷志於恤人省刑其意良善然茶户先時受錢于官而今也顧使納錢於官受納之間利害百倍先時百姓冐法販茶者被罰耳今悉均賦於民賦不時入刑亦及之是良民代冐法者受罪先時商賈爲國遷貿而州郡收其税今商賈以利薄不行致税額不登經費日蹙翰林學士歐陽脩劉敞皆主是說而帝力行前議交阯寇欽州○夏四月大祫于太廟○封周世宗後柴詠爲崇義公給田十頃以奉周祀從著作佐郎何鬲之請也以范鎮知制誥鎮入謝首言建儲事且曰陛下許臣今三年矣願早定大計復獻祫享賦以諷焉帝猶未許田況罷況寬厚明敏有

文武材好論天下事言甚明切以疾罷冬十一月汝南郡王允讓卒追封濮王謚安懿允讓天資渾厚內寬外莊喜慍不見于色嘗知太宗正寺宗子有好學者勉進之以善若不率教則勸戒之至不變始正其罪故皆畏服及薨以其子宗實育于宮中故䘏典有加以牧地賦貧民

五年契丹清寧六年春正月鑿二股河○夏四月程戡免戡與宋庠不合數爭議於帝前臺諫以爲言帝不悅之殿中侍御史呂誨復論戡結貴倖以致位乃免以孫抃爲樞密副使○五月以王安石爲三司度支判官撫州臨川人王安石好讀書善屬文曾鞏攜其所撰以示歐陽脩脩爲之延譽擢進士上第授淮南判官故事秩滿許獻文求試館職安石獨否乃調通判舒州文彥博爲相薦安石恬退乞不次進用以激奔競之風歐陽脩爲學士薦安石爲諫官安石皆以祖母年高爲辭脩以其須祿養復言于朝召爲群牧判官改度支判官安石議論高奇能以辯博濟其說果於自用

慨然有矯世變俗之志於是上萬言書其大要以爲今天下之財力日以困窮風俗日以衰壞患在不知法度不法先王之政故也法先王之政者法其意而已法其意則吾所改易更革不至乎傾駭天下之耳目囂天下之口而固已合先王之政矣因天下之力以生天下之財取天下之財以供天下之費自古治世未嘗以財不足爲患也患在治財無其道耳先是館閣之命屢下安石輒辭不赴士大夫謂其無意於世恨不識其面朝廷每欲畀以美官惟患其不就也及赴是職聞者莫不喜悅焉

六月曾公亮上新唐書帝以自商周以來爲國長久者惟漢與唐而劉昫等所撰唐史卑弱淺陋不足以起其文使唐之君臣功烈不足以動人耳目乃命翰林學士歐陽脩端明殿學士宋祁刊脩之范鎮王疇宋敏求呂夏卿劉羲叟等爲編脩官參知政事曾公亮提舉其事十有七年而成凡二百二十五卷其事則增於前文則省於舊紀志表則歐陽脩撰之傳則宋祁撰焉脩以祁先進且位重故各著其名以自異

秋七月交阯寇邊詔發諸州兵討之○冬十

一月宋庠免庠再登用淳沉固寵又愛信幼子縱其與小人遊殿中侍御史吕誨論庠陰求援助徇私紊法罷判鄭州以曾公亮為樞密使張昇孫抃參知政事歐陽脩陳旭趙槩為樞密副使○以薛向為陝西轉運使兼制置解鹽事范祥卒故也

六年契丹清寧七年春三月富弼以母喪去位詔起復之弼固辭弼為首相守典故而傳以公議無容心於其間由是百官任職天下無事以母喪去位故事執政遭喪皆起復帝虛位五起之弼固請終制且曰起復金革之變禮不可施於平世帝許之夏四月陳旭罷知諫院唐介趙抃御史范師道吕誨上疏論旭陰結宦者故得大用帝曰朕選用執政豈容內臣預議耶旭亦請罷乃知定州而介等皆外補以包拯為樞密副使○六月壬子朔日有食之是日

京師陰雨司天言當食六分之半食四分而雨群臣欲援至和例稱賀中丞王疇言若受賀則失欽畏奉天之意同判尚書禮部司馬光言日之所照周徧華夷雲之所蔽至爲近狹雖京師不見四方必有見者天意若曰人君爲陰邪所蔽災愆甚明天下皆知其憂危而朝廷獨不知也食不滿分者乃曆官術數不精當治其罪亦非所以爲賀也帝從之

以司馬光同知諫院光入對首言臣昔通判并州所言三章願陛下果斷力行帝沉思久之曰得非欲選宗室爲繼嗣者乎此忠臣之言但人不敢及耳光對曰臣言此自謂必死不意陛下開納帝曰此何害古今皆有之者復上疏言人君之大德有三曰仁明武致治之道有三曰任官信賞必罰且言養兵之術務精不務多赦書害多而利少非國家之善政也又進五規曰保業惜時遠謀重微務實帝深納之

以王安石知制誥安石自度支判官改同修起居注辭之累日閣門吏賫敕就付之拒不受吏隨而拜之則避于廁吏置敕於案而去又追還之上章至八九乃受遂知制誥糾察在京刑獄

秋八月以曾

公亮平章事張昇爲樞密使胡宿爲副使宿爲人清慎忠實臨事不妄發既發亦不可回止其當重任尤能顧惜大體及入政府群臣多更張庶事以革宿弊宿曰變法古人所難不務守祖宗成法而徒紛紛無益於治也閏八月策賢良方正直言極諫之士于崇政殿王介蘇軾蘇轍皆在舉中轍對切直胡宿力請黜之帝不許曰求直言而以直棄之天下其謂我何乃收入第四等王安石以母喪去職時有詔舍人院無得申請除改文字安石爭之曰審如是則舍人不得復行其職而一聽大臣所爲自非大臣欲傾側而爲私則立法不當如是今大臣之弱者不敢爲陛下守法而彊者則挾上旨以造令諫官御史無敢逆其意者臣實懼焉語皆侵執政執政者不悅會以母喪遂去職以歐陽脩參知政事○以范鎮爲翰林學士○冬十月起復濮安懿王子宗實知宗正寺固辭不拜群臣以儲位未定爲憂言者雖切而

帝未之允司馬光上疏曰向者臣進豫建太子之説意謂即行今寂無所聞此必有小人言陛下春秋鼎盛何遽爲此不祥之事小人無遠慮特欲倉卒之際援立其所厚善者耳定策國老門生天子之禍可勝言哉帝大感動曰送中書光見韓琦等曰諸公不及今定議異日禁中夜半出寸紙以某人爲嗣則天下莫敢違琦等拱手曰敢不盡力時知江州呂誨亦上疏言之及琦入對以光誨二疏進讀未及有所啓帝遽曰朕有意久矣誰可者琦皇恐對曰此非臣輩所可議當出自聖擇帝曰宫中嘗養二子小者甚純近不慧大者可也琦請其名帝曰宗實琦等遂力贊之議乃定宗實天性篤孝好讀書不爲燕嬉褻慢服御儉素如儒者時居濮王喪乃起復爲泰州防禦使知宗正寺琦曰事若行不可中止陛下斷自不疑乞内中批出帝意不欲宫人知曰只中書行足矣命下宗實乞終喪不允凡十八表而後許之帝復以問琦琦對曰陛下既知其賢而選之今不敢遽當謙器識遠大所以爲賢也願固起之帝曰然

十二月復豐州

壬寅

七年契丹清寧八年春三月孫抃罷抃篤實無威儀居政府年耄善忘舉止語言傳者爲口實御史韓縝論罷之以趙槩參知政事吳奎爲樞密副使槩與韓琦曾公亮歐陽脩同心輔政朝廷以治脩以軍民官吏財利政之先務乃掇百司之要中書所當知者集爲總目遇事取視之不復求諸有司焉夏五月包拯卒○秋八月以皇從兄濮安懿王子宗實爲皇子賜名曙日封鉅鹿郡公宗實既終喪帝復起之猶力辭韓琦言於帝曰宗正之命初出外人皆知必爲皇子不若遂正其名帝從之議既定中書召翰林侍讀學士王珪作詔珪曰此大事也非面受旨不可明日珪請對進曰海内望此舉久矣果出自聖意乎帝曰朕意决矣珪再拜賀始退而草詔歐陽脩聞之歎曰王珪真學士也詔下宗實復稱疾固辭章十餘上記室周孟陽請其故宗實曰非敢徼福以避禍也孟陽曰今已有此迹設固辭不受中人別有所奉遂得燕安無患乎宗實始悟會司馬光進言於帝曰皇子辭不貲之

癸卯

富至於旬月其賢於人遠矣然父召無諾君命召不俟駕願以臣子大義責之宜必入帝從之宗實遂受命將入宮戒其舍人曰謹守吾舍上有適嗣吾歸矣因肩輿赴召良賤不滿三十人行李蕭然唯書數廚而已中外相賀既爲皇子愼靜恭默無所敢爲而天下陰知其有聖德云

冬十月詔賜諸路常平糴本錢出內藏庫三司共出緡錢一百萬助糴天下常平倉

折繼祖卒以其兄子克柔權領府州事。召福州處士陳烈爲國子監直講不至候官人陳烈性介僻篤於孝友學行端飭動遵古禮平居終日不言御童僕如對賓客里中敬之從學者常數百人賢父兄訓子弟必擧烈言行以示之公卿交薦其賢朝廷屢召之因辭不起人問其故烈曰吾學未成也

八年契丹清寧九年夏拱化元年

春三月帝崩于福寧殿三月辛未帝暴疾崩于福寧殿皇后

夏四月皇子鉅鹿郡公曙即位尊皇后爲皇太后赦

聞之悉斂諸門鑰寘于前召皇子入以遺詔令嗣位皇子驚再言曰曙不敢爲因反走韓琦等共持留之四月壬申朔皇子即位欲亮陰三年命韓琦攝冢宰宰臣不可乃止仁宗恭儉仁恕敬天重民有司嘗請以王清舊址爲苑帝曰吾奉先帝苑囿猶以爲廣何以是爲燕私常服澣濯帷帝衾裯多用縿絁宮中夜飢思燒羊戒勿宣索曰恐膳夫自此戕賊物命以備不時之需大辟疑者皆令上讞歲嘗活千餘人吏部選人一坐失入死罪皆終身不遷每諭輔臣曰朕未嘗詈人以死況敢濫用刑乎在位四十二年之間吏治若媮惰而任事蔑殘刻之人刑法似縱弛而決獄多平允之士國未嘗無弊倖而不足以累治世之體朝未嘗無小人而不足以勝善類之氣君臣上下惻怛之心忠厚之政所以培壅國基者厚矣子孫一矯其所爲馴致于亂傳曰爲人君止于仁帝誠無愧焉

帝有疾詔請皇太后權同處分軍國事　乙亥帝得暴疾詔請皇太后權同處分軍國事后乃御內東門小殿垂簾宰臣覆奏事后性慈儉頗涉經史及聽政多援經義以決事中外章奏日數十上一一能紀綱要有

疑未必者則曰公輩更議之未嘗出己意撿捉曹氏及左右臣僕毫分不以假借宮省肅然立高氏爲皇后后侍中瓊之曾孫祖太尉繼勳父北作坊副使遵甫母曹氏太后姊也故少育于宮中與帝同年生又俱撫鞠于太后仁宗嘗曰異日必以爲配既長遂成婚生三子至是冊爲后五月以富弼爲樞密使○秋七月帝疾瘳帝疾甚舉措或改常度遇宦者尤少恩左右多不悅乃共爲讒間兩宮遂成嫌隙內外洶懼知諫院呂誨上書兩宮開陳大義詞旨深切多人所難言者然兩宮猶未釋然一日韓琦歐陽脩奏事簾前太后嗚咽流涕具道所以琦曰此病固爾病已必不然子疾母可不容之乎后意不解脩進曰太后事先帝數十年仁德著于天下昔溫成之寵太后處之裕如今母子之間反不能容耶后意稍和脩復曰先帝在位久德澤在人故一日晏駕天下奉戴嗣君無敢異同者今太后一婦人臣等五六書生耳非先帝遺意天下誰肯聽從后默然久之琦進曰臣等在外聖躬若失調護太后不得辭其責后驚曰是何言我心更切也同列聞者莫不流汗後

數曰琦獨見帝帝曰太后待我少恩琦對曰自古聖帝明王不爲少矣獨稱舜爲大孝豈其餘盡不孝哉父母慈而子孝此常事不足道惟父母不慈而子不失孝乃爲可稱但恐陛下事之未至耳父母豈有不慈者哉帝大感悟帝自六月不御殿七月壬子初御紫宸殿見百官琦因請乘輿禱雨具素服以出人情大安

契丹太叔重元反耶律仁先敗之重元自殺

契丹主尊寵太叔重元甚至賜以金券免拜不名而重元陰懷異圖是月契丹主田于灤水之太子山重元子楚國王涅魯古與陳國王陳六衛王貼不等四百人謀作亂敦睦宫使耶律良上變契丹主召南院樞密使許王耶律仁先語之且急召涅魯古仁先曰此曹凶逆臣固疑之陛下宜謹爲備臣請帥衛士以討焉涅魯古聞召知事泄遂誘脅弩手軍陣于行宫外仁先出未及介馬賊黨已犯惟殿契丹主急欲走南北院仁先曰陛下若捨扈從而行賊必躡其後且南北大王心未可知乃止仁先環車爲營折行馬爲兵仗帥官屬近侍三十餘騎陣柢柾外使北院樞密使趙王耶律乙辛等率宿衛士卒商夫弩手傘子等

三百餘人與涅魯古戰方合賊衆多降涅魯古知事不濟躍馬突出爲近侍渤海阿廝等射殺之重元被傷而退其黨與前點檢耶律撒剌謂樞密同知蕭胡覩等曰行宫無備宜乘夜劫之庶或有濟若俟明日外援必至其誰與我胡覩曰亟圍之勿令外軍得入彼何能爲黎明而發何遲之有重元從之令四面巡警待旦遂奉重元僭位以胡覩爲樞密使而率奚人二千薄行宫五院部節度蕭塔剌兵適至仁先俟賊氣沮背營而陣乘便奮擊塔剌自外援之賊徒大奔追殺二十餘里重元走大漠嘆曰涅魯古使我至此乃自殺黨與皆伏誅契丹主執仁先手曰平亂皆卿之力也加尚父進封宋王乙辛等加賞有差乙辛五院部人美風儀外和内狡家素貧爲人牧羊稍長爲文班吏掌太保印得入宫仁懿皇后見其詳雅如素宦者令補筆硯吏興宗亦愛之遂累擢至樞密與北府宰相張孝傑貴寵用事于國

冬十月葬永昭陵。○十二月命侍臣講讀經史于邇英閣翰林侍讀學士劉敞進讀史記至堯授舜以天下拱而言曰舜至側微堯禪之以位天地享之百姓戴之非有

他道惟孝友之德光於上下耳帝悚然改容太后聞之亦大喜兩宮之嫌漸釋作寶文閣藏仁宗御集也

英宗皇帝治平元年契丹清寧十年夏四月放宮女還其父家凡三百二十五人從知諫院司馬光之言也五月浚五股河河流派別于魏州之第六埽曰二股河其廣二百尺距魏恩德博之境百三十里東至德滄入海轉運使韓贄請浚之以紓恩冀之患至是詔併五股河治之

皇太后還政于帝封韓琦為魏國公帝疾大瘳韓琦欲太后撤簾還政乃取十餘事稟帝帝裁決悉當琦即詣太后覆奏后每事稱善琦因白后求去后曰相公不可去我當居深宮耳遂起琦即厲聲命撤簾簾既落猶於御屏後見后衣也帝親政加琦右僕射封魏國公

作孝嚴殿于景靈宮奉仁宗御容也

秋八月錄周世宗後○內侍任守忠有罪斬州安置初章獻太后臨朝守忠與都知江德明等交通請謁權寵過盛累擢內侍入內都知仁宗以未有儲嗣屬

意于帝守忠建議欲援立昏弱以邀大利及帝即位又乘帝疾語言誕妄交搆兩宮知諫院司馬光論守忠大姦陛下爲皇子非守忠意沮壞大策離間百端賴先帝不聽及陛下嗣位反覆交搆國之大賊乞斬于都市以謝天下吕誨亦上疏論之然猶未即加罪一日韓琦出空頭敕一道歐陽脩已簽趙槩難之問脩曰何如脩曰第書之韓公必自有說槩不敢違既而琦坐政事堂召守忠立庭下曰汝罪當死遂貶保信軍節度副使蘄州安置取空頭敕塡與之即日押行琦意以爲少緩則中變也其黨史昭錫等悉竄南方中外咸快之九月復武舉○冬

十一月刺陝西民爲義勇軍韓琦言三代漢唐以來皆籍民爲兵唐置府兵最爲近古今之義勇河北幾十五萬河東幾八萬勇悍純實若稍加簡練亦唐之府兵也河東北陝西三路當西北控禦之地事當一體今若於陝西諸州刺手背以爲義勇甚便乃命徐億等往科陝西主戶三丁之一刺之凡十三萬八千四百六十五人各賜錢二千民情驚擾而紀律疏略不可用知諫院司馬光上疏力諫帝示韓琦琦曰兵貴先聲諒祚

方桀驁使驟聞益兵二十萬豈不震慴光曰兵貴先聲爲其無實也獨可欺於一日之間耳今吾雖益兵實不可用不過十日彼將知其詳尚何懼琦曰君但見慶曆間鄉兵刺爲保捷憂今復然已降敕與民約永不充軍遣戍邊矣光曰朝廷嘗失信于民未敢以爲然琦曰吾在此君無憂光曰公長在此地可也異日他人當位用以運粮戍邊反掌間耳琦不從竟爲陜西之患

十二月西蕃木征以河州來附

初唃厮羅娶李立遵女生瞎氊及磨氊角又娶喬氏生董氊立遵既與唃厮羅不協李氏寵亦衰斥爲尼于廓州而錮其二子二子乃結毋黨李巴全竊毋奔宗哥城唃厮囉不能制磨氊角因撫有宗哥寶元中磨氊角死部人立其子瞎撒欺丁李氏懼孤弱不能守乃徧請屬唃厮羅瞎氊則居龕谷而死瞎氊二子長曰木征居河州少曰瞎吳叱居銀川而董氊與毋別居歷精城號令嚴明人懼服之有衆六萬日以盛強獨有河北之地由是唃厮羅所部分矣至是木征率其衆以河州乞內附

吳奎以父喪去位

○以王疇爲樞密副使

二年契丹咸雍元年春正月契丹立梁王濬爲太子濬契丹主長子生八年矣二月王疇卒○三月行明天歷周琮所造也夏四月詔議崇奉濮安懿王典禮初知諫院司馬光以帝必將追隆所生嘗因奏事言漢宣帝爲孝昭後終不追尊衛太子史皇孫光武上繼元帝亦不追尊鉅鹿南頓君此萬世法也既而韓琦等奏請下有司議濮安懿王及夫人王氏韓氏仙遊縣君任氏合行典禮蓋欲稱爲考妣也帝令須大祥後議之至是乃詔禮官與待制以上議翰林學士王珪等相視莫敢先發司馬光獨奮筆曰爲人後者爲之子不得顧私親王宜準封贈期親尊屬故事稱爲皇伯高官大國極其尊榮衆以爲然議成珪即命吏具以光手稿爲按而上奏曰先王制禮尊無二上若恭愛之心分於彼則不得專於此是以秦漢以來帝王有自旁支入承大統者或推尊其父母以爲帝后皆見非當時取譏後世臣等不敢引以爲聖朝法況前代入繼者多宮車晏駕之後援立之策或出臣下非如仁宗皇帝年齡未衰深惟宗廟之

重祗承天地之意於宗室衆多之中簡推聖明授以太業陛下親爲先帝之子然後繼體承祧光有天下濮安懿王雖於陛下有天性之親顧復之恩然陛下所以負扆端冕富有四海子子孫孫萬世相承皆先帝德也臣等竊以爲濮王宜準先朝封贈期親尊屬以高官大國譙國襄國仙遊並封太夫人考之古今爲宜稱於是中書奏王珪等所議未見詳定濮王當稱何親名與不名珪等議濮王於仁宗爲兄於皇帝宜稱皇伯而不名參知政事歐陽脩引喪服大記以爲爲人後者爲其父母服降三年爲期而不沒父母之名以見服可降而名不可沒也若本生之親改稱皇伯歷攷前世皆無典據進封大國則又禮無加爵之道請下尚書集三省御史臺議奏詔下而太后手詔詰責執政六月甲寅帝乃詔曰如聞集議不一權宜罷之令有司博求典故以聞

五月以陳旭爲樞密副使○詔宗室封王者子孫襲爵○秋七月富弼罷弼以足疾求解政乃以使相鄭國公判揚州

張昇罷昇請老帝曰太尉勤勞王家詎可遽去但命五日一至院進見

毋蹈舞司馬光亦疏昇忠謹清直不可干以私請留于朝而昇求去益力乃判許州以文彥博爲樞密使吕公弼爲副使彥傳自河南入覲帝曰朕之立卿之功也彥博悚然對曰陛下入繼大統乃先帝意皇太后協賛之力臣何功之有且陛下登儲纂極之時臣方在外皆韓琦等承聖志受顧命臣無預焉帝曰備聞始議卿於朕有恩彥博避謝不敢當帝曰蹔煩卿西行即召還矣乃改判永興軍遂召爲樞密使八月京師大雨壞屋漂民詔求直言八月庚寅大雨京師平地涌水壞官私廬舍漂人民畜產不可勝計是日帝御崇元殿宰相而下朝參者十數人而已詔開西華門以洩宮中積水水奔激殿侍班屋皆摧沒人畜多溺死官爲葬祭其無主者千五百八十人乙未下詔責躬乞言且命罷宴減膳禱於山川冬十一月吐蕃唃廝囉卒以其子董氊爲保順節度使

三年遼咸雍二年春正月契丹復國號曰遼○詔應濮安懿王

國朝以王子宗懿爲濮國公主祠事貶侍御史呂誨等于州縣　濮王崇奉之議久而未定翰林學士范鎮上言曰陛下旣以仁宗爲考又加於濮王則其失非細凡漢之稱皇考稱帝立寢廟序昭穆皆非陛下聖明之所法宜如王珪等議執政惡之侍御史呂誨范純仁趙瞻監察御史呂大防同知諫院傅堯俞等復引義固爭以爲王珪議是乞從之章七上而不報誨遂劾韓琦不忠五罪曰昭陵之土未乾遽欲追崇濮王使陛下厚所生而薄所繼隆小宗而絶大宗言者論辨累月琦猶遂非不爲改正中外憤鬱萬口一辭願黜居外藩以慰士論又與純仁大防共劾歐陽脩首開邪議以枉道說人主以近利負先帝陷陛下於過舉而韓琦曾公亮趙槩附會不正乞皆貶黜亦不報旣而太后手詔中書門下曰吾聞群臣議請皇帝封崇濮安懿王至今未見施行吾載閱前史乃知自有故事濮安懿王譙國夫人王氏襄國夫人韓氏仙遊縣君任氏可令皇帝稱親濮安懿王稱皇王氏韓氏任氏並稱后事方施行帝卽日手詔曰稱親之禮謹遵慈訓追崇之典豈易克當

其以坐爲園即園立廟俾王子孫主奉祠事如皇太后旨乃以坐爲園置守衛吏即園立廟以王子宗懿爲濮國公奉王後詔臣民避王諱呂誨以所論奏不見聽用繳納御史敕告家居待罪帝命閤門以告還之誨力辭臺職且言與輔臣勢難兩立帝以問執政歐陽脩對曰御史以爲理難並立若臣等有罪當留御史帝猶豫久之命出御史乃下遷誨知蘄州范純仁請同黜遂通判安州呂大防知休寧縣范鎮知陳州於是趙瞻傅堯俞使契丹還即上疏乞同貶乃出瞻通判汾州帝眷注堯俞獨進除侍御史堯俞曰誨等已逐臣義不當止帝不得已命知和州知制誥韓維及司馬光皆上疏乞留誨等不報遂請與俱貶亦不許侍讀呂公著言陛下即位以來納諫之風未彰而屢詘言者何以風天下帝不聽公著乞補外乃出知蔡州誨等既出濮議亦寢

夏四月胡宿罷以郭逵同簽書樞密院事。○夏主寇大順城趙明敗之

先是夏主諒祚遣吳宗來賀即位詔令門見使者不從至順天門且欲佩魚及儀物自從引伴高宜禁之不可留止廄置一夕絕其

供饋宗語不遜宜折之使如故事良久乃聽入及賜食又訴于押伴張觀詔命還赴延州與宜辨之宗叟理屈不復乞置對遂詔諒祚懲約宗諒祚不奉詔而出兵秦鳳涇原抄熟户擾邊塞殺掠人畜以萬計遂寇大順城圍柔遠砦蕃官趙明擊退之知延州陸詵謂由積習致然不加折詰則國威不立因留其請時賜使者及歲賜而移宥州問故帝聞之喜曰固知詵能辨此諒祚聞而懼遂報言邊吏擅興兵今誅之矣因遣使貢方物以謝罪初諒祚寇大順韓琦議停其歲賜絶其和市遣使問罪文彦博難之或舉寶元康定時事琦曰諒祚狂童也非有元昊智計而吾邊備過當時遠甚亟詰之必服不從會陸詵策與琦合而諒祚果歸欵帝顧琦曰一如卿料也

秋九月戊子朔日有食之○冬十月以郭逵爲陝西四路沿邊宣撫使判渭州○詔三歲一試舉人○十一月帝有疾十二月立穎王頊爲皇太子大赦時帝久疾韓琦入問起居因進言曰陛下久不視朝願早建儲以安

社稷帝頷之即召學士承旨張方平至福寧殿帝憑几言言不可辨方平進筆請乃書曰來日降詔立皇太子方平抗言曰必潁王也適長而賢請書其名帝力疾書之方平退草制立太子太子既立帝因泫然下淚文彥博退謂琦曰見上顏色否人生至此雖父子亦不能不動也

四年遼咸雍三年春正月帝崩于福寧殿皇太子即位大赦帝崩年三十六英宗以明哲之資膺繼統之命臨政必問故事與古治所宜每有裁決皆出群臣意表雖以疾疢不克大有所為然使後世欽仰高風詠嘆至德何其盛哉尊皇太后曰太皇太后皇后曰皇太后○以吳奎為樞密副使○以韓琦兼侍中文彥博兼中書令宰執群臣進秩有差二月立妃向氏為皇后后太尉敏中之曾孫定國留後經之女帝為潁王納為妃進封李日尊為南平王○三月歐陽脩罷

脩既以議濮王典禮爲呂誨所詆惟蔣之奇以脩議爲是
及誨等斥而脩薦之奇爲御史衆因目爲姦邪之奇患焉
思所以自解會脩婦弟薛宗孺有憾于脩造帷薄不根之
謗摭孚之展轉達于中丞彭思永思永以告之奇之奇即
上章劾脩帝初即位欲加深譴訪諸故宮臣孫思恭思恭
爲脩辨釋脩亦杜門請推治帝使詰思永之奇所從來皆
辭窮乃黜思永知黃州之奇監道州酒稅脩因力求退乃
以觀文殿學士知亳州脩天資剛勁見義勇爲平生與人
盡言無隱獎引後進如恐不及賞識之下率爲聞人及在
政府與韓琦同心輔政士大夫有所干請輒面諭可否雖
臺諫論事亦必以是非詰之怨誹益衆自五代以來文體
卑弱鎪刻駢偶梁周翰高錫柳開范杲頗尚淳古及楊億
劉筠聲偶之辭出學者翕然從之穆脩於是獨爲古文然
力不足以變士習脩遊隨州得唐韓愈遺藁於廢書簏中
讀而心慕之苦心探賾至忘寢食與尹洙迭相師友遂以
文章名冠天下其爲文天才自然豐約中度言簡而明信
而通引物連類折之於至理以服人心超
然獨鶩衆莫能及故天下翕然師尊之

崇義公集詠致

仕以其子若訥襲爵○以司馬光爲翰林學士固辭不許光力辭帝曰古之君子或學而不文或文而不學惟董仲舒揚雄兼之卿有文學何辭爲光對曰臣不能爲四六帝曰如兩漢制誥可也且卿能進士取高第而云不能四六何耶是職非卿其誰能堪之光乃就職以吳奎參知政事○閏月以王安石知江寧府終英宗之世安石被召未嘗起然自以楚士寡援中朝因結韓呂二族以取重於是韓維呂公著兄弟更稱揚之帝在頴邸韓維爲記室每講說見稱輒曰此非維之說維之友王安石之說也維遷庶子又薦安石自代帝由是想見其人及即位召之安石不至帝謂輔臣曰安石歷先帝朝召不赴頗以爲不恭今又不至果病耶有所要耶吳奎對曰臣嘗與安石同領群牧見其護前自用所爲迂闊萬一用之必紊綱紀矣乃命知江寧府夏四月以司馬光爲御史中丞光爲中丞上疏論心術之要三曰仁明武治國之要三曰官人信賞必罰言甚切至且曰臣獲事三朝皆以此

六事獻平生力學所得盡在是矣

秋八月，葬永厚陵。○以周後柴貽鄭爲三班奉職。○九月，召王安石爲翰林學士。曾公亮疾韓琦專，因力薦安石，覬以閒琦也。

韓琦罷。琦執政三朝，或言其專，帝頗不從。中丞王陶料必易置大臣，欲自規重位，因劾琦不押文德殿常朝班爲跋扈。琦閉門待罪。吳奎以陶爲過言，詔從陶爲翰林學士。奎又執不可，陶遂言奎阿附，因廷辯不已。帝以陶過毀大臣，出知陳州，而奎亦罷知青州。琦求去益力，帝不得已，以琦爲鎮安武勝軍節度使、司徒兼侍中，判相州。入對，帝泣曰：「侍中必欲去，今日已降制矣。然卿去，誰可屬國者？王安石何如？」琦對曰：「安石爲翰林學士則有餘，處輔弼之地則不可。」帝不荅。琦蚤有盛名，識量英偉，臨事喜慍不見于色。居相位，再決大策以安社稷。當是時，朝廷多故，琦處危疑之際，知無不爲。或曰：「公所爲誠善，萬一蹉跌，豈惟身不自保，恐家無處所矣。」琦歎曰：「是何言耶？人臣當盡力事君，死生以之。至於成敗，天也。豈可豫憂其不濟，遂輟不爲哉？」聞者愧服。天資忠厚，折節下士，無貴賤擢之如一，尤以獎拔人材爲急。儻公論所與，雖意所不悅，亦收用之，故得人爲多。選飭群司，皆使奉法循理。其所建請，惟顧義之所在，無適莫心。與富弼並著勳業，故時人稱賢相者，必曰富韓。

吳奎陳旭罷。奎既罷知青州，司馬光諫曰：「奎名望清重，今爲近閹絀奎，恐大臣皆不自安，各求引去。陛下新即位，於四方觀聽非宜。」韓維亦以爲言。帝乃召奎還中書。及韓琦罷相，奎與旭亦去。奎傅學清重，達於從政，嘗言于帝曰：「陛下在推誠應天，天意無他，合人心而已。若以至誠格物，莫不以至誠應，則和氣之感，自然而至。今民力困極，國用窘乏，必俟順成乃可及他事。帝王所職，惟在於判正邪，使君子常居要近，小人不得以害之，則自治矣。」帝因言堯時四凶猶在朝，奎曰：「四凶雖在，不能惑堯之聰明。聖人以天下爲度，未有顯過，固宜包容，但不可使居要近地耳。」帝然之。

以呂公弼爲樞密使，張方平、趙抃參知政事，邵亢爲樞密副使。抃爲政嚴而不苛，所至輒治。帝聞其名，自知成都召知諫院。故事，近臣自外州將大用者，必更省府，不爲諫官。及命下，大臣以爲疑帝曰吾賴其言耳苟欲用之無傷也及入謝帝謂曰聞卿匹馬入蜀以一琴一鶴自隨爲治簡易亦稱是乎遂拜參知政事抃感顧知遇朝廷有未愜者必密啓聞帝嘉其忠恒褒答之

復以司馬光爲翰林學士呂公著乞解知通進銀臺司從之

光論張方平不協物望難居政府帝不從還光翰林兼侍讀學士知通進銀臺司呂公著封還除目曰光以舉職賜罷是爲有言責者不得盡其言也詔以告直付閤門公著又言制命不由門下則封駁之職因臣而廢願正臣罪遂解銀臺司而光還翰林

冬十月張方平以父喪去位

方平慷慨有氣節平居未嘗以言徇物以色假人名重當時所至有政績然多公輔之望

初御邇英閣召侍臣講讀經史(一)

种諤襲虜夏嵬名山以歸遂城綏州

夏監軍嵬名山部落在故綏州名山弟夷山請降于知青澗城种諤諤吏人因夷山以誘名山賂以金盂名山小吏李文喜受之陰許歸款而名山未之知也諤即以聞且欲因取

河南地知延州陸詵曰數萬之衆納土容可受若但以衆來情僞未可知且安所置之虜諤毋妄動諤持之力詔詵召諤問狀與轉運使薛向議撫納詵言名山誠能擾横山以打敵我以刺史世封之使自爲守開爲中國之利令無益我而啓西釁非計也乃共畫三策令幕府張穆之入奏穆之陰受向指詭言必可成帝意詵不協力徙之秦鳳諤不待命悉起所部兵長驅而進圍名山之帳名山不得已舉衆從諤而南得首領三百戸萬五千兵萬人遂城其地夏人來爭諤擊敗之陸詵劾諤違興之罪欲捕誅之未果而徙秦之命至西方用兵自此始矣

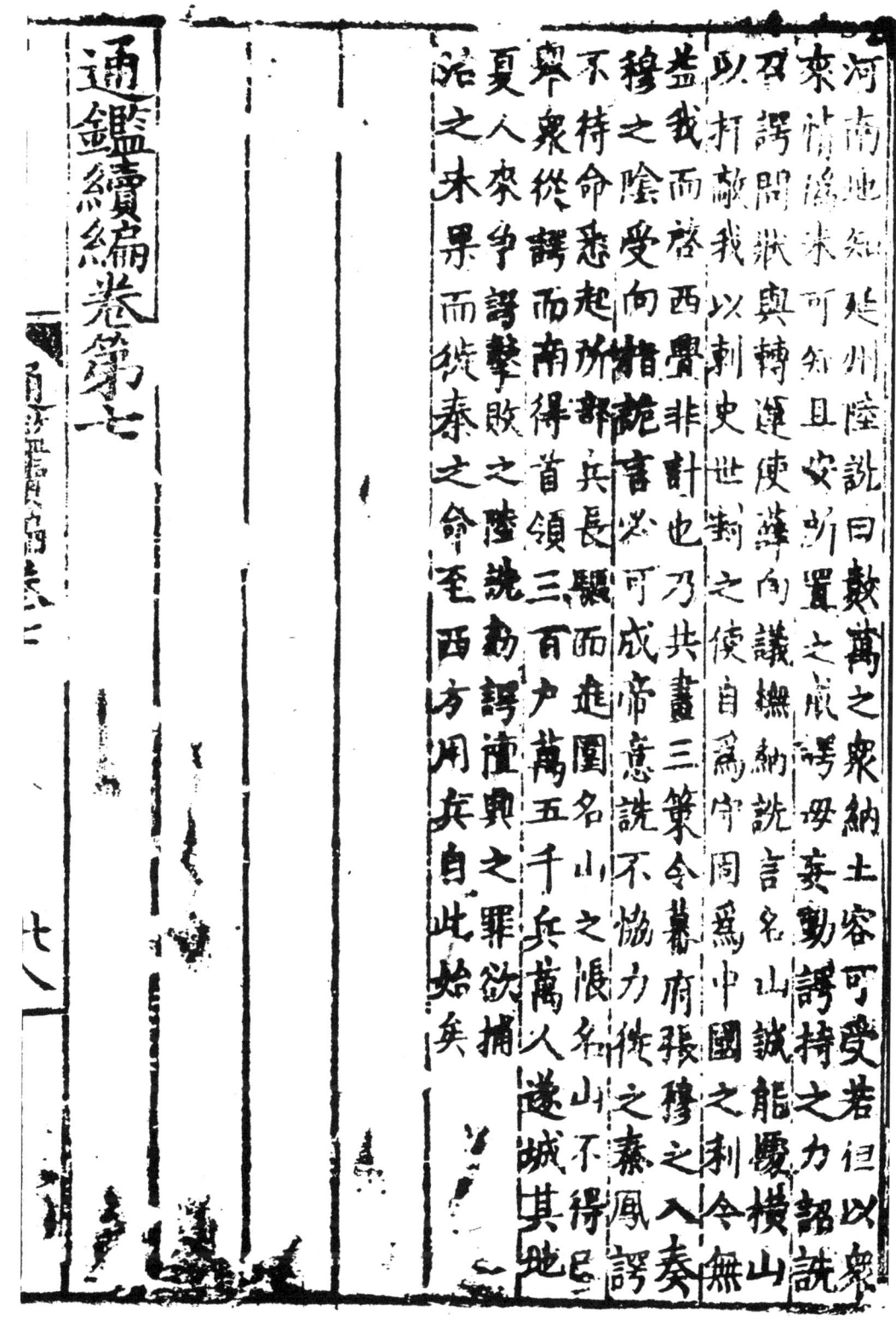

通鑑續編卷第七

通鑑綱目卷十

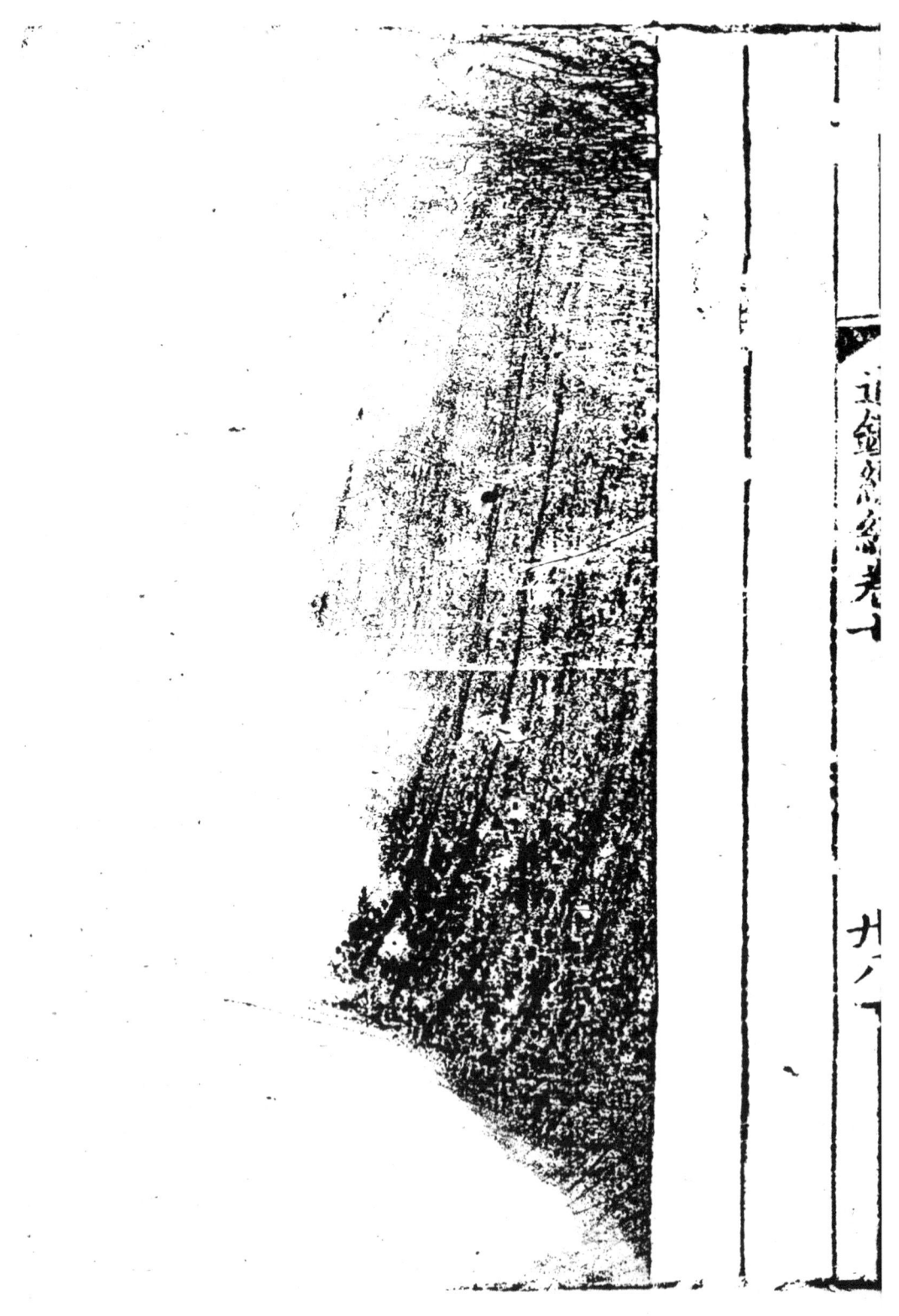

九

通鑑續編卷第八

戊申

神宗皇帝熙寧元年 遼咸雍四年 春正月甲戌朔日有食之帝不受朝詔羣臣極言闕失○趙槩罷 槩秉心和平與人無怨惡在官如不能言然陰以利物者為多時議比之劉寬婁師德以老求罷 以唐介參知政事 先是宰相文書于待漏院同列不得聞介謂曾公亮曰身在政府而事不預知上或有所問何辭以對乃與同視後遂為常

二月以孔若蒙襲封衍聖公○三月夏國主諒祚卒子秉常立 秉常年七歲矣諡諒祚曰昭英皇帝廟號毅宗遣使來告哀帝遣劉航冊命秉常為夏國主秉遣使冊為夏國王諒祚之世嘗去蕃禮從漢儀服中國衣冠往往以漢官命其臣且數上表求九經唐史冊府元龜宋正旦冬至朝賀儀仁宗以九經賜之

夏四月詔翰林學士王安石越次入對 安石

受命歴七月始至京師及入對帝問為治所先安石對曰擇術為先帝曰唐太宗何如曰陛下當法堯舜何以太宗為哉堯舜之道至簡而不煩至要而不迂至易而不難但末世學者不能通知以為高不可及耳帝曰卿可謂責難於君朕自視眇躬恐無以副卿此意可悉心輔朕庶同濟此道一日講席羣臣退帝留安石坐曰有欲與卿從容論議者因言唐太宗必得魏徵劉備必得諸葛亮然後可以有為二子誠不世出之人也安石曰陛下誠能為堯舜則必有皐夔稷契誠能為高宗則必有傅說彼二子者何足道哉以天下之大人民之衆百年承平學者不為不多然常患無人可以助治者以陛下擇術未明推誠未至雖有皐夔稷契傅說之賢亦將為小人所蔽卷懷而去耳帝曰何世無小人雖堯舜之時不能無四凶安石曰惟能辯四凶而誅之此其所以為堯舜也若使四凶得肆其讒慝則皐夔稷契亦安肯苟食其禄以終身乎詔安石越次入對六月詔録唐魏徵狄仁傑後

○河决恩冀瀛州○秋七月以陳升之知樞密院事故事樞密

使與知院不並置時文彥博呂公弼既爲使帝以升之三至宥省欲稍異其禮故特命之升之即旭也以避帝嫌名改焉

京師地震○八月復行崇天歷○京師地震○九月初封太祖曾孫從式爲安定郡王帝謂創業垂統實自太祖顧無以稱乃下詔封楚康惠王德芳孫舒國公從式爲安定郡王奉太祖祀世世勿絶明年復詔宣祖太祖太宗之子皆擇其後一人爲宗世世封公以奉其祀

作英德殿于景靈宮奉安英宗神御也

冬十一月有事于南郊赦執政以河朔旱傷國用不足乞南郊勿賜金帛詔學士議司馬光王珪王安石同見光曰救災節用當自貴近始可聽也安石曰常衮辭堂饌時以爲衮自知不能當辭職不當辭祿且國用不足非當世急務所以不足者以未得善理財者故也光曰善理財者不過頭會箕斂爾安石曰不然善理財者不加賦而國用足光曰天下安有此理天地所生財貨百物不在民則在官彼設法奪民其害乃甚於加賦此蓋弘羊欺武帝之言太史公

書之以見其不明耳爭議不已帝曰朕意與光同然姑以不允荅之會安石草詔引常衮事責兩府兩府不敢復辭

京師地震○十二月邵亢罷○夏人誘知保安軍楊定等殺之詔种諤隨州安置以韓琦知永興軍經略陝西郭逵爲鄜延宣撫使詔夏人以塞門安遠砦來易綏州种諤既受嵬名山降夏主諒祚乃詐爲會議誘知保安軍楊定都巡檢使侍其臻等殺之邊釁復起朝議以諤生事欲棄綏誅諤陝西宣撫機宜文字趙禹上疏以爲不可乃貶諤四秩隨州安置而以韓琦知永興軍經畧西事徙郭逵宣撫鄜延禹又爲逵移書執政曰夏既殺王官而又棄綏不守見弱已甚且名山舉族來歸何以處之請存綏以張兵勢覘虜大理河川建堡畫稼穡之地三十里以處降者朝廷不從賜夏主秉常詔許納塞門安遠二砦歸其綏州故壞無

雪○以王韶管幹秦鳳經略司機宜文字韶遂行邊西蕃

俞龍珂帥其衆內附建昌軍司理王韶詣闕投匭上平戎三策以為西夏可取欲取西夏當先復河湟河湟復則夏人有腹背受敵之憂夏人比年攻青唐不能克萬一克之必併兵南向大掠秦渭之間牧馬于蘭會斷古渭境盡服南山生羌西築武勝遣兵時掠湟河則隴蜀諸郡當盡驚擾木征兄弟其能自保耶今唃氏子孫唯董氊粗能自立瞎征欺巴溫之徒文法所及各不過一二百里其勢豈能與西人抗哉武威之南至于洮河蘭鄯皆故漢郡所謂湟中浩亹大小榆枹罕土地肥美宜五種者在焉幸今諸羌瓜分莫相統一此正可并合而兼撫之時也諸種既服唃氏其敢不歸唃氏歸則河西李氏在吾股掌中矣且唃氏子孫瞎征差盛為諸戎所畏若招諭之使居武勝或渭源城使糾合宗黨制其部族習用漢法異時族類雖盛不過一延州之李士彬環州之慕恩耳於漢有肘腋之助且使夏人無所連結策之上也帝異其言召問方略王安石以為奇請以韶管幹秦鳳經略司機宜文字韶至秦會諸將以蕃部俞龍珂在青唐最大渭源羌與夏人皆欲覊縻之議先致討韶因按邊引數騎直抵其

帳諭以成敗遂留宿明旦兩種皆遣其豪
隨部以東龍珂率其屬十二萬口內附

己酉

二年遼咸雍五年　夏惠宗秉常乾道元年春二月以富弼爲司空侍中平章事初弼自汝州入覲詔許肩輿至殿門帝御內東門小殿令其子掖以進且命毋拜坐語從容訪以治道弼知帝果於有爲對曰人君好惡不可令人窺測可測則姦人得以傅會當如天之監人善惡皆所自取然後誅賞隨之則功罪皆得其實矣又問邊事弼對曰陛下臨御未久當布德行惠願二十年口不言兵帝默然至日昃乃退欲以集禧觀使留之力辭赴郡至是召拜司空兼侍中左僕射同平章事時帝以災變避正殿減膳徹樂王安石言于帝曰災異皆天數非關人事得失所致弼在道聞之嘆曰人君所畏者天耳若不畏天何事不可爲者此必姦人欲進邪說以搖上心使輔弼諫諍之臣無所施其力是治亂之機不可以不速救即上書數千言力論之及入對又言君子小人之進退繫王道之消長願深加辯察勿以同異爲喜怒喜怒爲用舍陛下好使人伺察外事故姦險得志

又今中外之務漸有更張此必小人獻說於陛下也大抵小人惟喜動作生事則其間有所希覬若朝廷守靜則事有常法小人何所望哉願深燭其然無使有悔

以王安石參知政事

帝欲用安石曾公亮因力薦之唐介言安石難大任帝曰文學不可任耶經術不可任耶吏事不可任耶介對曰安石好學而泥古故議論迂闊若使為政必多所更變介退謂公亮曰安石果大用天下必困擾諸公當自知之帝問判少府監孫固曰安石可相否固對曰安石文行甚高處侍從獻納之職可矣宰相自有度安石狷狹少容必欲求賢相呂公著司馬光韓絳其人也帝不以為然竟以安石參知政事謂之曰人皆不能知卿以為卿但知經術不曉世務安石對曰經術正所以經世務但後世所謂儒者大抵皆庸人故世俗以為經術不可施於世務耳帝曰然則卿所設施以何為先安石對曰變風俗立法度正方今之所急也帝深納之

立制置三司條例司議行新法

詔陳升之王安石領其事以蘇轍呂惠卿檢詳文字章惇

訓導錢紳

爲條例官曾布檢正中書五房公事王安石言昔周置泉府之官以榷制兼併
均濟貧乏變通天下之財後世唯桑弘羊劉晏粗合此意
學者不能推明先王法意更以爲人主不當與民爭利今
欲理財則當修泉府之法以收利權帝納其說安石猶恐
帝不能決意任之乃復言曰人才難得亦難知今使十人
理財其中容有一二敗事則異論乘之而起臣謂堯與羣
臣共擇一人治水尚不能無敗事況所擇而使非一人豈
能無失要當計利害多少而不爲異論所惑帝曰有一人
敗事而遂廢所圖此所以少成事也至是立制置三司條
例司掌經畫邦計議變舊法以通天下之利命陳升之王
安石領其事初泉人呂惠卿自真州推官秩滿入都與安
石論經義意多合遂定交因言於帝曰惠卿之賢豈特今
人雖前世儒者未易比也學先王之道而能用者獨惠卿
而已及立條例司遂以惠卿及蘇轍並爲檢詳文字事無
大小安石必與惠卿謀之凡所建請章奏皆惠卿筆也又
以章惇爲三司條例官曾布檢正中書五房凡有奏請朝
臣以爲不便者則布必上疏條析以堅帝意使專任安石

以威脅衆俾毋敢言由是安石信任布亞於惠卿而農田水利青苗均輸保甲免役市易保馬方田諸役相繼並興號爲新法而天下騷然矣安石與劉恕友善欲引寘三司條例恕以不習金穀爲辭且曰天子方屬公以大政宜恢張堯舜之道以佐明主不應以利爲先安石遂與之絶

夏人寇秦州夏人寇秦州陷劉溝堡殺守將范恩死者不可勝計

夏四月大旱詔群臣言闕失○唐介卒介簡伉敢言居政府數與王安石争辯而安石強解帝主其説介不勝其憤遂疽發背而卒

以薛向爲江淮發運使向制置解鹽多變范祥之法淮南轉運使張靖論其罪王安石右向抵靖于法而擢向焉

立免役法詔劉彝等八人察農田水利賦役于天下初帝即位問天下遺利于三司使韓絳絳請盡地力因言京東民有父子二丁將爲衙前役者其父告子曰吾當求死使汝免於凍餒因自經死江南有嫁其祖母及與母析居以避役者又有鬻田減其户等者望博訪利害集議裁定使力役無偏重之患同

知諫院吳充亦言今鄉役之中衙前爲重民間規避重役土地不敢多耕而避户等骨肉不敢義聚而憚人丁故近年上户寖少中下户寖多役使頻仍生資不給則轉爲工商不得已而爲盜賊宜早定鄉役利害以時施行會帝閱内藏庫奏有衙前越千里輸金七錢庫吏邀乞踰年不得還者帝重傷之乃詔條例司講立役法條例司言使民出泉顧役即先王致民財以禄庶人在官者之意願條諭諸路凡有産業物力而舊無役者今當出泉以助役計户産業若家資之貧富上下分爲五等歲以夏秋隨等輸錢鄉户自四等坊郭自六等以下勿輸析居者隨所析而定降其等其官户女户寺觀未成丁者皆減半輸用其錢募三等以上稅户代役隨役輕重制禄坊郭三年鄉村五年農隙集衆稽其物産考其貧富察其詐僞爲之升降若故爲高下者以違制論募法三人相任衙前仍供物産爲抵弓手試武藝典吏試書計以三年或二年乃更爲法既具揭示一月民無異辭著爲令令下募者執役被差者得散去天下土俗不同役重輕不一民貧富不等從所便爲法凡當役人户以等第出錢名免役錢其坊郭等第户及未成

丁單丁女户寺觀品官之家舊無色役而出錢者名助役錢凡敷錢先視州若縣應用雇直多少隨户等均取雇直既已用足又率其數增取二分以備水旱欠閣謂之免役寬剩錢於是先令開封府界試用其法而遣劉彝謝卿材侯叔獻程顥盧秉王汝翼曾伉王廣廉八人行諸路相度農田水利稅賦科率徭役利害蘇轍言役人之不可不用鄉户猶官吏之不可不用士人也有田以爲生故無逃亡之憂朴魯而少詐故無欺謾之患今乃舍此不用而用浮浪不根之人竊恐掌財者必有盜用之姦捕盜者必有竄逸之弊唐楊炎爲兩稅取大曆十四年應干賦斂之數以定兩稅之額則租調與庸既兼之矣今兩稅如舊奈何復取庸錢且品官之家復役已久蓋古者國子俊造將用其才者皆復其身胥史賤吏既用於官者皆復其家聖人舊法良有深意奈何至於官户而又將役之耶不聽

五月罷宣徽北院使王拱辰拱辰與王安石議新法不合安石惡之會富弼曾公亮有故遂出拱辰判應天府

罷翰林學士知開封府滕甫初甫同修起居注帝召問治亂之道

對曰治亂之道如黑白東西所以變色易位者朋黨汩之也帝曰卿知君子小人之黨乎曰君子無黨譬之草木綢繆相附者必蔓草非松栢也朝廷無朋黨雖中主可以濟不然雖上聖亦殆帝以爲名言至是以翰林學士知開封府甫在帝前論事如家人父子言無文飾洞見肝鬲帝知其誠盡事無巨細人無親踈輙皆問之甫隨事解荅不少嬿隱王安石方議新法恐甫言而帝信之也因出之鄆州尋徙知定州至郡言新法之害且曰臣始以意度其不可耳既爲郡乃親見之願下一明詔罷之弗納

置賣鹽場于永興軍罷通商法

薛向請即永興軍置賣鹽場以邊費錢十萬緡儲永興爲鹽鈔本而罷通商從之

罷知諫院錢公輔

公輔言滕甫不宜去薛向變法以嘗黜悖王安石意出知江寧府

以韓維爲翰林學士

維言百執事各有職惟當責任若代之行事是爲失體天下大事不可猝爲人君詔施自有先後帝嘉納之

六月罷御史中丞呂誨

王安石執政帝倚任之士大夫多以爲得人呂誨獨言其不通時事大用之則非所

宜會著作佐郎章辟光上言帝弟岐王顥宜遷居外邸皇太后大怒帝令治其離間之罪王安石謂無罪誨請下辟光吏帝不從誨劾安石曰安石外示朴野中藏巧詐陛下悅其才辯而委任之安石初無遠畧惟務改作立異罔上欺下文言飾非誤天下蒼生必斯人也如久居廟堂必無安靜之理辟光之謀本安石呂惠卿所導辟光揚言朝廷若深罪我我終不置此二人故安石力加營救願察於隱伏質之士論然後知臣言之當否帝方眷注安石還其章誨遂求去帝謂曾公亮曰若出誨恐安石不自安安石曰臣以身許國陛下處之有義臣何敢以形迹自嫌苟為去就乃出誨知鄧州誨之將有言也司馬光勸止之誨曰安石雖有特名然好執偏見輕信姦回喜人佞已聽其言則美施於用則疎置諸宰輔天下必受其禍且上新即位所與圖治者二三執政而已苟非其人將敗國事此乃腹心之疾救之惟恐不逮顧可緩耶誨既斥安石益橫光由是服誨之先見自以為不及也誨三居言職始論陳旭次論歐陽脩最後論王安石凡三見黜人推其鯁直

以呂公著為御史中丞 王安石嗛呂公

弼不附己乃白用公弼爲知開封府公著爲中丞以偪之
公弼果力求去帝不許公著言於帝曰惟人君去偏聽獨
任之弊而不主先入之言則
不爲邪說所亂矣帝曰善 罷翰林學士權開封府鄭獬
獬不肯行新法王安
石惡而出之杭州 秋七月乙丑朔日有食之○行均輸
法以薛向領其事 均輸之法所以通天下之貨制爲輕重
斂散之術使輸者既便而有無得以懋
遷其說始於桑弘羊至是條例司言天下財用無餘典領
之官拘于弊法內外不相知盈虛不相補諸路上供歲有
常數豐年便道可以多致而不能贏年儉物貴難於供
億而不敢不足遠方有倍蓰之輸中都有半價之鬻徒使
富商大賈乘公私之急以擅輕重斂散之權今江浙荊淮
發運使實總六路賦入其職以制置茶鹽礬酒稅爲事軍
儲國用多所仰給宜假以錢貨資其用度周知六路財賦
之有無而移用之凡糴買稅斂上供之物皆得徙貴就賤
因近易遠令預知中都帑藏年支見在之定數所當供辦
者得以從便變易蓄買以待上令稍收輕重斂散之權歸

之公上而制其有無以便轉輸省勞費去重斂寬農民庶幾國用可足民財不匱詔以發運使薛向領均輸平準事行于六路賜內藏錢五百萬緡上供米三百萬石時議者慮其爲擾多言非便帝不聽薛向既董其事乃請設置官屬從之蘇軾言均輸徙貴就賤用近易遠然廣置官屬多出緡錢豪商大賈皆疑而不敢動以爲雖不明言販賣既已許之變易變易既行而不與商賈爭利者未之聞也夫商賈之事曲折難行其買也先期而與錢其賣也後期而取直多方相濟委曲相通倍稱之息由此而得今先設官置吏簿書廩祿爲費已厚非良不售非賄不行是官買之價比民必貴及其賣也弊復如前商賈之利何緣而得朝廷不知雖此乃捐五百萬緡以予之此錢一出恐不可復縱使其間薄有所獲而征商之額所損必多矣帝方惑於王安石不納其言然均輸法亦迄不能就八月貶侍御史劉琦御史錢顗監處衢州鹽酒稅判刑部劉述與王安石爭刑名帝是安石述執奏不已安石白帝詔開封府推官王克臣劾述罪述遂率劉琦錢顗共上疏曰安石執政以來未踰數

月中外人情囂然胥動蓋以專肆胸臆輕易憲度無忌憚
之心故也陛下任賢求治常若飢渴故置安石政府必欲
致時如唐虞而反操管商權詐之術規以取媚遂與陳升
之合謀侵三司利權取爲己功開局設官用八人者分行
天下驚駭物聽動搖人心去年因許遵文過飾非妄議自
首按問之法安石任一偏之見改立新議陛下不察爲詔
自今謀殺已傷按問欲舉自首者減罪二等遂害天下大
公先朝所立制度自宜世世子孫守而勿失乃欲事事更
張廢而不用安石向應舉歷官尊尚堯舜之道以倡率學
者欲士人之心靡不歸向謂之爲賢陛下亦聞而知之遂
正位公府遭時得君如此之專乃首建財利之議務爲容
悅言行乖戾一至於此剛戾自任則又甚焉姦詐專權之
人豈宜處之廟堂以亂國紀願早罷逐以慰天下元元之
心曾公亮位居丞弼不能竭忠許國反有畏避之意陰自
結援以自固寵久妨賢路亦宜斥免趙抃則括囊拱手但
務依違大臣事君豈當如是疏上安石奏先貶琦顗遂貶
琦監處州鹽酒務顗監衢州鹽稅公亮疑太重安石曰辭
之奇以論歐陽脩不實亦非監當官帝從之司馬光上疏

諫曰夫養鷹鸇者求其摯也摯而烹之將安用哉今顗等讒譖恐臣下自此以言爲諱乞還其本資以靖羣聽不報

貶殿中侍御史孫昌齡通判蘄州論新法忤王安石也

罷判國子監范純仁初純仁自陝西轉運副使召還帝問陝西城郭甲兵糧儲如何對曰城郭粗全甲兵粗修糧儲粗備帝愕然曰卿之才朕所倚信何爲皆言粗對曰粗者未精之辭如是足矣願陛下且無留意邊功若邊臣觀望將爲他日意外之患遂拜起居舍人同知諫院純仁奏言王安石變祖宗法度掊克財利民心不寧書曰怨豈在明不見是圖願陛下圖不見之怨帝曰何謂不見之怨對曰杜牧所謂不敢言而敢怒者是也帝曰卿善論事宜爲朕條陳古今治亂可爲監戒者遂作尚書解以進曰其言皆堯舜禹湯文武周公之事也治天下無以易此願深究而力行之加同脩起居注時帝切於求治多延見疏逖小臣咨訪闕失純仁言小人之言聽之若可采行之必有累蓋知小忘大貪近昧遠願加深察富弼在相位稱疾家居純仁言弼受三朝眷倚當自任天下之重而恤己深於恤物憂疾

過於憂邦致主處身二者胥失弼與先臣素厚臣在諫省不敢私謁以致忠告願示以此章使之自省及辭向行均輸法於六路純仁言臣嘗親奉德音欲脩先王補助之政今乃效桑羊均輸之法而使小人爲之掊克生靈斂怨基禍安石以富國強兵之術啓迪上心欲求近功忘其舊學尚法令則稱商鞅言財利則背孟軻鄙老成爲因循棄公論爲流俗異己者爲不肖合意者爲賢人劉琦錢顗等一言便蒙降黜在廷之臣方太半趨附陛下又從而驅之其將何所不至道遠者理當馴致事大者不可速成人才不可急求積弊不可頓革儻欲事功急就必爲憸佞所乘宜速還言者而退安石荅中外之望不聽遂求罷諫職改判國子監去意愈確執政使諭之曰毋輕去已除知制誥矣純仁曰此言何爲至於我哉言不用萬鍾非所顧也純仁每上章疏語多激切帝悉不付外純仁盡錄申中書安石大怒乞加重貶帝曰彼無罪姑與一善地命知河中府尋徙成都轉運使以新法不便戒州縣未得遽行安石怒其沮格以事左遷知和州

以程顥權監察御史裏行顥何南人舉進士再調晉城令民以

事至縣者必告以孝弟忠信度鄉村遠近為伍保使之力役相恤而姦偽無所容凡孤惸殘廢者責之親戚鄉黨使無失所行旅出於其塗者疾病皆有所養鄉必有校暇時親至召父老與之語兒童所讀書親為正句讀教者不善則為易置擇子弟之秀者聚而教之鄉民為社會為立科條旌其善惡使有勸有耻在縣三年民愛之如父母至是呂公著薦為御史帝素知其名數召見每退必曰頻求對欲常常見卿一日從容咨訪報正午始趨出庭中人曰御史不知上未食乎顥前後進說甚多大要以正心窒欲求言育才為言務以誠意感悟人主嘗勸帝防未萌之欲及弗輕天下士帝俯躬曰當為卿戒之

貶判刑部劉述知江州

開封獄具述三問不承王安石欲置之獄司馬光范純仁爭之乃議貶通判帝不許以述知江州同判刑部丁諷貶通判復州審刑院詳議官王師元坐言許遵所議刑名不當貶監安州稅

罷條例司檢詳文字蘇轍

轍與呂惠卿論多不合會遣八使于四方求遺利中外知其必迎合生事而莫敢言轍以書抵王安石力陳其不可安石怒將加之罪陳

升之止之乃以爲河南府推官焉

九月立常平給斂法初陝西轉運使李參以部内多戍兵而糧儲不足審訂其缺令民自隱度麥粟之贏先貸以錢俟穀熟還官號青苗錢經數年廩有餘糧繼而河北轉運司幹當公事王廣廉奏乞度僧道牒數千道爲本錢於陝西運司行青苗法春散秋斂朝廷從之民甚便焉於是條例司言諸路常平廣惠倉錢穀略計貫石可及千五百萬以上斂散未得其宜故爲利未博今欲以見在斛斗遇貴量減市價糶遇賤量增市價糴可通融轉運司苗稅及錢斛就便轉易者亦許兌換仍以見錢依陝西青苗錢例願預借者給之隨稅輸納斛斗半爲夏料半爲秋料内有請本色或納時價貴願輸錢者皆從其便如遇災傷許展至次料豐熟日納非惟足以待凶荒之患民既受貸則兼并之家不得乘新陳不接以邀倍息又常平廣惠之物收藏積滯必待年儉物貴然後出糶所及者不過城市游手之人今通一路有無貴發賤斂以廣蓄積平物價使農人有以赴時趨事而兼并不得乘其急凡此皆以爲民而公家無所利其入是亦先王散惠興利以爲耕斂補助之意也

欲量諸路錢穀多寡分遣官提舉每州選通判幕職官一員與幹轉移出內仍先自河北京東淮南三路施行俟有緒推之諸路其廣惠倉除量留給老疾貧窮人外餘並用常平倉轉移法詔曰可乃出內庫緡錢百萬糴河北常平粟而常平廣惠倉之法遂變爲青苗矣初王安石既與呂惠卿議以常平糴本卌散與人户令出息二分春散秋斂一如陝西法令既具出示蘇轍轍等曰此青苗法也有不便以告勿疑轍曰以錢貸民使出息二分本以救民非爲利也然出納之際吏緣爲姦雖有法不能禁錢入民手雖良民不免妄用及其納錢雖富民不免踰限如此則恐鞭箠必用州縣之事不勝煩矣唐劉晏掌國計未嘗有所假貸有尤之者晏曰使民僥倖得錢非國之福使吏倚法督責非民之便吾雖未嘗假貸而四方豐凶貴賤知之未嘗逾時有賤必糴有貴必糶以此四方無甚貴甚賤之病安用貸爲晏之所言則漢常平法耳今此法見在而患不脩公誠能有意於民舉而行之則晏之功可立俟也安石曰君言誠有理當徐思之由是逾月不言青苗會京東轉運使王廣淵言方春農事興而民苦乏兼并之家得以乘急要利

乞留本道錢帛五十萬貸之貧民歲可獲息二十五萬從之其事與青苗法合安石始以爲可用召廣淵至京師與之議於是決意行焉

以呂惠卿爲崇政殿說書判司農司

條例司言常平新法宜付司農司選官主判兼領農田差役水利詔以祕書省著作佐郎呂惠卿爲太子中允崇政殿說書兼判司農集賢校理胡宗愈同判之二人爲政法益密矣司馬光諫曰惠卿憸巧非佳士使王安石負謗于中外者皆其所爲安石賢而愎不閑世務惠卿爲之謀主而安石力行之故天下并指爲姦邪近者進擢不次大不厭衆心帝曰惠卿進對明辨亦似美才光對曰惠卿誠文學辯慧然用心不正願陛下徐察之江充李訓若無才何以能動人主帝默然光又貽書安石曰諂諛之士於公今日誠有順適之快一旦失勢將必賣公自售矣安石不悅

冬十月富弼罷

王安石用事雅不與弼合弼度不能爭多稱疾求退章數十上帝曰卿即去誰可代卿者弼薦文彦博帝默然良久曰王安石何如弼亦默然遂出判亳州弼恭儉孝敬好善嫉惡常言君子與小人並處其勢必下勝君子

不勝則奉身而退樂道無悶小人不勝則交結搆扇千歧萬轍必勝而後已迨其得志遂肆毒於善良求天下不亂不可得也

以陳升之平章事

升之既相帝問司馬光曰近相升之外議云何對曰閩人狡險楚人輕易今二相皆閩人參政楚人風俗何以更得淳厚帝曰王安石何如對曰人言安石姦邪則毀之太過但不曉事又執拗耳

郭逵城綏州

夏主秉常既冠秦州復上誓表納安遠塞門二砦以乞綏州詔將許之鄜延宣撫郭逵上言曰此止商於六百里之策也非先交二砦不可與綏朝議以爲然賜以誓詔令以二砦來歸當還綏州夏王得詔遣其臣罔萌訛來言欲先得綏郭逵命機宜趙卨等如夏交所納二砦且定地界夏主使罔萌訛對曰朝廷本欲得二砦地界非所約卨曰然則塞門安遠二堡墻耳安用之二砦之北舊有三十六堡且以長城嶺爲界西平王祥符所移書固在也罔萌訛語塞卨以夏人渝盟請城綏州逵從之改名綏德城

以嵬名山爲供備庫使賜姓名曰趙懷順○十一月詔韓絳制置三司

條例陳升之既相詔以綽代其任王安石每奏事綽必曰臣見安石所陳非一皆至當何用陛下宜省察安石情以爲助

頒農田水利法

頒農田水利約束於諸路由是爭以水利爲言矣

置交子務于潞州

以河東運鐵錢公私勞費故也已而轉運司言其法行則鹽礬不售有害入中糧草罷之

罷開封府判官趙瞻

嘗帝問瞻曰青苗法便乎瞻對曰唐行之於末世擾攘中以掊民財者豈可爲長久計耶王安石怒出爲陝西轉運副使

置提舉常平廣惠倉官

條例司上言民間多願借貸青苗錢乞遍下諸路轉運司施行及議置提舉官時天下常平錢穀見在一千四百餘萬貫石乃詔諸路各置提舉二員以朝官爲之管當一員京官爲之掌常平廣惠倉兼管句農田水利差役事諸路凡四十一人提舉官既置往往迎合王安石之意務以多散爲功富民不願取貧者乃欲得之即令隨戶等高下品配又令貧富相兼十人爲保首王廣淵在京東一等戶給錢十五千以等而下之至五等猶給一千民間喧然以爲不便廣淵入奏謂民皆歡呼感德諫

官李常御史程顥論廣淵抑配掊克迎朝廷旨意以困百
姓會河北轉運使劉庠不散青苗錢奏適至安石曰廣淵
力主新法而遭劾劉庠欲壞新法而不劾舉一
事如此安得人無向背由是劉之言不行十二月知青
州鄭獬乞罷從之獬上言青苗之害不忍無罪之民陷于憲網乞罷官從之下龍圖閣
學士祖無擇秀州獄貶爲忠正軍節度副使初無擇與王安石同知制
誥安石嘗辭一家所饋潤筆物其人固不受安石取寘諸
院梁上安石憂去無擇用爲公費安石聞而惡之及安石
得政乃諷監司求無擇罪會知明州苗振以貪聞御史王
子韶使兩浙廉其狀因迎安石意遂逮無擇在杭州貪賄
時無擇知通進銀臺司自京師逮赴秀州獄遂誣伏坐謫
安石既言于帝曰陛下遣一御史出即得無擇罪乃知朝
廷於事但不爲未有爲之而無效者無擇以
言論孜孜爲時名卿被誣坐廢士論惜之遼加耶律乙
辛太師北院樞密使魏王乙辛用事久勢振中外門下饋
賂不絕凡阿順者蒙薦擢忠直者輒斥竄至是加

之九五

十三

太師語四方有事輒許以便宜從事王韶乞治秦州閒田許之除秦鳳經略使李師中知秦州師中在秦持重總大体王韶築渭涇上下兩城屯兵以脅武勝軍撫納洮河諸部下師中議師中以為不便詔師中罷帥事韶又言渭源至秦州良田不耕者萬頃願置市易司頗籠商賈之利取其贏以治田乞假官錢為本詔秦鳳經略司以川交子易物貨給之命韶領市易事師中言韶所指占乃極邊弓箭手地耳又將移市易司於古渭恐秦州自此益多事所得不補所亡王安石主韶議為罷師中職徙知舒州而以竇舜卿知秦州且遣李若愚按實若愚至問田所在韶不能對舜卿檢索僅得地一頃既而地主有訟又歸之矣若愚奏其欺安石又為謫舜卿而以韓縝知秦州縝遂附會實其事乃進韶太子中允初師中在州縣邸狀報包拯參知政事或云朝廷自此多事矣師中曰包公何能為今知鄞縣王安石者眼多白甚似王敦他日亂天下者必斯人也世貴其先識

戊
庚

三年遼咸雍六年春正月判尚書省張方平乞罷許之方平以王安石變更法制力力請外任出知陳州陛辭極論新法之害帝爲之憮然二月陝西安撫使韓琦乞罷常平新法王安石遂稱疾不朝詔諭之乃復視事陝西路安撫使韓琦上疏曰臣準散青苗詔書務在惠小民不使兼并乘急以要倍息而公家無所利其入今所立條約乃自鄉户一等而下皆立借錢貫陌三等以上更許增借坊郭户有物業勝質當者亦依鄉户例支給且鄉户上等并坊郭有物業者乃從來兼并之家今令多借之錢一千令納一千三百則是官自放錢取息與初詔絶相違戾又條約雖禁抑勒然須上户爲甲頭以任之民愚不慮久遠請時甚易納時甚難故自制下以來上下惶惑皆謂若不抑散則上户必不願請近下等第與無業客户雖或願請必難催納將來必有行刑督索及勒干係書手典押耆户長同保均陪之患若謂陝西嘗行其法官有所得而民以爲便此乃轉運司行於一時者今乃建官置司以爲每歲

常行之法而取利三分豈陜西權宜之比哉乞罷提舉官
第委提點刑獄依常平舊法施行帝袖其疏以示執政曰
琦真忠臣雖在外不忘王室朕始謂可以利民今乃害民
如此且坊郭安得青苗而使者亦強與之王安石勃然進
曰苟從其所欲雖坊郭何害因難琦奏曰陛下修常平法
以助民至於收息亦周公遺法也如桑弘羊籠天下貨財
以奉人主私用乃可謂興利之臣今抑兼并振貧弱置官
理財非所以佐私欲安可謂興利之臣乎帝終以琦說為
疑安石遂稱疾不出帝諭執政罷青苗法曾公亮陳升之
欲即奉詔趙抃獨曰新法皆安石所建不若俟其出由是
連日不決安石因求去帝命司馬光草荅詔有士夫沸騰
黎民騷動之語安石怒抗章自辯帝為巽辭謝之且命呂
惠卿諭旨韓絳又勸帝留安石安石入謝因言中外大臣
從官臺諫朝士朋比之情且曰陛下欲以先王之正道勝
天下流俗今姦人欲敗先王之正道以沮陛下之所為此
所以紛紛也帝以為然安石乃起視事持新法益堅詔以
琦奏付制置條例司安石令翰林學士兼三司使曾布條
析其不然刊石頒之天下琦申辯愈切且論安石妄引周

禮以惑上聽皆不報特文彥博亦以青苗之害爲言帝曰吾遣二中使親問民間皆云甚便彥博曰韓琦三朝宰相不信而信二宦者乎先是安石陰結入内副都知張若水押班藍元震爲助帝遣使潛察府界俵錢事適命二人二人還極言民情深願無抑配者故帝信之不疑

以司馬光爲樞密副使固辭許之

光素與王安石厚及行新法光援朋友責善之義貽書反覆開陳其不然至于再三安石不樂會帝御邇英閣聽講光讀曹參代蕭何帝曰漢常守蕭何之法不變可乎光對曰寧獨漢也使三代之君常守禹湯文武之法雖至今存可也漢武取高帝約束紛更盜賊半天下元帝改孝宣之政漢業遂衰由此言之祖宗之法不可變也呂惠卿言先王之法有一年一變者正月始和布法象魏是也有五年一變者巡守考制度是也有三十年一變者刑罰世輕世重是也光言非是其意以風朝廷耳帝問光光對曰布法象魏布舊法也諸侯變禮易樂者王巡守則誅之不自變也刑新國用輕典亂國用重典是爲世輕世重也非變也且治天下譬如居室弊則修之非大壞不更造也公

卿侍從皆在此願陛下問之三司使掌天下財不才而黜之可也不可使執政侵其事今為制置三司條例司何也宰相以道德佐人主安用例苟用例則胥吏矣今為看詳中書條例司何也惠卿辭塞乃以他語抵光帝曰相與語是非耳何至是光又言青苗之弊曰平民舉錢出息尚能蠶食下户至飢寒流離況縣官督責之威乎惠卿曰青苗法願則與之不願不強也光曰愚民知取債之利不知還債之害非獨縣官不強富民亦不強也太宗平河東立糴法時米斗十錢民樂與官為市其後物貴而和糴不解遂為河東世世患臣恐異日之青苗亦猶是也帝曰陝西行之久民不為病光曰臣陝西人也見其病不見其利朝廷初不許有司尚能以病民況法許之乎時又令諸軍餘糧願糶入官者計價支錢復儲其米於倉名曰坐倉帝以問光光對曰倉有備粟庫無見錢非利也惠卿曰得米百萬斛則省東南之漕以其錢供京師光曰東南錢荒而粒米狼戾今不糴米而漕錢棄其有餘取其所無農末皆病矣他日又對帝曰今天下洶洶者孫叔敖所謂國之有是衆之所惡也光曰然陛下當論其是非今條例司所為獨安石

韓絳惠卿以爲是耳陛下豈能獨與此三人共爲天下耶帝欲大用光訪之安石安石曰光外託劘上之名内懷附下之實所言盡害政之事所與盡害政之人而欲寘之左右使預國論此消長之機也光才豈能害政但在高位則異論之人倚以爲重韓信立漢赤幟趙卒氣奪今用光是與異論者立赤幟也及安石稱疾不出帝乃以光爲樞密副使光辭曰陛下所以用臣盖察其狂直庶有補於國家若徒以禄位榮之而不取其言是以天官私非其人也臣徒以禄位自榮而不能救生民之患是盗竊名器以私其身也陛下誠能罷制置條例司追還提舉官不行青苗助役法雖不用臣臣受賜多矣今言青苗之害者不過謂使者騷動州縣今日之患耳而臣之所憂乃在十年之外非今日也夫民之貧富由勤惰不同惰者常乏故必資于人今出錢貸民而斂其息富者不願取使者以多散爲功一切抑配恐其逋負必令貧富相保貧者無可償則散而之四方富者不能去必責使代償數家之負春筭秋計展轉日滋貧者既盡富者亦貧十年之外百姓無復存者矣又盡散常平本錢穀專行青苗他日若思復之將何所取富

室既盡常平已廢加之以師旅因之以飢饉民之羸者必委死溝壑壯者必聚而爲盜賊此事之必至者也疏凡九上帝使謂之曰樞密兵事也官各有職不當以他事爲辭光對曰臣未受命則猶侍從也於事無不可言者會安石復起視事乃下詔允光辭收還勑誥知通進銀臺司范鎮封還詔旨者再帝以詔直付光不由門下鎮奏曰由臣不才使陛下廢法乞解其職不許

授河州刺史瞎欺丁木征金紫光祿大夫

○陝西四路安撫使韓琦請罷青苗許之

琦以論青苗不見聽上疏請解四路止領大名府路王安石欲沮琦琦歸從之

三月戊策試舉人罷詩論賦三題

帝篤意經學深閔貢舉之弊且以西北人材多不在選遂議更法王安石言古之取士俱本於學請興學校以復古其明經諸科欲行廢罷取明經人數增進士額乃下詔曰化民成俗必自庠序進賢興能抑繇貢舉而四方執經藝者專于誦數趍鄉舉者狃于文辭與古所謂三物賓興九年大成亦已盭矣今下郡國招徠雋賢其教之育之方課試之格令爾

制兩省待制以上御史三司三館雜議以聞會親試舉人遂專以策罷詩賦論三題策定限以千字於是賜第者八百二十九人葉祖洽策言祖宗多因循苟簡之政陛下即位革而新之遂擢第一帝謂執政曰對策亦何足以實盡人才然愈於以詩賦取人尔舊制進士入謝恩銀百兩至是罷之仍賜錢三千為期集費立刑法科立試刑法及詳刑官試律令刑統大義斷按所以待諸科之不能業進士者貶知審官院孫覺知廣德軍帝初即位將大革積弊覺特為右正言上疏論弊政固不可不革革而當其悔乃亡帝稱其知理當與語及知人之難覺曰知人之要在於知言人主用臣之道任賢使能而已陛下欲致太平之治而所擢數十人者多有口才而無實行臣恐歲月長彙征彌進充滿朝廷之上則賢人同去正人日疏其為患禍尚可以一二言之哉願無求於小利近功則王道可成矣既而罷去王安石早與覺善將援以為助自知通州召還累除知審官院會呂惠卿用事帝問於覺覺對曰惠卿辯而有才過於人數等特以權利之故屈身於安石安石不悟臣竊以為

憂帝曰朕亦疑之青苗法行安石稱周官泉府民之貸者至輸息二十而五國事之財用取具焉覺奏條其妄曰成周賒貸特以備民之緩急不可徒與也故以國服爲之息然國服之息說者不明鄭康成釋經乃引王莽計贏受息無過歲什一爲據不應周公取息重於莽時況載師所任地漆林之征特重所以抑末作也今以農民乏絕將補耕助斂顧亦作而征之可乎國事取具蓋謂泉府所領若市之不售貨之滯於民用有買有予并賒貸之法而舉之儻專取具於泉府則冢宰九賦將安用耶聖世宜講求先王之法不當取疑文虛說以圖治今老臣疏外而不見聽輔臣遷延而不就職門下執政而不行諫官請罷而求去臣誠恐姦邪之人結黨連伍乘衆情之洶洶動搖朝廷鈞直干譽非國家之福也安石覽之怒覺適以事詣中書安石以語動之曰不意學士亦如此始有逐覺意會曾公亮言畿縣散青苗錢有追呼抑配之擾安石遣覺行視虛實覺言民實不願與官中相交所有體量望賜寢罷遂坐奉詔反覆貶知廣德軍

夏四月貶御史中丞呂公著知潁州監察御史

王子韶等皆罷青苗法行公著上疏曰自古有爲之君未有失人心而能圖治亦未有脅之以威勝之以辨而能得人心者也昔曰之所謂賢者今皆以此舉爲非而主議者一切詆爲流俗浮論豈昔皆賢而今皆不肖乎王安石怒其深切會帝使公著舉呂惠卿爲御史公著曰惠卿固有才然姦邪不可用帝以語安石安石益怒誣其言韓琦欲因人心如趙鞅興晉陽之甲以逐君側之惡貶知潁州且命知制誥宋敏求草制明著罪狀敏求不從但言數陳失實安石怒白于帝命陳升之改其語行之由是御史王子韶等皆罷去

趙抃罷自新法行抃數言其非便會安石稱疾帝將改其法而抃請俟安石出安石出而持初議益堅抃始大悔上疏言制置條例司建使者四十餘輩騷動天下安石強辨自用詆天下公論以爲流俗違衆罔民順非文過近者臺諫侍從多以言不聽而去司馬光除樞密不肯拜且事有輕重體有小大財利於事爲輕而民心得失爲重青苗使者於體爲小而禁近耳目之臣用舍爲大今去重而取輕失大而得小懼非宗廟社稷之福也奏入懇求去位乃出知杭州抃長厚清

脩爲政善因俗施教寬猛不同以惠利爲本韓琦稱爲人中標表已不及也

以韓絳參知政事

○監察御史程顥乞罷許之

時新法行中外皆以爲非攻王安石甚力顥以御史被旨赴中臺議事安石方怒言者厲色待之顥徐言曰天下事非一家私議願平氣以聽之安石爲之媿屈自安石用事顥未嘗一語及於功利嘗因論時政最後言曰智者若禹之行水行其所無事也舍而之險阻不足以言智自古興治立事未有中外人情交謂不可而能有成者况於排斥忠良沮廢公議用賤陵貴以邪妨正者乎正使僥倖有小成而興利之臣日進尚德之風浸衰尤非朝廷之福青苗等法行顥與呂公著孫覺李常張戩等上疏極諫不聽遂乞去言職安石素與顥善及是雖不合猶敬其忠信不深怒之但出爲京西路同提點刑獄顥固辭乃改授簽書鎮寧軍節度判官

貶知諫院李常通判滑州

青苗法立常請勿收息王安石不從常上疏曰條例司始建已致中外之議至於均輸青苗斂散取息傅會經義人且大駭何異王莽猥析周官片言以流毒天下

安石見之遣所親密諭意常不爲止又言州縣散常平錢實不出本勤民出息帝詰安石安石請令常具官吏主名常以非諫官體遂落職通判滑州

貶監察御史裏行張戩知公安縣

戩上疏論王安石亂法曾公亮陳升之趙抃依違不能救正韓絳左右徇從李定以邪諂竊臺諫呂惠卿刻薄辨給假經術以文姦言豈冝勸講君側書數十上又詣中書爭之安石舉扇掩面而笑戩曰戩之狂直冝爲公笑然天下之笑公者不少矣趙抃從傍解之戩曰公亦不得爲無罪抃有愧色戩以言不聽稱病待罪遂貶知公安尋從監司竹監至舉家不食筍戩載之弟也

以李定爲監察御史裏行罷知制誥宋敏求蘇頌李大臨及同知諫院胡宗愈

李定爲秀州判官孫覺薦之朝召至京師李常見之問曰君從南方來民謂青苗法如何定曰民便之無不喜者常曰舉朝方共爭是事君勿爲此言定即往白王安石且曰定但知據實以言不知京師乃不許安石大喜謂曰君且得見盍謂上道之立薦對帝問青苗事定曰民

甚便之於是諸言新法不便者帝皆不聽命定知諫院宰相言前無選人除諫官之比遂拜太子中允監察御史裏行同知諫院朝宗愈言御史當用學士及丞雜論薦又須官博士員外郎今定以幕職得之不可會知制誥宋敏求蘇頌李大臨等言定不由銓考擢授朝列不緣御史薦真憲臺雖朝廷急於用才度越常格然隳紊法制所益者小所損者大封還制書詔諭數四頌等執奏不已並坐累格詔命落知制誥敏求以右諫議大夫奉朝請頌歸工部郎中班大臨出知汝州天下謂之熈寧三舍人胡宗愈復力爭之安石怒併出宗愈通判真州

以謝景溫爲侍御史知雜事謝景溫王安石之姻家也安石以外論紛紛言於帝而用之

知舒州張仲宣有罪詔免刑流海外仲宣坐枉法贓法官援知台州李希輔例杖脊黥配海島判審刑院蘇頌言于帝曰古者刑不上大夫仲宣官五品今黥之使與徒隸爲伍雖其人無可矜所重者汙辱衣冠耳帝曰善詔免杖黥而流海外因著爲令

五月詔罷制置三司條例歸其事還

中書王安石復稱疾不朝詔諭之乃起視事初陳升之欲傅會王安石以圖其位安石亦患正論盈廷引升之爲助升之知其不可而竭力爲之用安石德之故先使正相位升之既相乃時爲小異陽若不與之同者因言于帝曰宰相無所不統所領職事豈可稱司請罷制置三司條例司安石曰古之六卿即今執政有司馬司徒司寇司空各名一職何害于理升之曰若制置百司條例則可但今制置三司一官則不可帝意未决會判大名府韓琦上言條例司雖大臣所須然止是定奪之所今不關中書而徑自行下則是中書之外又一中書也由是制置三司條例遂罷以其事歸中書而常平新法則付司農寺命呂惠卿同判之兼領農田水利差役帝恐傷安石之意以手札開諭安石自是與升之不協因稱疾久不起帝數諭之安石乃出世亦以是薄升之爲人稱曰筌相

遼立賢良科時遼進士至百四十人復設賢良科令進是科者先以所業十萬言進

六月以李定爲崇政殿說書罷監察御史陳薦御史陳薦

言定頃爲涇縣主簿聞庶母仇氏死匿不爲服詔下江東淮浙轉運使問狀奏云定嘗以父老求歸侍養不云持所生母服定自辨言實不知爲仇氏所生故疑不敢服而以侍養辭官曾公亮謂定當行追服王安石力主之罷薦御史而改定爲崇政殿說書

秋七月呂公弼罷公弼以王安石變法數言其宜務安靜安石不悅公弼具疏將論之從孫嘉問竊其藁以示安石安石先白之帝怒遂罷公弼知太原府呂氏號嘉問爲家賊云

人以馮京爲樞密副使○罷監察御史林旦薛昌朝范育從李定檢正中書吏房昌朝旦育論定乃不孝之人豈宜居勸講之地併論王安石之罪章六七上安石又白罷三人定亦不自安求解說書乃檢正中書吏房直舍人院同判太常寺

八月夏人寇環慶州以韓絳爲陝西宣撫使先是夏人築鬧訛堡知慶州李復圭合蕃漢兵三千遣裨將李信种詠劉甫等擊之信等大敗而還復圭懼欲自解即執信等斬之復出兵追夏人殺其老幼二百以功告捷

而過賽大營矣至是夏人大舉入環慶攻大順城柔遠砦荔原堡淮安鎮東西谷業樂鎮兵多者號二十萬少者不下一二萬屯于榆林游騎至慶州城下九日乃退鈐轄郭慶等數人死焉韓絳請行邊王安石亦請往絳曰朝廷方賴安石宜行乃以絳爲陜西宣撫使幾事不可待報者便宜施行授以空名告敕得自除吏尋命兼河東宣撫使

判司農司呂惠卿以父喪去職以曾布代之。以劉庠知開封府

庠不肯屈事王安石安石欲見之而不可或以爲言庠曰安石自執政來嘗一事合人情往將何語耶卒不往而上疏極言新法非是帝曰奈何不與大臣協心濟治乎庠對曰臣知事陛下而已不敢附安石也九

月曾公亮罷

公亮方厚莊重沈深周密謹繩墨蹈規矩明練文法習知朝廷典憲初嫉韓琦故薦王安石以間之及與安石同輔政知帝方向之陰爲子孫計凡更張庶事一切聽順而外若不與之者嘗遣其子孝寬參其謀至帝前略無所異由是帝益信任安石安石深德之以老求去遂拜司空兼侍中蘇軾嘗從容責公亮不能救

正變更公亮曰上與介甫如一人此乃天也世譏其不忠以馮京參知政事吳充爲樞密副使京爲中丞嘗上疏論王安石更張失當累數千言安石指爲邪說請黜之帝不從而亟用之

策賢良方正之士罷台州推官孔文仲還故職詔舉賢良帝親策之太原判官呂陶對曰陛下初即位願不惑理財之說不問老成之謀不興疆場之事陛下措意立法自謂庶幾堯舜然以陛下之心如此天下之論如彼獨不反而思之乎及奏第帝顧王安石取卷讀讀未半神色頗沮帝覺之使馮京竟讀稱其言有理會范鎮所薦台州推官孔文仲對策凡九千餘言力論安石所建理財訓兵之法非是宋敏求第爲異等安石怒啓帝御批罷文仲還故官齊恢孫固封還御批韓維陳薦孫永皆力論文仲不當黜帝不聽范鎮上疏曰文仲草茅疏遠不識忌諱且以直言求之而又罪之恐爲聖明之累亦不聽蘇頌歎曰方朝廷求賢如飢渴有如此人而不見錄豈其論太高而難合耶言太激而取怨耶呂陶亦止授通判蜀州司馬光范鎮見陶曰自安石用事

吾輩言不復效不意君及此平生聞望在茲一舉矣**作東西府**居執政也**翰林學士司馬光乞罷許之**光力求去乃以端明殿學士知永興軍**貶知山陰縣陳舜俞監南康軍鹽酒稅**青苗法行舜俞不肯奉令上疏深陳其害且自劾曰民間出舉財物取息重止一倍約償緡錢而穀粟布縷魚鹽薪蔌耰鉏釜錡之屬得雜取之朝廷募民貸取有司約中熟爲價而必償緡錢欲如私家雜償他物不可得故愚民多至賣田宅質妻孥有識者老戒其鄉黨子弟未嘗不以貰貸爲苦祖宗著令以財物相出舉任從書契官不爲理其保全元元之意深遠如此今乃官自出舉誘之以便利督之以威刑方之舊法異矣詔謂振民乏絕而抑兼并然使十戶爲甲浮浪無根著者毋得給俵則乏絕者已不蒙其惠此法終行愈爲兼并地尔何以言之天下之有常平非能人人計口受餉但權穀價貴賤之柄使積貯者不得深藏以邀利耳今散爲青苗唯恐不盡萬一饑饉荐至必有乘時貴糶者未知將何法以制之官制既放錢取息富室藏鏹坐待鄰里逋欠之時

田宅妻孥隨欲而得，是豈不爲兼并利哉？雖分爲夏秋，一科而秋放之月與夏歛之期等，夏放之月與秋歛之期等，不過展轉計息以給爲納，使吾民終身以及世世每歲兩輸息錢，無有窮已，是別爲一賦以敝海内，非王道之舉也。奏上，謫監南康軍鹽酒税。時又有知陳留縣姜潛，到官才數月，青苗令下，潛即榜於縣門，又移之鄉村，各三日，無人至，遂撤榜付吏曰：民不願矣。府寺疑潛壅令，令其屬按驗，無違令者。潛知不免，即移疾去。山陰陸佃嘗受經於王安石，至是因應舉入京師，安石問以新政，佃曰：法非不善，但推行不能如初意，還爲擾民，如青苗是也。安石驚曰：何爲乃尒？吾與惠卿議之，又訪外議。佃曰：公樂聞善，古所未有，然外間頗以爲拒諫。安石笑曰：吾豈拒諫者？但邪說營營，顧無足聽。佃曰：是乃所以致人言也。明日，召佃謂之曰：惠卿言私家取債，亦須一雞半豚，已遣李承之使淮南質究矣。既而承之還，詭言民無不便，佃說遂不行。

宣徽北院使張方平乞罷，許之。

帝問祖宗禦戎之要，方平對曰：太祖不勤遠略，如靈夏、河西皆因其酋豪許之世襲，環州董遵誨、西山郭進、關南李漢超皆優其祿賜寬其文法諸將財用豐而威令行間諜精審吏士用命故能以十五萬人而獲百萬之用及太宗謀取燕薊又內徙李彝興馮暉於是朝廷始旰食矣真宗澶淵之克與契丹盟至今人不識兵革三朝之事如此近歲疆埸之臣乃欲試天下於一擲事成僥利不成賠患不可聽又曰王安石舉累朝之令典一旦削除之其意安在陛下何不詰之帝頗采其言安石深惡之方平亦力求去乃出判應天府

冬十月陳升之以母喪去位○翰林學士范鎮令致仕從之

鎮上疏曰臣言不行無顏復立于朝請謝事臣言青苗不見聽一宜去薦蘇軾諫官孔文仲制舉不見用二宜去李定避持服遂不認母壞人倫逆天理而欲以為御史御史臺為之罷陳薦舍人院為之罷宋敏求李大臨蘇頌諫院為之罷胡宗俞王韶上書肆意欺罔以興造邊事事敗則置而不問反為之罪帥臣李師中及御史謝景溫一言蘇軾則下七路掎摭其過執政不悅孔文仲則遣之歸任以此二人況彼二人事理孰是孰非孰得孰失其能逃聖鑑乎因復極言青苗之害且曰陛下有納諫

劉菓錢紳

之資大臣進拒諫之計陛下有愛民之性大臣用殘民之
術疏入王安石大怒持其疏至手顫乃自草制極詆之逐
以戶部侍郎致仕凡所宜得恩典悉不與鎮表謝略曰願
陛下集群議爲耳目以除壅蔽之姦任老成爲腹心以養
和平之福天下聞而壯之蘇軾往賀曰公雖退而名益重
矣鎮愀然曰君子言聽計從消患於未萌使天下陰受其
賜無智名無勇功吾獨不得爲此使天下受其害而吾享
其名吾何心哉日與賓客賦詩飲酒或勸使稱疾杜門鎮
曰死生禍福天也吾其如天何司馬光嘗曰呂
獻可之先見范景仁之勇決皆予所不及也　十一月夏
人寇大順城燕達敗之○十二月立諸路更戍法舊以兵雜戍者
遣還本路　立保甲法初太祖懲五代之弊用趙普策收四方勁兵列營京畿以備宿衛分番屯戍以捍邊
圉于時將帥之臣入奉朝請獷悍之民收隸尺籍雖有桀
驁恣肆而無所施其間爲什長之法階級之辨使之內外
相維上下相制截然而不可犯其後定兵制大抵三者而
已天子之衛兵以守京師備征戍者曰禁軍諸州之鎮兵

以分給役使者曰府軍選於戶籍或應募使之團結以爲所在防守者曰鄉軍其外則蕃兵也及帝即位論租庸調法而善之王安石對曰此法近井田後世立事粗得先王遺意則無不善今亦無不可爲顧難速成耳又曰人主誠能知天下利害以其所謂害者制法而加於兼并之人則人自不敢保過限之田以其所利者制法而加於力耕之人則人自勸於力耕而授田不能過限然此須漸乃能成法使人主誠知利害之權因以好惡加之則所好何患人之不從所惡何患人之不避若人主無道以揆之則多爲異議所奪雖有善法何由立哉帝言府兵與租庸調相須安石對曰今義勇士軍上番供役既有廩給則無貧富皆可以入衛出戍雖無租庸調法亦自可爲帝又言節財用安石對以減兵最急今若練募兵而鼓舞河北陝西三路之民習兵則兵可省欲公私財用不匱爲宗社長久計則募兵之法誠當變革於是變募兵而立保甲其法十家爲保選主戶有幹力者一人爲長五十家爲一大保選一人爲大保長十大保爲一都保選爲衆所服者爲都保正又以一人爲之副應主客戶兩丁以上選一人爲保丁附保

訓導錢紳

兩丁以上有餘丁而壯勇者亦附之內家貲最厚材勇過人者亦充保丁授之弓弩教之戰陣每一大保聽輪五人警盜凡告捕所獲以賞格從事同保犯強盜殺人放火強姦略人傳習妖教造畜蠱毒知而不告依律伍保法餘事非干已又非敕律所聽糾皆毋得告雖知情亦不坐若於法類保合坐罪者乃坐之其居停強盜三人經三日保鄰雖不知情科失覺罪逃移死絕同保不及五家併他保有自外入保者收為同保戶數足則附之俟及十家則別為保置牌以書其戶數姓名蓋以捕盜賊相保任而肆武事也於是提點刑獄趙子幾迎安石意請先行於畿甸詔從之遂推行於永興秦鳳河北東西五路以達于天下諸州籍保甲聚民而教之禁令苛急往往去為盜郡縣不敢以聞判大名府王拱辰抗言其害曰非止困其財力奪其農時是以法驅之使陷于罪罟也浸淫為大盜其兆已見縱未能盡罷願裁損下戶以紓之主者指拱辰為沮法拱辰曰此老臣所以報國也抗章不已帝悟由是第五等戶得免

以韓絳王安石平章事王珪參知政事時絳開幕府於延安詔即軍中

李嗣刊

拜之尋命安石提舉編脩三司理爲翰林學士承旨典內外制十八年嘗因齋宮賦詩有所感嘆帝聞而憐之遂拜參知政事

行免役法於天下

免役法行于開封府既罷衙前八百三十人畿縣鄉役數千呂惠卿林旦曾布相繼主其事遂行於諸路於是兩浙提舉常平張靚率民助役錢至七十萬辭向爲帝言之帝問王安石安石對曰提舉官擾數取之朝廷以恩惠科減於體爲順既而東明縣民數百詣開封府訴超升等第不受遂突入安石私第安石諭以相府不知訴之御史臺臺亦不受諭令散去帝知之以詰安石安石對曰知縣賈蕃乃范仲淹之婿好附流俗致民如是夫治民當知其情僞利病不可示姑息若縱之使妄經臺省鳴鼓邀駕恃衆僥倖則非所以爲政未幾酸棗縣升戶等皆失實帝問安石曰酸棗既有自下戶升入上戶則四等有免輸役錢之名而無其實安石言嘗取諸縣新舊籍對覆升降開外間扇搖役法者謂輸多必有贏餘若群訴必可免彼既聚衆僥倖苟受其訴與免輸錢當仍役之帝乃盡用其言遣察訪使徧行諸路促成役書既上之司農乃頒募役法於天下臺諫多以

爲言帝謂安石宜少裁之安石對曰朝廷制法當斷以義豈須規規恤淺近之人議論耶司馬光曰上等人户自來更互充役有時休息今使歲出錢是常無休息之期也下等人户及單丁女户從來無役今盡使之出錢是鰥寡孤獨之人俱不免役也夫力者民之所生而有者穀帛者民可耕桑而得也至於錢者縣官之所鑄民之所不得私爲也故古之用民者各因其有而取之農民之役不過出力稅不過穀帛不責民所無也今有司立法惟錢是求歲豐則民賤糶其穀歲凶則伐桑棗殺牛賣田得錢以輸民何以爲生乎是以免役法行富室差得自寬貧者困窮日甚矣知長葛縣樂京知湖陽縣劉蒙皆以助役故投劾去職詔皆奪其官

折克柔卒以其弟克行權知府州事

四年遼咸雍七年夏天賜禮盛國慶元年

春正月韓絳使种諤帥師襲夏人于囉兀大敗之遂城囉兀韓絳素不習兵事開幕府于延安措置乖方選蕃軍爲七

軍復以种諤爲鄜延鈐轄知青澗城任信之命諸將皆受其節制蕃兵皆怨望諤謀取横山乃帥師襲夏人于囉兀大敗之因以衆二萬城焉自是夏人日聚兵爲報復計言者以諤稔邊患不便宜戒之弗聽已而絳言諤入夏之功乞加旌賞詔遣使撫問

粥廣惠倉田 廣惠倉田本絕户業以賑濟者也王安石請鬻之以爲河北東西陝西京東四路常平倉本錢詔從之

二月更定科舉法罷詩賦及明經諸科專以經義論策試士 詔議科舉咸謂宜變法便判官告院蘇軾獨上議曰得人之道在於知人知人之法在於責實使君相有知人之名朝廷有責實之政則胥吏皂隸未嘗無人雖因今之法臣以爲有餘使君相不知人朝廷不責實則公卿侍從常患無人況學校貢舉乎雖復古之制臣以爲不足夫時有可否物有興廢使三代聖人復生于今其選舉亦必有道何必由學乎且慶曆固嘗立學矣天下以太平可待至于今惟空名僅存今陛下必欲求德行道藝之士責九年大成之業則將變今之禮易今之俗又當發民力以治宮室斂民財以養

遊士置學立師而又時簡不帥教者屏之遠方徒爲紛紛其與慶曆之際何異至於貢舉或曰鄉舉德行而略文章或曰專取策論而罷詩賦或欲舉唐故事采譽望而罷封彌或欲變經生帖墨而考大義此數者皆非也夫欲興德行在於君人者脩身以格物審好惡以表俗若欲設科立名以取之則是教天下相率而爲僞也上以孝取人則勇者割股怯者廬墓上以廉取人則弊車羸馬惡衣菲食凡可以中上意者無所不至自文章言之則策論爲有用詩賦爲無益自政事言之則詩賦論策均爲無用然自祖宗以來莫之廢者以爲設法取士不過如此也矧自唐至今以詩賦爲名臣者不可勝數何負於天下而必欲廢之帝喜曰吾固疑此得軾議釋然矣他日王安石言於帝曰今人材乏少且其學術不一異論紛然不能一道德故也欲一道德則當脩學校欲脩學校則貢舉法不可不變若謂此科嘗多得人自緣仕進別無他路其間不容無賢若謂科法已善則未也今以少壯之時正當講求天下正理乃閉門學作詩賦及其入官世事皆所不習此科法敗壞人材致不如古既而中書門下又言古之取士皆本學校道

德一於上習俗成於下其人材皆足以有爲於世今追復古制則患於無漸宜先除去聲病偶對之文使學者得專意經術以俟朝廷興建學校然後講求三代所以教育選舉之法施之天下則庶幾可以復古矣於是改法罷詩賦帖經墨義士各占治易詩書周禮禮記一經兼論語孟子每試四場初大經次兼經大義凡十道次論一首次策三道禮部試即增二道中書撰大義式頒行試義者須通經有文采乃爲中格不但如明經墨義粗解章句而已其殿試則專以策限千字以上分五等第一等第二等賜進士及第第三等賜進士出身第四等賜同進士出身第五等賜同學究出身

詔治吏沮格青苗法者○**三月夏人寇撫寧堡陷之詔种諤潭州安置**諤進築永樂川賞逋嶺二砦分遣都監趙璞燕達築撫寧故城及分荒堆三泉吐渾川開光嶺葭蘆川四砦與河東路脩築各相去四十餘里已而夏人來攻順寧砦遂圍撫寧折繼昌高永能等擁兵駐細浮圖去撫寧咫尺羅兀兵勢尚完諤在綏德節制諸軍聞夏人至茫然失措欲作書召燕達戰怖不

能下筆顧運判李南公溯洄不已由是新築諸堡悉陷將士沒者千餘人詔治罪責授汝州團練副使潭州安置尋再貶賀州別駕

詔給諸州學田增置教官始命諸州置學官率給田十頃贍士初置小學教授

詔察奉行新法不職者

○韓絳免初絳與种諤謀出兵鄜延安撫使郭逵曰諤狂生尒朝廷徒以家世用之必誤大事絳怒奏逵沮撓軍事召還之至是坐與師敗絀罷相知鄧州

夏四月以司馬光權判西京留臺光既歸洛自是絕口不論事

開封府推官蘇軾乞罷許之軾自直史館判官告院及議貢舉與帝意合即日召見問方今政令得失安在軾對曰陛下生知之性天縱文武不患不明不患不勤不患不斷但患求治太急聽言太廣進人太銳願鎮以安靜待物之來然後應之帝竦然曰卿三言朕當熟思之凡在館閣皆當為朕深思治亂無有所隱軾退言於同列王安石不悅命權開封推官將困之以事軾決斷精敏聲聞益遠會上元敕府市浙燈且令損價軾諫止之嘗以新法不

便上疏極論且曰臣之所言者三言而已願陛下結人心厚風俗存紀綱人主所恃者人心也自古及今未有和易同衆而不安剛果自用而不危者祖宗以來治財用者不過三司今陛下不以財用付三司而創制置三司條例使六七少年日夜講求於内使者四十餘輩分行營幹於外夫制置三司條例司求利之名也六七少年與使者四十餘輩求利之器也造端宏大名實驚疑創法新奇吏皆惶惑以萬乘之主而言利以天子之宰而治財論說百端喧傳萬口臣以爲欲消讒慝而召和氣則莫如罷條例司今君臣宵旰幾一年矣而富國之功茫如捕風徒聞内帑出數百萬緡祠部度五千人耳以此爲術人皆知其難也汴水濁流自生民以來不以種稻今欲陂而清之萬頃之稻必用千頃之陂一歲一淤三歲而滿矣陛下遂信其說即使相視地形所在鑿空訪尋水利上糜帑廩下奪農時隄防一開水失故道雖食議者之肉何補於民臣不知朝廷何苦而爲此哉自古役人必用鄉戶徒聞江浙之間數郡顧役而欲措之天下自楊炎爲兩稅租調與庸既兼之矣奈何復欲取庸萬一後世不幸有聚斂之臣庸錢不除差

役仍舊推所從來則必有任其咎者矣青苗放錢自昔有禁今陛下始立成法每歲常行雖云不許抑配而數世之後暴君汙吏陛下能保之乎異日天下恨之國史書之曰青苗錢自陛下始豈不惜哉且常平之法可謂至矣今欲變爲青苗壞彼成此所喪逾多虧官害民雖悔何及昔漢武以財力匱竭用賈人桑弘羊之說買賤賣貴謂之均輸于時商賈不行盜賊滋熾幾至於亂孝昭既立霍光順民所欲而予之天下歸心遂以無事不意今日此論復興立法之初其費已厚縱使薄有所獲而征商之額所損必多臣願陛下結人心者此也國家之所以存亡者在道德之淺深不在乎強與弱曆數之所以長短者在風俗之厚薄不在乎富與貧人主知此則知所輕重矣故臣願陛下務崇道德而厚風俗不願陛下急於有功而貪富強仁祖持法至寬用人有序專務掩覆過失未嘗輕改舊章考其成功則曰未至言乎用兵則十出而九敗言乎府庫則僅足而無餘徒以德澤在人風俗知義故升遐之日天下歸仁議者見其末年吏多因循事不振舉乃欲矯之以苛察濟之以智能招來新進勇銳之人以圖一切速成之效未享

其利澆風已成多開驟進之門使有意外之得欲望風俗之厚豈可得哉惟陛下以簡易爲法清淨爲心而民德歸厚臣之所願陛下厚風俗者此也祖宗委任臺諫未嘗罪一言者縱有薄責旋即超升許以風聞而無官長言及乘輿則天子改容事關廊廟則宰相待罪臺諫固未必皆賢所言亦未必皆是然須養其銳氣而借之重權者將以折姦臣之萌也臣聞長老之談皆謂臺諫所言常隨天下公議今者物論沸騰怨讟交至公議所在亦知之矣自茲以往習貫成風盡爲執政私人以致人主孤立紀綱一廢何事不生臣之所願陛下存紀綱者此也時王安石贊帝以獨斷專任軾因試進士發策以晉武平吳以獨斷而克苻堅伐晉獨斷而亡齊桓專任管仲而霸燕噲專任子之而敗事同而功異爲問安石滋不悅使侍御史謝景溫論奏軾向丁憂歸蜀乘舟商販詔下六路捕逮篙工水師窮治無所得軾遂請外通判杭州時新法日下軾於其間每因法以便民民賴以安

以鄧綰爲侍御史判司農寺

初綰通判寧州聞王安石得君專政乃條上時事數十以爲宋興百年習安玩治當事更化且言陛

下得伊周之佐作青苗免役等法民莫不歌舞聖澤以臣所見寧州觀之知天下皆然誠不世之良法願勿移于浮議而堅行之復貽安石書極頌其美由是安石力薦於帝遂驛召對會夏人寇慶州綰於帝前敷陳甚悉帝問識王安石呂惠卿否綰對曰並未識也帝曰安石今之古人惠卿賢人也退見安石欣然如素交屬安石致齋陳升之以綰練習邊事使復知寧州綰聞之不樂誦言急召我來乃使還耶或問君今當作何官綰曰不失爲館職得無爲諫官乎曰正自當爾明日果除集賢校理檢正中書孔目房鄉人在都者皆笑且罵綰曰笑罵從汝笑罵好官還我爲之尋同知諫院時常平水利免役保甲之政皆出司農而呂惠卿居憂曾布不能獨任其事安石欲擢綰以懲衆故有是命

五月高麗來貢

高麗爲遼所阻不通中國者四十三年至是福建轉運使羅拯命商人黃眞洪萬招接通好高麗王徽乃因眞還移牒福建願備禮朝貢拯以聞朝議謂可結以謀遼乃命拯諭以供億賜厚之意王徽遂遣其民官侍郎金悌等由登州入貢自是與中國復通聘貢相繼

翰林學士知開封

府韓維乞罷許之維知開封保甲法行帝聞鄉民憂弓矢之費無錢買之加以傳說徙之戍邊父子聚泣甚以為憂語王安石曰保甲宜緩而密安石對曰日力可惜會京東河北有烈風之異民大恐帝批付中書令省事安靜以應天變放遣兩路募夫責監司郡守不以上聞者安石執不下維上言諸縣團結保甲鄉民驚擾至有截指斷腕以避丁者乞候農隙排定帝以問安石安石對曰此固未可知就令有之亦不足怪今士大夫覩新政尚或紛紛驚異況於二十萬戶百姓固有蠢愚為人所惑動者豈應為此遂不敢一有所為耶帝曰民言合而聽之則聖亦不可不畏也安石對曰為天下者如止欲任民情所願而已則何必立君而為之張官置吏也今保甲法上自執政大臣中則兩制下則盜賊及停藏之人皆所不欲然臣召鄉人問之皆以為便則雖有斬指以避丁者不皆然也況保甲不特除盜固可漸習為兵既人皆能射又為旗鼓變其耳目約以免稅上番代巡檢兵又自正長而上能捕賊者奨之以官則人競勸然後使與募兵相參則可以銷募兵驕志且省財費此宗社長久之計也惟陛

下果齋不恤人言以行之帝遂變河東陝西三路義勇如府畿保甲法安石由此益惡維帝欲命維爲御史中丞維以兄絳居政府力辭之安石因言維善附流俗以非上所建立之允其請乃復知開封罷群牧使仍爲翰林學士會文彥博求去帝曰密院事劇當除韓維佐卿明日維奏事殿中以言不用力請外郡帝曰卿東宮舊人當留輔政維對曰使臣言得行賢於富貴若緣攀附舊恩以進非臣之願也乃出知襄州

六月知青州歐陽脩乞致仕許之

脩以風節自持既連被汚衊年六十即乞謝事及從青州上疏請止散青苗錢王安石惡之脩求歸益切馮京請留之安石曰脩附麗韓琦以琦爲社稷臣如此人在一郡則壞一郡在朝廷則壞朝廷留之安用乃以太子少師致仕

貶判亳州富弼官徙判汝州

弼判亳州青苗法行弼謂如是則財聚於上人散於下持不行提舉官趙濟劾弼沮格詔旨繳縮乞付有司鞫治乃落弼使相移判汝州王安石曰弼雖責猶不失富貴昔鯀以方命殛共工以象恭流弼兼二罪止奪使相何由沮姦帝不答弼行過應天謂判

府張方平曰人固難知也方平曰謂王安石乎亦豈難知
者方平頃知皇祐貢舉或稱其文學辟以考校既至院中
之事皆欲紛更方平惡其爲人檄
之使出自是未甞與語弼有愧色
秋七月貶御史中丞楊繪知亳州御史劉摯監衡州鹽倉遣察訪使促成役書諸路
繪上言提舉常平張靚等科配助役錢一户多者至
三百千乞少裁損以安民心又言孫迪張景溫體量
不顧出錢之民欲困以重役皆不聽繪見時賢士多引去
以避王安石乃上疏言老成人不可不惜當今舊臣多引
疾求去范鎮年六十有三呂晦年五十有八歐陽脩年六
十有一而致仕富弼年六十有八而引疾司馬光王陶皆
五十而求散地陛下可不思其故乎安石聞而深惡之會
劉摯爲安石所器拜監察御史裏行摯就職即奏言亳州
獄乃小人意在傾富弼以市進今弼已得罪願少寛之又
言程昉開漳河調發猝迫人不堪命趙子幾擅升畿縣等
户使納役錢期會急逼人情惶駭復上疏言陛下有勸農
之志今變而爲煩擾陛下有均役之意今倚以爲聚斂其

訓導錢紳

言愛君憂國之言者皆無以容於其間今天下有喜於敢
爲有樂於無事彼以此爲流俗此以彼爲亂常此風浸成
漢唐黨禍必起矣因陳率錢助役十害其要曰上户常少
中下户常多故舊法上户之役類皆數而重下户之役率
常簡而輕今不問上下户槩視物力以差出錢故上户以
爲幸而下户苦之歲有豐凶而役人有定數助錢歲不可
缺則是賦稅有時減閣而助錢更無蠲損也役人必用鄉
户爲其有常産則自重今既招顧恐上得浮浪姦僞之人
則帑庾場務綱運不惟不能典幹竊恐不勝其盜用而冒
法者衆至於弓手耆壯承符散從手力胥史之類恐還寇
則有縱逸因事輙爲騷擾也蹤上會楊繪論提刑趙子幾
怒知東明縣賈蕃不禁遏縣民致使訟助役事撫以他故
下蕃於獄而自鞫之是希安石意指而致縣令於罪也因
具助役之利一而難行者五其利以民驗困多寡輸錢無
決射之患而難行者以民惟種田而責其輸錢就募者非
土著而有姦細田稅有多少不同耆長顧人則盜賊難止
衙前顧人則失陷官物摯亦上言趙子幾摺撫賈蕃是欲
箝天下之口乞按子幾挾情之罪於是安石大怒命知諫

院張璪取繪摯所論助役十害至五難行之事作十難以詰之璪辭安石怒出璪知蔡州而改命曾布爲之布旣作十難且劾繪摯欺誕心懷向背詔下其疏於繪且使各言狀繪録前後四奏以自辨摯奮然曰爲人臣豈可壓於權勢使天子不知利害之實即條對所難以伸其説曰助役斂錢之法有大臣及御史主之於内有大臣親黨爲監司提舉官而行之於諸路其勢順易矣然曠日彌年終未有定論者爲不順乎民心也臣待罪言責采士民之説以聞職也今乃遽令分析是使之較是非爭勝負交口相直無乃辱陛下耳目之任哉所謂向背則臣所向者義所背者利所向者君父所背者權臣願以臣章并司農奏宣示百官考定當否如臣言有取幸早施行若稍涉欺罔甘就竄逐不報明日摯復上疏曰陛下起居言動躬蹈德禮夙夜勵精以親庶政天下未至於安且治者誰致之耶陛下注意以望太平而自以太平爲已任得君專政者是也二三年間開闔動搖舉天下無一物得安其所者蓋自青苗之議起而天下始有聚斂之疑青苗之議未允而均輸之法行均輸之法方擾而邊鄙之謀動邊鄙之禍未艾而助役

之事興至於求水利行淤田併州縣興事起新難以徧舉其議財則市井屠販之人皆召至政事堂其征利則下至曆日而官自粥之推此以往不可窮言輕用名器淆混賢否忠厚老成者擯之爲無能俠少儇辨者取之爲可用守道憂國者謂之爲流俗敗常害民者謂之爲通變凡政府謀議經畫除用進退獨與一掾屬决之然後落筆同列預聞反在其後故奔走乞丐之人其門如市今西夏之款未入反側之兵未安三邊瘡痍流潰未定河北大旱諸路大水民勞財乏縣官減耗聖上憂勤念治之時而政事如此皆大臣誤陛下而大臣所用者誤大臣也疏奏安石欲竄摯嶺外帝不許詔與繪知亳州謫摯監衡州鹽倉遣察訪使徧行諸路促成役書改助役爲免役不願就募而強之者論如律

八月復以春秋三傳試貢舉士王安石嘗戲言春秋經爲斷爛朝報故貢舉不以春秋取士至是帝命復之

議取河湟置洮河安撫司命王韶主之

○九月以鮮于侁爲利州路轉運副使時詔監司各定所部助役錢數利州

刊字匠章敬

路轉運使李瑜欲定四十萬判官鮮于侁曰利州民貧地瘠半此可矣瑜不從遂各爲奏時諸路皆以書賁未就帝是侁議諭司農曾布使頒以爲式因黜瑜而擢侁副使兼提舉常平初王安石居金陵有重名士大夫期以爲相侁惡其沽激要君語人曰是人若用必壞亂天下及安石用事侁乃上書論時政曰可爲憂患者一可爲太息者二其他逆治體而召民怨者不可槩舉其意專指安石安石怒毀短之帝曰有章奏在安石乃不敢言既爲副使部民不請青苗錢安石遣吏詰之侁曰青苗之法願取則與民自不願豈能強之哉蘇軾稱侁上不害法中不廢親下不傷民以爲三難○募民粥坊場河渡新法開封府界及諸路坊場河渡募人承買收息淨利歲收六百九十八萬六千緡穀帛九十七萬六千六百石匹有奇既而司農并祠廟粥之聽民爲賈區其中以王雱爲崇政殿說書雱安石子也爲人慓悍陰刻無所顧忌性敏甚年十三時得秦卒言洮河事嘆曰此可撫而有也使西夏得之則吾敵強而邊患博矣故安石聞王韶開熙河議因力主之未冠已著書數十萬言舉進

士調旌德尉雱氣豪睥睨一世不能作小官安石執政所
用多少年雱亦欲預選乃與父謀曰執政子雖不可預事
而經筵可處安石欲帝知自用乃以雱所作策論天下事
者三十餘篇及雱注道德經鏤板鬻于市遂傳達于帝鄧
綰曾布又力薦之召見除太子中允崇政殿說書安石更
張政事雱實導之常稱商鞅爲豪傑之士且言不誅異議
者則法不行安石一日與程顥語雱因首跣足攜婦人冠
以出問父所言何事曰以新法爲人所沮故與程君議之
雱大言曰梟韓琦富弼之首于
市則法行矣安石遽曰兒誤矣

貶同知諫院唐坰爲潮州別駕

坰以父任得官嘗上書言秦二世制于趙高乃失之
弱非失之強帝憮其言又言青苗法不行宜斬大臣
異議如韓琦者數人王安石尤喜之薦使對賜進士出身
爲崇文校書帝薄其人除知錢塘縣安石復令鄧綰舉爲
御史遂除太子中允將用爲諫官安石疑其輕脫將背己
立名不除職以本官同知諫院非故事也坰果怒安石易
己凡奏二十疏論時事皆留中不出坰乃因百官起居日
扣陛請對帝令諭以他日坰伏地不起遂召升殿坰至御

座前進曰臣所言皆不臣不法請對陛下一一陳之乃搢笏展跪目安石曰王安石近御座聽劄子安石遲遲回訶曰陛下前猶敢如此在外可知安石悚然而進垌大聲宣讀凡六十條大抵以安石專作威福曾布等表裏擅權天下但知憚安石威權不復知有陛下文彥博馮京知而不敢言王珪曲事安石無異廝僕且讀且目珪珪慚懼俯首元絳薛向陳繹安石頤指氣使無異家奴張璪李定爲安石爪牙張商英乃安石鷹犬逆意者雖賢爲不肖附己者雖不肖爲賢至詆安石爲李林甫盧杞帝屢止之垌慷慨自若略不退懾讀已下殿再拜而退侍臣衛士相顧失色閤門糾其瀆亂朝儀貶潮州別駕既而靈臺郎尤瑛言天陰星行失度宜退安石安石怒黥瑛配英州

冬十月立太學生三舍法

宋初國子生以京朝七品以上子孫爲之太學生以八品以下子弟若庶人之俊異者爲之試論策經義如進士法及帝即位垂意儒學以天下郡縣既皆有學歲時月各有試程其藝能以差次升舍其最優者爲上舍免發解及禮部試而特賜之第遂詔以此取士又以慶曆中嘗置太學內舍生二百人

帝漸增至九百人至是乃盡以錫慶院及朝集院西廡建講書堂四諸生齋舍掌事者直廬始僅足用自主判官外增置直講爲十員率二員共講一經令中書遴選或主判官奏舉生員釐爲三等始入太學爲外舍定額爲七百人外舍升内舍員二百内舍升上舍員百各執一經從所講官受學月考試其業優等上之中書其正録學諭以上舍生爲之經各二員學行卓異者主判直講復薦之于中書奏除官　立選人及任子出官試律令法○十二月安定郡王從式卒

通鑑續編卷第八